ALIBABA
Estratégia de Sucesso

ALIBABA
Estratégia de Sucesso

MING ZENG
Presidente do conselho acadêmico do Grupo Alibaba

***M.*BOOKS**

M.Books do Brasil Editora Ltda.

Rua Jorge Americano, 61 - Alto da Lapa
05083-130 - São Paulo - SP - Telefone: (11) 3645-0409
www.mbooks.com.br

Dados de Catalogação na Publicação

ZENG, Ming.
Alibaba: Estratégia de Sucesso/ Ming Zeng.
São Paulo – 2019 – M.Books do Brasil Editora Ltda.

1. Negócios 2. Estratégias de Negócios 3. Administração

ISBN: 978-85-7680-324-9

Do original: Smart Business: What Alibaba's Success Reveals
about the Future of Strategy
© 2018 Harvard Business Review Publishing Corporation
© 2019 M.Books do Brasil Editora Ltda.

Editor:
Milton Mira de Assumpção Filho

Tradução:
Maria Beatriz de Medina

Produção Editorial:
Lucimara Leal

Revisão:
Lilian Dionysia

Editoração:
Crontec

2019
M.Books do Brasil Editora Ltda.
Todos os direitos reservados.
Proibida a reprodução total ou parcial.
Os infratores serão punidos na forma da lei.

A minha esposa Qing Tan, a meus filhos Andy e Tommy e a minha filha Tina pelo apoio incansável durante todos esses anos. Mesmo quando tive de passar tanto tempo precioso longe da família, eles me incentivaram e apoiaram meu esforço.

E a todos os AliRen, que trabalharam e contribuíram com o Alibaba, um milagre além de toda imaginação.

SUMÁRIO

PREFÁCIO 13

INTRODUÇÃO: POR QUE VOCÊ PRECISA CONHECER O ALIBABA 15
Abre-te, Sésamo 18
O Alibaba Não É a Versão Chinesa da Amazon 20
O Futuro Visto da China 21
Meu Salto 23
Um Pé em Dois Mundos 24
O Surgimento das *Web Celebs* 26
Um Novo Paradigma 28

PARTE I

ALIBABA

1. AS NOVAS FORÇAS DA CRIAÇÃO DE VALOR 33
   A Essência do Negócio Inteligente 36
   O Surgimento do Negócio Inteligente e Suas Consequências 38
   Como Este Livro se Desenrola 40

2. COORDENAÇÃO EM REDE 43
   Da Linha à Rede 45
   Por trás das *Web Celebs*: uma Rede Coordenada 48
   Quinze Anos de Coordenação: Lições do Taobao como Rede
   Empresarial 50
   Serviço com um "querido" 52
   Apoio aos prestadores de serviços independentes 53
   Apoio tecnológico à expansão das redes 54
   PSI, TP e a importantíssima API 55
   Os Componentes da Coordenação em Rede: como Começar 57
   Para apoiar a estrutura de rede, incentive conexões e interações
   diretas 57
   Deixe o papel dos participantes evoluir e não apresse sua
   codificação 59
   Invista em infraestrutura para promover efeitos de rede 61

8 ALIBABA

Incentive as partes a colocarem online o máximo possível de
informações e atividades empresariais em forma digital................62
Redes Coordenadas nos Estados Unidos.....................................63
Alimentação da Rede Coordenada: a Inteligência de Dados.................64

3. A INTELIGÊNCIA DE DADOS **65**
Aprendizado de Máquina: a Inteligência da Inteligência de Dados.........67
A Contribuição do *Big Data*...68
O Impacto da Nuvem..69
O Papel da Computação Móvel..70
A Inteligência de Dados na Ant Financial e no MYbank..................71
Aprendizado de Máquina em Estilo Formiguinha..........................74
Os Três Fundamentos do Negócio Inteligente............................76
    Produtos Adaptáveis..76
    Datificação e Dados Vivos..78
    Aprendizado de Máquina: Algoritmos de Iteração...................79
Inteligência de Dados em Ação...80
O Futuro é Agora..81

PARTE II
COMO COMPETEM OS NEGÓCIOS INTELIGENTES

4. AUTOMATIZAR AS DECISÕES **87**
Os Primeiros Passos para Automatizar Decisões.........................87
    1º Passo da Automação: Datificar o Mundo Físico..................88
    2º Passo da Automação: "Softwarizar" Todas as Atividades da
    Empresa..92
    3º Passo da Automação: Faça os Dados Fluírem e Apresente
    Interfaces de Programação de Aplicativos (API)...................94
    4º Passo da Automação: Registre Todos os Dados (Dados Vivos).......95
    5º Passo da Automação: Aplique Algoritmos de Aprendizado de
    Máquina..96
Recomendações do Taobao em Celulares: os Cinco passos da Automação
em Funcionamento..99
Empresa Inteligente Capacitada.......................................102

5. O MODELO DO CLIENTE
À EMPRESA...**105**
O Poder das Marcas Construídas On-line................................106
    Marcas construídas por fãs.......................................109

Produtos Escolhidos por Consumidores: Desenvolvimento
e Manufatura de Produtos sob Demanda 110
Como o marketing sob demanda faz empresas sob demanda 112
Modelo de re-estocagem rápida de Big-E: o valor do C2B 113
Modelo de produção em rede da Ruhan 114
Coordenação da rede 116
Unir Todas as Plataformas: o Software Layercake da Ruhan 116
As camadas do Layercake 118
Outros Modelos C2B na China 120
O modelo de personalização em massa da Red Collar 121
O modelo de móveis personalizados da Shangpin 121
Os Princípios por Trás do C2B 123
Desenvolva uma rede inteligente 124
Projete a interface correta na internet 125
Construa uma cabeça-de-praia C2B 126
Utilize as funcionalidades das plataformas 127
Consequências da nova paisagem 127

6. POSICIONAMENTO 131
Um Novo Arcabouço: Pontos, Linhas e Planos 132
Quem é você? 132
Participantes-linhas: novas marcas 135
Participantes-planos: o mercado 139
Participantes-pontos: prestadores de serviço 142
Interdependência: Como a Vantagem Competitiva
É Redefinida 145
Princípios Estratégicos: Novas Fontes de Vantagem Competitiva 147
As posições estratégicas básicas são interdependentes 147
Seja muito claro sobre quem é seu concorrente 148
Seja criativo na construção de novas linhas 149
Os planos têm de gerenciar um ecossistema de valor superior 149
Consequências do Novo Posicionamento 150

PARTE III

COMO FUNCIONAM OS NEGÓCIOS INTELIGENTES

7. AUTOAJUSTE 155
Estratégia Dinâmica: Ajuste Estratégico
em Tempo Real 157
O circuito de aprendizagem do autoajuste 157
Aplicar à Estratégia os Princípios do Autoajuste 159

10 ALIBABA

O Ponto de Partida: uma Visão do Futuro 160
Reajustar a visão 163
Estratégia dinâmica: planejamento, não planos 165
Aplicar os Princípios do Autoajuste aos Modelos de Negócio 167
Fazer experiências com o modelo de negócio 167
Concentrar-se na investigação 168
De volta à visão 170
O Fundamento como Cultura de Busca de Mudanças 171
Estabelecer expectativas desde o começo 171
Institucionalizar a mudança 172
A Empresa Flexível 173

8. DA GESTÃO À CAPACITAÇÃO 175
Como Capacitar a Empresa 177
Pessoas: de quem Você precisa e o que Fazer 179
Comece com missão e visão 179
Cultura: assegurar um bom encaixe 183
Construção da Infraestrutura Certa 186
Uma infraestrutura tecnológica em comum 187
Métricas unificadas 188
Integrar a infraestrutura tecnológica e o sistema de avaliação de
métricas 191
Construção do Mecanismo Interno que Capacita a Inovação
em Rede 192
Interações baseadas na internet 194
Transparência 196
O Futuro da Empresa 198

9. O FUTURO DO NEGÓCIO INTELIGENTE 201
Yin e *yang*: o Poder da Coordenação em Rede e da Inteligência
de Dados Combinadas 202
Os Circuitos de Feedback do Negócio Inteligente 203
O Ecossistema e Sua Estratégia 206
O Que se Pode Fazer 207
Para agir com eficácia hoje, você precisa de uma visão do amanhã ... 207
Para criar valor, é preciso ser criativo 208
O indivíduo é mais poderoso do que nunca 209
Há muito mais para vir 210

A. O ALIBABA E SUAS FILIADAS 213
A fundação do Alibaba 213

A oportunidade do varejo na China 216
Varejo na China: Taobao, Tmall e Juhuasuan.. 218
    O mercado Taobao 218
    Tmall 219
    Taobao Rural.. 219
Varejo Global e Transfronteiras: AliExpress, Tmall Global e Lazada..... 220
    AliExpress.. 220
    Tmall Global 220
    Lazada.. 221
Comércio Atacadista na China e Global: 1688.com e Alibaba.com........ 221
Finanças: Ant Financial e Alipay.. 222
Logística: Cainiao Network... 223
Computação em Nuvem: Alibaba Cloud.. 224
O Ecossistema Mais Amplo.. 224
Meios Digitais e Entretenimento: Youku Tudou
    e UC Browser.. 225
Mapeamento e Navegação: AutoNavi 225
Serviços locais: Koubei e Ele.me 226

B. A EVOLUÇÃO DE TAOBAO COMO ECOSSISTEMA INTELIGENTE 227
Quatro Estágios de Crescimento... 228
    Construção do mercado online
    2003 a 2005 228
    Construção da rede coordenada
    2006 a 2008 230
    O surgimento do negócio inteligente
    2009 a 2012 232
    Crescimento exponencial como negócio inteligente
    2013 a 2017.. 235
1º Estágio: 2003-2005 238
    O nascimento do Taobao 238
    Do entusiasmo à confiança.. 240
    Seu crédito, meu crédito.. 241
    Colonos num mercado virtual.. 243
    A teia que tecemos juntos 244
2º Estágio: 2006-2008 246
    Fissão de categorias 246
    Logística... 248
    De Yahoo! China a Alimama 251
3º Estágio: 2009-2012 252
    A nova fusão: busca e anúncios.. 252

12 ALIBABA

Taobaoke: a rede crescente 254
As marcas Tao: a origem das espécies 255
O nascimento do Dia dos Solteiros 256
4º Estágio: 2013-2016 260
Um shopping que evolui: o novo mundo móvel 260
Da busca à recomendação 263
Do varejo ao conteúdo..264

C. FUNDAMENTOS CONCEITUAIS 269
A Teoria Unificadora da Estratégia 269
A Economia das Informações e das Redes......................271
Projeto de Mecanismos..273
Análise do Negócio Inteligente 275
Capacitação: A Lógica da Empresa em Rede...................278

NOTAS...283

OUTRAS LEITURAS...297

ÍNDICE REMISSIVO...301

AGRADECIMENTOS 317

SOBRE O AUTOR..319

PREFÁCIO

Em 1995, viajei para os Estados Unidos e vi a internet pela primeira vez. Quando procurei *"China beer"* (cerveja da China) na internet, não achei nada. Ao ver a falta de resultados, decidi voltar e abrir uma empresa para levar a internet à China e levar a China ao resto do mundo. Naquela época, não havia nenhum negócio on-line na China. Agora, a internet está por toda parte. Não consigo acreditar até onde o mundo chegou.

O Alibaba também percorreu um longo caminho desde as 18 pessoas reunidas em meu apartamentinho em 1999. Tínhamos o sonho de transformar as más práticas comerciais que nos cercavam usando a nova tecnologia da internet. Hoje, servimos a centenas de milhões de consumidores e a milhões de empresas do mundo inteiro. Crescemos ajudando os outros a fazer negócios melhor. O mundo mudou à nossa volta, e fizemos nossa pequena parte.

O comércio impulsiona o progresso da sociedade. Para facilitar os negócios em qualquer lugar do mundo, o Alibaba desenvolveu um modelo de negócio sem igual. Nunca fomos uma simples empresa para o consumidor (*business-to-consumer*, B2C). Somos um ecossistema empresarial com milhões de participantes que variam de vendedores a fornecedores de serviços de software e parceiros logísticos. Hoje, vejo nosso sonho de 1999 se realizar, enquanto a internet ajuda a resolver os problemas de bilhões de pessoas.

Mas tudo isso é só o começo. Em 2036, o Alibaba espera servir a dois bilhões de clientes, criar cem milhões de empregos, empoderar dez milhões de empresas para criarem negócios lucrativos que liguem o comércio dentro e fora da internet e se tornar a quinta maior economia do mundo. Nossa meta é globalizar o comércio eletrônico para que jovens e pequenas empresas do mundo inteiro possam comprar e vender globalmente. Minha esperança é que fazer negócios pela internet se torne a norma e que a expressão *comércio eletrônico* fique redundante. Comércio eletrônico é só comércio, que interliga e empodera pessoas do mundo inteiro.

Depois da primeira e da segunda Revolução Industrial, os agentes dominantes eram a fábrica e a empresa. Hoje, os agentes econômicos domi-

14 ALIBABA

nantes são a plataforma e o ecossistema de negócios. Eles alimentarão a evolução da economia digital e da sociedade global. As plataformas e os ecossistemas de negócios são os veículos para que os pequenos do mundo inteiro venham a bordo e tenham sucesso.

Ming Zeng entrou no Alibaba em 2006 como nosso "Zong Canmouzhang", expressão militar semelhante a chefe do Estado-maior e assessor de estratégia. Trabalhamos intimamente desde então. Quando o convidei para vir para nossa empresa, prometi-lhe que o Alibaba seria um dos casos mais empolgantes sobre os quais escreveria um dia.

E aqui está! Com profundo conhecimento da empresa e um importante currículo acadêmico, o Dr. Zeng escreveu um livro perspicaz. A obra descreve a evolução do Alibaba desde sua fundação e, mais importante, o novo arcabouço estratégico do qual foi pioneiro e o que esse arcabouço significa para todos no futuro. O livro atingiu um equilíbrio excelente entre rigor conceitual e relevância prática. Os leitores vão achá-lo um guia valioso quando se aventurarem pela nova economia digital.

Em 1999, vimos oportunidades. Agora, vemos desafios. Há muitos problemas que precisamos resolver no mundo, mas sou otimista — como você deveria ser. Os grandes empreendedores são otimistas por natureza. Eles perguntam que problema podem resolver ou como resolver melhor um problema existente. Nesta nova era de tecnologia de dados e empresas inteligentes, deveríamos capacitar os outros, não só a nós mesmos. Nesse processo, fazemos do mundo um lugar melhor. O livro do Dr. Zeng e a história do Alibaba lhe mostrarão como fazer isso.

A economia digital faz parte do grande futuro que a raça humana construirá em conjunto. Fico muito contente ao ver que o Alibaba contribuiu para esse importante progresso. Mas ainda resta muito trabalho a fazer. Agarre-se a seu idealismo e a suas ambições e não seja complacente. Como costumo dizer, hoje é difícil, amanhã será pior, mas depois de amanhã será lindo. Mal posso esperar para ver o mundo lindo que vocês criarão.

JACK MA

INTRODUÇÃO

POR QUE VOCÊ PRECISA CONHECER O ALIBABA

Onze de novembro, um dia aparentemente comum na China. Perto da virada do século, devido ao algarismo 1 da data (11/11), jovens chineses a apelidaram jocosamente de Dia dos Solteiros, e o feriado de brincadeira foi comemorado como um momento para os solteiros se encontrarem. Em 2009, o Dia dos Solteiros foi reimaginado como um festival de compras pela internet. Hoje, a festa é o maior evento de compras do mundo.

O conceito original, criado por funcionários do Tmall, o site de comércio eletrônico do Grupo Alibaba para grandes marcas, era transformar o Dia dos Solteiros numa ocasião de compras, imitando o frenesi da Black Friday depois do Dia de Ação de Graças ou as liquidações do Memorial Day nos Estados Unidos. E a equipe do Tmall nem sabia que o dia inventado se transformaria no maior dia de vendas da história.

Pouco antes da meia-noite da véspera do Dia dos Solteiros, 10 de novembro de 2017, eu esperava ansioso na sala de comando do Alibaba. Lá, um painel de telas de computador mostrava números, desenhava as tendências em gráficos de várias dimensões e avaliava a velocidade e a capacidade de resposta da rede. Em 2016, o Alibaba facilitou, em um único dia, vendas de 120,7 bilhões de RMB (cerca de 15 bilhões de dólares) em suas plataformas a consumidores de mais de duzentos países.[1] Esse

---

As histórias, os fatos e os números sobre o Alibaba (a não ser quando explicitado) são um produto da pesquisa interna de minha equipe durante meus mais de dez anos na empresa. Muitas histórias e observações sobre o crescimento do Taobao, nosso principal mercado de comércio eletrônico, nunca foram publicadas na mídia de língua inglesa antes deste livro.

16 ALIBABA

número tira do páreo a Black Friday e a Cyber Monday americanas; em 2016, cada um desses dois dias vendeu menos de 3,5 bilhões de dólares nos Estados Unidos. Até onde iríamos em 2017?

Na China, onde o acesso à abundância de bens de consumo ainda é um fenômeno relativamente recente, o Dia dos Solteiros é um evento nacional. Em média, o consumidor chinês passará semanas antes do dia comparando ofertas, planejando despesas e pondo itens em carrinhos virtuais. Mas empolgar os clientes é apenas parte do desafio. Nos primeiros anos da promoção, o dilúvio de tráfego derrubou os servidores do Alibaba, provocou um colapso nos canais de pagamento bancário e engarrafou as redes de expedição do país. Desde 2012, quando o triplo do volume de transações quase paralisou o sistema e atrasou semanas a entrega dos pacotes, o Alibaba e seus muitos parceiros trabalharam sem cessar para aumentar a capacidade e a eficiência do sistema logístico. Em 2016, no ponto máximo, a plataforma processou 175.000 pedidos e 120.000 pagamentos num segundo. Um ano depois, um grande esforço de marketing e uma transmissão televisiva ao vivo para a China inteira trouxe grande esperança para a promoção. Qual seria o impacto dos novos anúncios esse ano? Nossa tecnologia daria conta do dilúvio?

A meia-noite se aproximou, e os dedos dos usuários de todo o país e do mundo inteiro pairavam ansiosos sobre a tela dos celulares — na China, o evento é, principalmente, uma experiência móvel. A música da sala de comando cresceu quando a contagem regressiva começou: cinco, quatro, três, dois, um.

A mágica se desenrolou diante de meus olhos. Em onze segundos, nossa plataforma facilitou 100 milhões de RMB (15 milhões de dólares) em vendas; dezessete segundos depois, chegamos a 1 bilhão (150 milhões de dólares), com 97% das transações feitas em celulares. Os consumidores logo capturaram as melhores ofertas; os que esperaram segundos preciosos antes de fechar a compra descobriram que os produtos que tinham escolhido no mês anterior estavam esgotados.

Pouco depois da marca dos três minutos, 10 bilhões de RMB em vendas (1,5 bilhão de dólares) tinham se realizado. Levou apenas uma hora para atingir o volume total de vendas do Dia dos Solteiros de 2014 — e ainda havia vinte e três horas pela frente. No ponto máximo, as plataformas tecnológicas do Alibaba processaram 325.000 pedidos e 256.000 pagamentos por segundo. Em termos fora da internet, foi como se todos os habitantes de St. Louis ou Pittsburgh pagassem no mesmo segundo. Compare esses números com o segundo processador de pagamentos mais poderoso do mundo, o Visa. Sua capacidade declarada em agosto de 2017 é de 65.000 pagamentos por segundo no mundo inteiro — um quarto do Alibaba (Figura I-1).[2]

Com sete minutos e vinte e três segundos, 100 milhões de transações tinham sido realizadas, mais ou menos o mesmo número das vinte e quatro horas do Dia dos Solteiros de 2012. A loja oficial da Nike no Tmall bateu o recorde de um bilhão de RMB (150 milhões de dólares) em vendas num minuto. Sem querer ser superada, a Adidas vinha logo atrás da concorrente. As duas marcas ultrapassaram seu volume de vendas do Dia dos Solteiros de 2016 na primeira hora do Dia dos Solteiros de 2017. No fim do dia, ambas as lojas viram mais de um milhão de novos consumidores on-line fazerem compras. A HSTYLE, uma marca de vestuário baseada nas plataformas do Alibaba, com venda apenas pela internet, viu os dados de vendas dispararem, ultrapassando os 50 milhões de RMB (7,5 milhões de

FIGURA I-1

Capacidade de processamento de comércio eletrônico do Alibaba comparada à do Visa, 2009-2017

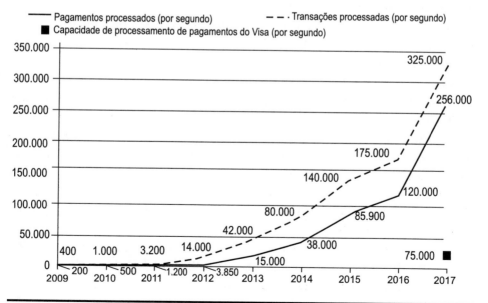

18 ALIBABA

dólares) em pouco mais de cinco minutos. (Veja mais informações sobre a HSTYLE no Capítulo 6.) O grito "Tudo esgotado" começou a ressoar pelo país nas sedes dos vendedores on-line que operam na plataforma.

Abre-te, Sésamo

Apenas doze minutos depois do início à meia-noite, o primeiro pacote chegou à porta de um cliente em Xangai. Três minutos depois, uma mulher de Ningbo, no litoral da China no Pacífico, recebeu o primeiro pacote importado. O Dia dos Solteiros conecta a China ao mundo, permite que os consumidores comprem de marcas do mundo inteiro e oferece aos vendedores a oportunidade de se expandir para mercados no exterior. Muitas dessas compras são de categorias cujos produtos internacionais são cobiçados por consumidores chineses; quase três milhões de camarões canadenses e 1,6 milhão de camarões argentinos tinham sido comprados até as quatro da manhã; mais de cinco mil toneladas de leite em pó e um bilhão de fraldas descartáveis até as nove. O frenesi de compras continuou o dia inteiro. Pouco depois de uma da tarde, as vendas ultrapassaram o total de 2016.

O dia inteiro, o gêiser do comércio eletrônico expediu 812 milhões de pacotes, que tinham de encontrar seu caminho pela China e pelo mundo. Para usar algumas analogias espaciais: colocados lado a lado, esses pacotes dariam a volta ao mundo mil e duzentas vezes. Seriam necessários mais de oitenta mil Boeings 747 para transportá-los. Juntos, todos esses pacotes tiveram de viajar mais de 627 bilhões de quilômetros, o equivalente a quarenta viagens de ida e volta entre a Terra e Plutão. Na verdade, o trabalho de entregar tantos pacotes deve ser a maior "migração" de bens de consumo que já existiu.

O esforço intenso da expedição começou imediatamente. Antes das 9h30 da manhã, cem milhões de pacotes já tinham sido despachados. Muitos consumidores do país inteiro os receberam no mesmo dia. Uma semana depois do fim da extravagância, a imensa maioria dos pacotes já chegara ao destino. Como o Alibaba não é um varejista com estoque próprio, os pacotes vieram do país (e do mundo) inteiro e foram para todos os cantos da China, graças à tecnologia da Cainiao Network, plataforma de logística associada ao Alibaba.

No fim do dia, o Alibaba tinha processado 1,5 bilhão de transações, num total de 168,2 bilhões de RMB (25 bilhões de dólares) (Figura I-2). Isso é quase o dobro do que todo o setor de varejo da China (incluindo o varejo fora da internet e itens de preço alto, como carros e imóveis) apurou num dia comum de 2016. Na verdade, 167 marcas chegaram a mais de 100 milhões de RMB (15 milhões de dólares) em vendas. Os consumidores compraram tudo o que havia no site do Tmall: roupas, produtos para a casa, eletrônicos, joias e mais — e, num caso, uma lancha Aston Martin edição limitada de 2,5 milhões de dólares.

O Dia dos Solteiros não é um mero milagre do marketing; é uma maravilha tecnológica. Todos no Alibaba trabalharam meses com afinco para preparar esse dia, realizando, entre outras tarefas, dezenas de testes de pressão para prevenir qualquer falha catastrófica do sistema, da tecnologia de informações e da interface do site (*front end*) aos pagamentos, ao estoque e à logística. Alimentada por tecnologia de aprendizado de máquina, toda a rede do Alibaba e todos os comerciantes independentes, fornecedores de pagamentos, armazéns e transportadoras com quem o Alibaba trabalha foram ativados para atender à enorme demanda. Além disso, agora essa rede poderosa está se expandindo em novas áreas da cadeia de valor e em mais regiões do mundo.

FIGURA I-2

Dia dos Solteiros, 2009-2017, volume bruto de mercadoria (*gross merchandise* volume, GMV) anual do Alibaba

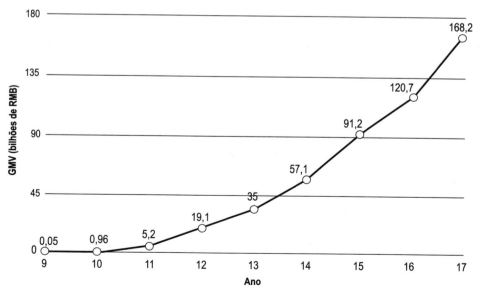

O Alibaba Não É a Versão Chinesa da Amazon

O Alibaba atraiu a atenção global com a maior abertura de capital da história em 19 de setembro de 2014. Hoje, a empresa tem um valor de mercado no nível da Amazon e do Facebook. Ultrapassou o Walmart em vendas globais e se expandiu para todas as principais regiões do mundo. O fundador Jack Ma, rapaz criado numa cidadezinha chinesa que foi reprovado duas vezes no vestibular, tornou-se um nome globalmente conhecido.

Como alto executivo do Alibaba, conheci muita gente que vê a empresa como o maior varejista do mundo ou a Amazon da China. Essa impressão, além de errada, também obscurece o modelo de negócio inovador do Alibaba e a janela que abre para a evolução do cenário econômico. Ao contrário da Amazon, o Alibaba nem mesmo é um varejista no sentido tradicional; não adquirimos nem mantemos estoque, e o serviço de logística é realizado por fornecedores externos. Em vez disso, o Alibaba é o que se obtém quando todas as funções associadas ao varejo são coordenadas on-line numa rede ampla alimentada por dados de vendedores, anunciantes, prestadores de serviços, empresas de logística e fabricantes. Em outras palavras, o Alibaba faz o que Amazon, eBay, PayPal, Google, FedEx, todos os atacadistas e uma boa porção dos fabricantes dos Estados Unidos fazem, com uma pitada saudável de setor financeiro como guarnição. Mas ele não cumpre todas essas funções sozinho. O Alibaba usa a tecnologia para atrelar e coordenar o esforço de milhares de empresas chinesas para criar um ecossistema de negócios muito diferente e nativo da internet (fundado e operado primariamente on-line) que é mais rápido, mais inteligente e mais eficiente do que as infraestruturas tradicionais do comércio.

A ordem no Alibaba é aplicar a tecnologia de vanguarda — do aprendizado de máquina à internet móvel e à computação em nuvem — para revolucionar o modo de fazer negócios. A China foi um terreno fértil para esse modelo se desenvolver porque a infraestrutura comercial do país era fraca e subdesenvolvida. Por se aproveitar das novas tecnologias, o Alibaba transformou todo o setor nascente de varejo da China (muito menos sofisticado que o varejo físico e virtual do mundo ocidental) e o pôs na vanguarda dos modelos de negócio do século XXI. As empresas Ant Financial e Cainiao Network, parceiras do Alibaba, fizeram o mesmo nos setores de pagamentos e logística.

Na China, a internet, principalmente o comércio eletrônico, seguiu um caminho evolutivo muito diferente dos Estados Unidos. Como Ma costuma dizer, "na China, o comércio eletrônico é o prato principal, mas nos EUA é só a sobremesa". Num período curtíssimo, empresas como o Alibaba transformaram o setor varejista chinês e estão chamando a atenção no mundo inteiro. Na verdade, a proporção das vendas on-line/off-line na China é mais do dobro da proporção nos Estados Unidos. Mas o Alibaba fez isso de um jeito completamente diferente da Amazon.

Por que tudo isso deveria interessar aos leitores ocidentais? Pense só: se fosse reiniciar do zero quase qualquer setor — indústria alimentícia, fabricação de móveis, bancos — com a internet e a capacidade de aprendizado de máquina disponíveis hoje, mas sem nada da antiga infraestrutura existente, vinda de décadas de investimentos nos negócios, o que você faria de forma diferente? Você construiria uma empresa que usasse as funcionalidades poderosíssimas e relativamente baratas da internet e da tecnologia de dados. Claro que o Facebook e o Google também fizeram isso, mas eles criaram setores que não existiam. Na China, estamos reconstruindo setores com quase todas as empresas, sejam tradicionais, sejam novas em folha.

Nos Estados Unidos, as principais grandes empresas da internet surgiram quando a nova tecnologia foi aplicada a novos problemas, como a publicidade on-line, os leilões on-line ou as redes sociais. De meu ponto de observação na China, vi o que acontece quando se aplicam tecnologias novas a problemas antigos, como o varejo, as finanças e a logística. Ao escrever este livro, espero mostrar como é a estratégia neste último caso. É inevitável que todo setor tenha de enfrentar a aplicação da tecnologia nova a problemas antigos. Até agora, os Estados Unidos viram menos penetração da tecnologia nova em negócios tradicionais por causa da eficiência dos setores americanos estabelecidos, mas a mudança está vindo. Esse é o valor de vislumbrar o "futuro" da China e entender como as empresas usam a tecnologia mais recente para competir e criar valor novo em setores tradicionais.

O Futuro Visto da China

A visão chinesa do futuro pode dar aos líderes empresariais ocidentais um ponto de vista novo. Um observador não familiarizado talvez ache

22 ALIBABA

fácil imaginar a China como era duas décadas atrás: a fábrica do mundo, subdesenvolvida e cheia de empresas imitadoras. Mas essa impressão é um erro perigoso em 2018. Principalmente no setor da internet, as empresas chinesas estão criando produtos e experiências do consumidor com nível mundial. Outros setores estão aprendendo depressa com o exemplo, e cada vez mais setores começam a se transformar com a inovação do modelo de negócio.[3]

Na verdade, a China já é uma sociedade praticamente sem cheques nem papel-moeda. Tudo é pago pelo celular. Onde existe tecnologia de internet móvel, os pagamentos e os serviços bancários para o consumidor se baseiam nos smartphones, principalmente quando há poucos caixas eletrônicos, agências bancárias e empresas de cartões de crédito. Nos Estados Unidos, enquanto isso, o tradicional setor bancário e de pagamentos está sendo revolucionado pela concorrência feroz de empresas como Apple, Google, Amazon, PayPal e várias *startups*. Ainda assim, os americanos ainda têm de levar consigo uma carteira cheia de dinheiro, cartões e talões de cheque, além do celular. Quando estou nos Estados Unidos, como acontece metade do tempo, parece um atraso lidar com todos os estorvos financeiros.

Essa transformação aconteceu na China antes de nos Estados Unidos exatamente pelas razões que o economista Joseph Schumpeter explicou. A revolução vem da periferia, onde as estruturas e a lógica dominantes estão menos entranhadas. Na China, a falta de infraestrutura existente e de participantes estabelecidos em muitos setores cria um campo aberto à experimentação e à construção de empresas. Essa transformação não foi sobrecarregada por legados ou transferência de custos, numa liberdade que é parte vital dos "vendavais de destruição criadora" de Schumpeter.

Nos Estados Unidos, há conforto com a tecnologia mais avançada e acesso a ela. Também há mercados consumidores maduros e setores otimizados com eficiência. Nessas circunstâncias, é difícil ver a chegada da transformação. Embora setores e mais setores estejam sofrendo disrupção, cada um tem sua história e seus participantes próprios, e as mudanças parecem incrementais, pois muitas empresas e pessoas se adaptam progressivamente. Mas na China os empreendedores já usam novas táticas para reinventar setores tradicionais e criam produtos e serviços novos enquanto experimentam novas formas de coordenação em grande escala. A China não está recuperando o atraso; ela está inovando em paralelo e até pulando por cima de empresas ocidentais em determinadas áreas.

O sucesso dos empreendedores chineses não mostra só o modo de transformar antigos setores usando estratégias novas e bem-sucedidas. O mais importante é que a experiência chinesa apressa a transição das empresas ocidentais e as pressiona para se tornarem empresas inteligentes. O modelo de negócio e as estratégias que descreverei neste livro têm poder e ímpeto demais para pararem na fronteira do Reino Médio. O modelo de comércio eletrônico do Alibaba já está se expandindo rapidamente na Índia. Nossa plataforma de pagamentos Alipay se espalha pela Ásia, onde está se tornando rapidamente um novo padrão para pagamentos por dispositivos móveis. Em silêncio, está fazendo incursões até pela Europa e pela América do Norte. Numa pesquisa recente, o Alibaba venceu a Amazon (a número dois) como a melhor, dentre 64 grandes empresas, para investir e manter o investimento por dez anos.[4]

À parte os números gigantescos, a principal contribuição do Alibaba para a futura estratégia de negócios é o uso de tecnologia de vanguarda em escala imensa para transformar empresas e eliminar ineficiências econômicas tradicionais. Quando fornecemos a infraestrutura e os mecanismos básicos que incubam plataformas em novos mercados ou novas partes da cadeia de valor, capacitamos novas empresas a operar e experimentar.

Os estrategistas de negócios precisam entender por que o Alibaba funciona do jeito que funciona, porque sua estratégia ilustra a mudança da dinâmica da criação de valor e da vantagem competitiva. Desembrulhe o Alibaba e você terá um resumo do futuro da estratégia e da concorrência. Adivinhar esse código e vivenciar seu surgimento tem sido a aventura intelectual de minha vida.

Meu Salto

Em 1998, depois de terminar o PhD em estratégia e administração internacional na Universidade de Illinois, nos Estados Unidos, fui trabalhar como professor assistente da INSEAD, a maior escola de administração da Europa. Eu dava um curso sobre empresas asiáticas. Com o frenesi enlouquecido da internet, senti necessidade de estudar o caso das *startups* de internet da China. Naquela época, a maioria dessas empresas era uma imitação de modelos americanos e emulavam o Yahoo! (como Sohu e Sina). Mas o Alibaba me chamou a atenção; essa empresa incomum não tinha correspondente ocidental. Com todos debatendo ardorosamente seu fu-

24 ALIBABA

turo, o Alibaba era um caso perfeito para MBAs. Entrei em contato com a empresa e a administração concordou em permitir que eu a estudasse.

Conheci Jack Ma em abril de 2000, quando passei três dias entrevistando a administração do Alibaba. Naquela época, a empresa era uma pequena *startup* com cerca de cem funcionários. Acabara de se mudar do apartamento de Ma para seu primeiro escritório. Ma comprara o domínio Alibaba com o pequeno e precioso capital que a empresa tinha em 1999 por ser compreensível no mundo inteiro e insinuar um tesouro escondido. Por mais arriscado que parecesse o empreendimento, sua cultura me atraiu. Ele reagia ao meio ambiente sem recorrer a modelos do passado nem do Ocidente — em outras palavras, estava inovando.

No outono de 2002, voltei à China como um dos sete professores fundadores da primeira escola particular de administração do país, a Faculdade Cheung Kong de Administração, criada pela Fundação Li Ka Shing, de Hong Kong. Também comecei a prestar consultorias. No Alibaba, fiz palestras sobre estratégia e organizei três reuniões de estratégia por ano. Isso foi logo depois do estouro da bolha das empresas ponto com (dot--com), numa época difícil para o Alibaba. Mas, como Jack, eu acreditava no futuro da internet. Afinal de contas, fizera meu pós-doutorado na Universidade de Illinois, sob a sombra literal de Marc Andreessen. Esse famoso ex-aluno foi um dos desenvolvedores do navegador Mosaic, que popularizou a internet no início da década de 1990.

Em janeiro de 2006, eu estava em Londres terminando meu primeiro livro em inglês com Peter Williamson, professor de estratégia da Escola Judge de Administração de Cambridge: *Dragons at Your Door: How Chinese Cost Innovation Is Disrupting Global Competition* [Dragões à sua porta: como a inovação de custos chinesa está desorganizando a concorrência global] (Harvard Business Review Press). O livro resumia minha pesquisa sobre as multinacionais que surgiam na China. A caminho do aeroporto, na véspera do Ano Novo chinês, recebi um telefonema de Jack me convidando para trabalhar na empresa em horário integral. Telefonei para ele depois de pousar em Pequim e aceitei.

Um Pé em Dois Mundos

Depois de entrar no Alibaba, conversei com centenas de empresários e líderes do mundo inteiro, pessoas que tentam lidar com a nova realidade comercial. Entendo. No Alibaba, logo descobri que o que dava certo lá não podia ser explicado pelas teorias de estratégia e administração que aprendera na faculdade e depois ensinara em instituições acadêmicas do mundo.

Jack Ma me levou para o Alibaba para ajudar a empresa a se orientar nessa nova paisagem estratégica e cobrir a lacuna entre a teoria acadêmica e a prática do setor. Quando entrei na empresa, Jack me deu o cargo exclusivo de *zong canmouzhang*, que é um posto militar bem conhecido na China. Numa unidade militar, esse oficial fica em terceiro lugar na hierarquia e é encarregado do planejamento estratégico. É meio parecido com o cargo de diretor de estratégia numa empresa ocidental típica.[5]

Como assessor estratégico de Jack, tive de desenvolver novos arcabouços conceituais, além de abordagens pragmáticas que se encaixassem no modelo de negócio sem precedentes do Alibaba. Além de desenvolver essas estratégias e avaliar sua efetividade, tenho feito o mesmo em cooperação íntima com as muitas empresas que usam nossa plataforma. Meu trabalho diário é uma gangorra constante entre teoria estratégica de alto nível e detalhes granulares da execução.

Outra parte inigualável de meu ponto de vista é a boa sorte de ter sido pesquisador e praticante em ambos os lados do Pacífico. Nasci na China, fiz minha formação nos Estados Unidos e dei aulas em escolas de administração do mundo inteiro. Além de minhas atuais responsabilidades no Alibaba, nos últimos anos dividi meu tempo entre a China e a baía de São Francisco para acompanhar as práticas mais inovadoras dos dois países. As estratégias das empresas chinesas surgem quando elas aplicam a melhor tecnologia, a mais atual, aos problemas comerciais mais novos. Em consequência, a China continua a dar saltos muito adiante do que é feito nos Estados Unidos.

Não quero aumentar a apreensão ocidental com a China, principalmente quando tanta ansiedade já é injustificada. Em vez disso, quero lançar luz sobre a experiência chinesa, extremamente relevante e esclarecedora. Como escreveu o grande estrategista militar chinês Sun Tzu em seu clássico *A arte da guerra*, "Se conheces o inimigo e te conheces, não precisas temer o resultado de cem batalhas".[6] Meu foco não é a batalha; é a divisão desse conhecimento. Não posso fugir a meu instinto de educador; na verdade, minha equipe na China ainda me chama de professor.

26 ALIBABA

Vou lhes dar outro vislumbre do futuro. Tem escala menor do que o Dia dos Solteiros, mas não é menos significativo nem menos importante de entender. E também se origina na China.

O Surgimento das *Web Celebs*

Voltemos a 20 de abril de 2015 e à experiência da empresária Zhang Linchao, então com 25 anos e cabeça (e rosto de modelo) da LIN Edition, marca chinesa de roupas vendidas pela internet. Zhang se envolveu com vestuário quando era aluna de intercâmbio no Reino Unido e escolhia roupas sem marca da China para vender nos dias de folga da escola. Aos poucos, ela percebeu que o Taobao, a plataforma chinesa de comércio eletrônico do Alibaba, poderia ajudá-la a transformar um passatempo num negócio de verdade. Já em 2017, a LIN é uma das marcas de vestuário mais fortes do Taobao criadas por *web celebs* ou celebridades da internet (em chinês, *wang hong*), um tipo de influenciadoras das mídias sociais da China.[7] Nos Estados Unidos, as influenciadoras publicam fotos nas mídias sociais e, às vezes, são patrocinadas por grandes marcas ou administram pequenas empresas de vídeo baseadas em anúncios. Mas na China a soberba infraestrutura de negócios on-line leva empreendedoras como Zhang Linchao a criar marcas próprias, vender mercadorias próprias e comandar empresas muito lucrativas. Hoje há milhares de empresas de *web celebs* no Taobao.

Nesse dia da primavera de 2015, Zhang se prepara para pôr um lote de roupas novas nas prateleiras on-line da LIN Edition. Às três da tarde, quinze peças novas estrearão na loja virtual da LIN. Dezenas de milhares de fãs já aguardam diante da tela; viram os anúncios do lançamento de hoje nas mídias sociais e sabem o que querem. A LIN espera vender milhares de itens, mas só tem mil peças de roupa em estoque — não mil cópias de cada unidade de manutenção de estoque (*stock-keeping unit*, SKU), mas mil no total. Qualquer gerente de marca off-line ficaria chocado com a falta de preparação da LIN.

Às 14h58, o gerente de operações Luo Kai ordena que todos os funcionários liguem o som dos computadores. Dois minutos depois, a sala se enche com uma sinfonia de dingue-dongues. Sessenta mil usuários já estão visitando a loja. Em um minuto, todos os quinze itens de vestuário se esgotam. A LIN está pronta; com alguns cliques, o próximo lote de SKU é publicado, marcado como pré-venda. Vinte minutos depois, esse lote de pré-venda se esgota. O gerente de operações reconfigura os links para o terceiro lote de roupas. Enquanto digita, ele calcula quanto tecido será necessário e o tempo para a confecção. Ele inclui uma taxa de retorno de 10% a 20% e a métrica do interesse dos clientes nas mídias sociais nas duas últimas semanas para determinar quanto estoque antecipado a loja pode oferecer de forma factível.

Zhang quase transformou sua loja de varejo de vestuário num negócio sob demanda — mas com preços de produção em massa. Um pedido feito à LIN no Taobao põe em ação toda a cadeia de valor. Os compradores sabem que estão reservando roupas que serão feitas por encomenda e que terão de esperar sete a nove dias para a confecção e a remessa. As fábricas parceiras da LIN já começaram a trabalhar no primeiro lote de pré-venda.

Às 15h17, Zhang publica uma mensagem em sua conta nas mídias sociais: "Vocês são incansáveis." Em minutos, ela recebe mais de quinhentos comentários, a maioria se queixando de não ter conseguido comprar as peças favoritas. Às 15h45 do dia do lançamento, o volume de vendas ultrapassou o lançamento de algumas semanas antes e ainda há mil e quinhentos usuários esperando na fila para fazer perguntas. As fábricas vão ter de se esforçar para atender aos pedidos dos clientes dessa coleção. Quando a poeira assenta, a LIN bateu um novo recorde: mais de dez mil itens vendidos, e cada cliente gastou uma média de 1.000 RMB (150 dólares).

Zhang é o rosto de sua marca, a inspiração do design, o departamento de marketing e muito mais. Ela e outras *web celebs* encontram seus clientes nas mídias sociais. As empresas fornecedoras são pequenas, geralmente com apenas cem ou duzentos funcionários, e trabalham para mais de uma dúzia de marcas como a LIN. As *web celebs* só vendem pela internet; não mantêm estoques e não têm fábricas. Mas fazem negócios animadores. Nos quatro primeiros meses de 2015, a LIN apurou 80 milhões de RMB (cerca de 11 milhões de dólares) em vendas, com cerca de 30% de lucro líquido.[8] A LIN e outras empresas de *web celebs* evoluíram rapidamente desde 2015 e podem mostrar aos leitores de setores tradicionais uma nova abordagem das operações, do marketing e da estratégia baseada em dados.

Um Novo Paradigma

As histórias do Dia dos Solteiros e da LIN Edition são exemplos dos modelos de negócio revolucionários que estão varrendo a China e que logo substituirão em toda parte os modelos menos eficientes e responsivos. Elas mostram, em escalas muito diferentes, de que modo participantes interligados — comprador, vendedores e prestadores de serviço — se reúnem e se coordenam por meio de dados em tempo real, mediados pela tecnologia. O Alibaba e as empresas como ele tiveram sucesso ao conectar e coordenar todos esses participantes, recorrendo intensamente à tecnologia de aprendizado de máquina para obter escala e gerenciar a complexidade.

Chamo essa estratégia de abraçar a nova tecnologia para interligar todos os participantes e reprojetar setores de *negócio inteligente*. Empresas inteligentes como o Alibaba usam a tecnologia para coordenar sua atividade nos negócios com um número quase ilimitado de participantes interligados. Para permitir essa interligação imensa e complexa, as empresas têm de automatizar muitas ações e decisões. Para isso, o aprendizado de máquina, que será descrito em detalhes no Capítulo 3, usa algoritmos para fazer os computadores "aprenderem" com os dados em tempo real de clientes e parceiros e se coordenarem com eles automaticamente. A mina de ouro do Dia dos Solteiros é um exemplo de negócio inteligente. Milhares de empresas se reúnem sem percalços e de forma instantânea para fornecer a milhões de clientes o que eles querem. Parece que não há fim à vista para o tamanho do Dia dos Solteiros, e, em última análise, essa é a lição deste livro. A escala inimaginável é possível quando os negócios são inteligentes.

De modo algum o Alibaba resolveu tudo. Mas suas noções de estratégia e organização divergiram drasticamente dos modelos tradicionais e produzem níveis de crescimento antes impensáveis. Escrevi este livro para resumir as lições que aprendemos no Alibaba e para guiar empresas do mundo inteiro pela nova paisagem estratégica do negócio inteligente.

PARTE I

ALIBABA

O Surgimento do Negócio Inteligente

O Dia dos Solteiros evoluiu de festa de brincadeira para jovens sem parceiros para o maior dia de compras da história humana. O Taobao evoluiu de pequeno fórum de compradores e vendedores na internet para a maior plataforma de comércio eletrônico do mundo. Para entender o sucesso fenomenal do Alibaba, precisamos analisar as forças por trás de seu crescimento. Quando entendemos a história do Alibaba, passamos a apreciar o poder inovador das empresas chinesas. Quando entendemos a inovação chinesa, podemos ter uma visão completa do futuro da estratégia.

Esses três primeiros capítulos definem os dois pilares centrais da empresa inteligente, a coordenação em rede e a inteligência de dados, e explicam como fazê-los funcionar. A coordenação em rede capacita a formação de redes empresariais em grande escala, enquanto a inteligência de dados assegura operações e decisões eficientes em toda a rede. Com exemplos tirados das plataformas do Alibaba, mostrarei como os dados e as redes reinventam a estratégia. Toda empresa precisa saber como essas duas novas funcionalidades mudam a dinâmica da criação de valor e como afetarão seu negócio.

CAPÍTULO 1

AS NOVAS FORÇAS DA CRIAÇÃO DE VALOR

Para compreender o que o negócio inteligente significa na prática, precisamos olhar o Alibaba com mais atenção. Todo dia, milhões de atores comerciais se interligam e se coordenam por meio das vastas redes de comércio eletrônico ao consumidor do Grupo Alibaba, formadas pelo Tmall, o site para marcas maiores, e pelo Taobao, mercado on-line mais amplo para pequenas marcas exclusivas, vendedores independentes e inovadores como as *web celebs*. (Veja no quadro "O Alibaba num relance" um retrato dos negócios e redes do Grupo Alibaba.) Essas redes apresentam a cada cliente uma experiência de compra personalizada, um shopping virtual individualizado para cada comprador. No lado da oferta, os vendedores têm todas as ferramentas para gerenciar uma loja virtual, fazer parcerias com fabricantes, coordenar-se com empresas de logística e organizar os pagamentos on-line nas plataformas do próprio Alibaba. E tudo isso é coordenado pela tecnologia de dados.

O Alibaba exemplifica o negócio inteligente e pinta um quadro vivo do novo mundo dos negócios que vem surgindo. Nesse mundo, as empresas usam o aprendizado de máquina para coletar dados de suas redes de participantes para reagir automaticamente ao comportamento e às preferências do cliente. A empresa inteligente permite que toda a cadeia de valor seja reconfigurada para obter escala e personalização, usando a combinação de duas forças: a coordenação em rede e a inteligência de dados (definidas e discutidas a seguir). Essas forças gêmeas geram o negócio inteligente.

O ALIBABA NUM RELANCE

O Alibaba foi fundado em 1999 por Jack Ma e 17 sócios como um meio de pequenas empresas chinesas se acharem entre si e encontrarem clientes internacionais.*

Hoje, o Alibaba é a maior empresa de comércio varejista do mundo. Mais de 10 milhões de comerciantes ativos têm suas empresas nas plataformas do Alibaba na China, interligados a mais de 400 milhões de compradores ativos. Em conjunto, os mercados chineses de varejo do Alibaba geram um volume bruto de mercadoria de mais de meio trilhão de dólares.

Para cumprir nossa missão — "facilitar os negócios em qualquer lugar" —, capacitamos as empresas a transformar seu modo de negociar, vender e funcionar. Oferecemos a infraestrutura tecnológica fundamental e o alcance de mercado para ajudar comerciantes, marcas e outras empresas a usar o poder da internet para se envolver com seus usuários e clientes.

Nossos negócios envolvem comércio, computação em nuvem, entretenimento e outros meios digitais, iniciativas de inovação e outros setores. Por meio de afiliadas que recebem investimentos, a Cainiao Network e a Koubei, participamos respectivamente dos setores de logística e de serviços locais. Além disso, temos participação nos lucros da Ant Financial, grupo de serviços financeiros que também opera o Alipay, principal plataforma de pagamento on-line a terceiros da China.

Em 2003, o Alibaba lançou o Taobao, plataforma cujo nome em chinês significa "busca do tesouro". A princípio, o Taobao era um fórum com catálogos de produtos. Com o tempo, o site acrescentou fotos e outras funcionalidades e acabou se tornando a imensa plataforma de comércio eletrônico que existe hoje. Os vendedores podem exibir de graça suas mercadorias no Taobao, pois agora a plataforma usa principalmente um modelo baseado em receita de publicidade.

Nos anos que se seguiram, o Grupo Alibaba incubou várias empresas afiliadas (veja a Tabela 1-1):

- *Alipay*: Em 2004, esse sistema de pagamentos com caução (garantia) se tornou uma empresa independente. O Alipay facilitou pagamentos num país sem cartões de crédito nem veículos de pagamento remoto.

---

* Há um bom histórico do Alibaba, inclusive com a competição inicial entre o Taobao e o eBay, em Porter Erisman, *Alibaba's World: How a Remarkable Chinese Company Is Changing the Face of Global Business* (Nova York: St. Martin's Press, 2015) e em Duncan Clark, *Alibaba: The House That Jack Ma Built* (Nova York: Ecco, 2016).

TABELA 1-1

O Alibaba num relance

Mercados de varejo da China
- Taobao Marketplace
- Tmall.com
- Taobao Rural

Mercados globais e transfronteiras
- AliExpress
- Tmall Global
- Lazada

Comércio atacadista
- 1688.com (atacado na China)
- Alibaba.com (atacado global)

Meios digitais e entretenimento*
- Youku Tudou (vídeo on-line)
- Alibaba Pictures
- Alibaba Music
- Alibaba Sports
- UC Browser (navegador para celular)

Serviços locais*
- AutoNavi (mapas e navegação)
- Koubei (serviços locais)
- Ele.me (entrega de comida)

Finanças: Ant Financial, MYbank*

Logística: Cainiao Network*

Computação em nuvem: Alibaba Cloud*

* Principais parceiros cooperativos e empresas que recebem investimentos do Grupo Alibaba.

- *Tmall*: Em 2008, o Tmall foi separado do resto do Taobao, como site para grandes marcas e varejistas. Seus vendedores pagam comissão, normalmente de 0,4% a 5,0%, pelo serviço *premium*.
- *AliExpress*: Esse site de comércio eletrônico internacional, lançado em 2010, conecta os vendedores chineses ao resto do mundo.

- *Cainiao Network*: O Alibaba lançou essa plataforma de logística inteligente em 2012.
- *Ant Financial*: Em 2014, o Alibaba lançou a Ant Financial Services. Hoje, essa financeira faz empréstimos a consumidores e pequenas empresas de toda a China.
- *Empresas de web celebs*: Em 2014, houve a primeira onda de abertura de empresas próprias por celebridades da internet.

Veja mais sobre o histórico do Alibaba no Apêndice A.

A Essência do negócio Inteligente

A fórmula das empresas inteligentes pode se resumir numa única equação simples:

$$\text{Coordenação em Rede} + \text{Inteligência de Dados} = \text{Negócio Inteligente}$$

Essa equação simples revela o que há por trás do sucesso do Alibaba e mostra tudo o que você precisa saber sobre os negócios do futuro. Como explicarei, a coordenação em rede e a inteligência de dados, duas novas funcionalidades permitidas pela tecnologia, têm vantagens poderosas sobre os processos e estruturas tradicionais nos negócios.

Em sentido mais amplo, a *coordenação em rede* é a decomposição de atividades empresariais complicadas para que grupos de pessoas ou empresas possam executá-las com mais eficácia.[1] As funções historicamente presas a estruturas verticalmente integradas ou cadeias de suprimentos rígidas são mais fáceis de coordenar com conexões on-line. O prêmio Nobel Ronald Coase explicou que as empresas foram estruturadas para gerir custos de transação proibitivos.[2] Mas as novas tecnologias reduziram esse custo, permitindo novas abordagens em rede. Com o uso da coordenação em rede, atividades empresariais como vendas, marketing e todos os aspectos da produção se transformam em processos descentralizados, flexíveis, escaláveis e globalmente otimizados.

O Dia dos Solteiros, com o Tmall e o Taobao por trás, é um exemplo perfeito de coordenação em rede. O Taobao não tem estoque e é uma vasta rede de mais de 10 milhões de vendedores. Esses vendedores se coordenam com milhões de outros parceiros, e todas as partes trabalham juntas

As Novas Forças da Criação de Valor   37

para realizar o trabalho completo do varejo on-line, do processamento de transações e da distribuição até a porta do cliente. Impossível para seres humanos, esse nível de interação é a essência da coordenação em rede: coordenação autônoma com escala quase ilimitada e um número incontável de parceiros na internet.

Enquanto a rede de empresas participantes se coordena on-line, as atividades empresariais também ficam mais inteligentes. Isto é, os dados em fluxo constante, gerados com as interações em tempo real e os processos on-line, criam um circuito de feedback contínuo que, automaticamente, gera decisões que se tornam cada vez mais "inteligentes". Por exemplo, hoje boa parte da rotina de trabalho do Taobao de encontrar e exibir produtos a clientes é feita por máquinas. Os varejistas tradicionais empregam milhares de compradores, pintores de cartazes, editores de estilo, *personal shoppers* e assim por diante para conseguir algo parecido. O aprendizado de máquina é a ferramenta que permite essa funcionalidade no Taobao. No pico do Dia dos Solteiros de 2017, os bancos de dados do Alibaba fizeram 42 milhões de cálculos por segundo. Esse volume imenso significa que os algoritmos de aprendizado de máquina realizaram bilhões de iterações o dia inteiro para decidir quais itens seriam exibidos na tela de seu celular, depois que você já tivesse comprado um celular, passagens para Bali e até aqueles pijamas de arco-íris que você passou o mês anterior inteiro olhando. Chamo de *inteligência de dados* essa capacidade de iterar com eficiência produtos e serviços de acordo com a atividade e a resposta do consumidor.[3] Essa é uma abordagem radicalmente diferente de como a maioria das empresas gera produtos e serviços hoje.

Com inteligência de dados, refiro-me à capacidade das empresas de melhorar de forma rápida e automática usando a tecnologia de aprendizado de máquina. Você reconhecerá a inteligência de dados em ação se já encontrou sistemas de recomendação. Essa forma muito básica de inteligência de dados é uma prática padrão em qualquer empresa on-line, mas a funcionalidade que estou descrevendo é muito mais sofisticada. As empresas podem desenvolver aplicações muito mais evoluídas de inteligência de dados se automatizarem a tomada de decisões e processarem constantemente dados em tempo real — digamos, a hora de remessa dos fornecedores, os avisos de término dos fabricantes, o acompanhamento da logística ou as preferências do cliente. Essa automação é obtida com algoritmos de aprendizado de máquina que aprimoram a coordenação e otimizam cada elo da cadeia de valor. Como cada vez mais atividades empresariais vão para a internet, as decisões associadas a todas elas podem ser automatizadas e constantemente refinadas. É isso que quero dizer com inteligência de dados.

Os avanços do aprendizado de máquina (um ramo da ciência da computação geralmente compreendido como um subconjunto do campo maior da inteligência artificial, ou IA) ampliaram o alcance e a eficácia do que as empresas podem fazer com a inteligência de dados, como numa função passo a passo na última década. Da mesma maneira que as máquinas dominaram os jogos de estratégia Go e xadrez, os algoritmos podem processar sequências longuíssimas de cálculos ou explorar vários roteiros para chegar rapidamente às soluções ótimas. Com o surgimento de novos resultados, os algoritmos se reajustam para refletir as novas informações. Os algoritmos aprendem com iterações contínuas, e seu resultado melhora conforme cresce o volume e a diversidade dos dados. Com esse aprendizado de máquina, a inteligência de dados aumenta. Conforme mais processos empresariais vão para a internet e as atividades das empresas exigem cada vez mais coordenação de participantes interligados, as empresas podem se transformar assegurando que as decisões de rotina sejam tomadas automaticamente e com mais poder de computação do que os seres humanos dispõem. Essa é a essência do negócio inteligente.

O Surgimento do Negócio Inteligente e Suas Consequências

No Alibaba, cada elo da cadeia de valor está sendo modularizado e reconfigurado em redes tecnologicamente otimizadas, e muitas tomadas de decisão da empresa se baseiam em algoritmos. Esse uso intenso de tecnologia inovadora muda tudo. Os dados são o ativo primário, um fator fundamental da produção. A estratégia não é mais análise e planejamento, mas um processo de experimentação em tempo real e envolvimento do cliente.

Nas empresas inteligentes, como mostrarei neste livro, as forças conhecidas da concorrência ficam para trás e dão origem a novas formas de cooperação entre empresas e uma miríade de outros participantes. Quando a estratégia não se baseia mais na concorrência e se centra na coordenação, a maneira de criar valor se transforma completamente. E quando

As Novas Forças da Criação de Valor 39

as empresas aplicam o aprendizado de máquina não só à automação de processos comerciais de rotina e interações com o consumidor, mas também ao aprimoramento constante disso tudo, o papel da administração na criação de valor muda de forma radical. As empresas não são mais estruturas estáticas e hierárquicas que precisem de gestão e controle, mas redes dinâmicas e fluidas de participantes interligados que têm de ser envolvidos pela missão e por oportunidades.

Não se engane pensando que a coordenação em rede e a inteligência de dados só são relevantes para as empresas ditas da internet ou digitais nativas. Trabalhei com fabricantes de mobiliário, empresas de vestuário e salões de beleza na China e os estudei. Até essas empresas mais tradicionais estão se reorganizando para aproveitar as novas forças. Na verdade, foi exatamente meu ponto de vista global que me levou a essa nova teoria estratégica. A coordenação em rede e a inteligência de dados exemplificam o que se obtém ao combinar a tecnologia mais avançada do Ocidente com o dinamismo da inovação de modelos de negócio do Oriente.

As empresas chinesas estão em melhor posição para aproveitar a coordenação em rede — combinam sem percalços os participantes empresariais na internet em vez de construir grandes corporações. Como a maioria dos setores chineses tem uma infraestrutura relativamente fraca e poucos atores dominantes, há mais espaço para reconstruir setores inteiros na internet. Nos Estados Unidos, as empresas geralmente tendem a se destacar na inteligência de dados, usando a versão mais recente do aprendizado de máquina para automatizar a criação de conhecimento e aplicando a tecnologia a problemas de reconhecimento de imagens, tradução de idiomas e sequenciamento do DNA. Os anos de pesquisa e experiência empresarial em ambos os países me convenceram de que as forças da coordenação em rede e da inteligência de dados — e seu poder reforçador quando combinadas — atuam sobre todas as empresas, antigas e novas, em toda parte.

Como os apresento, as redes ou os dados não são conceitos novos, mas não foram integrados previamente num todo teórico. Eles são a espiral dupla que forma o DNA das novas empresas. Examinar empresas do Oriente e do Ocidente revela o quadro inteiro. Só quando se combinam o *yin* e o *yang* de Ocidente e Oriente, de dados e redes, obtemos uma visão clara do futuro. Só então podemos efetivamente formular a estratégia no presente.

40 ALIBABA

A estratégia ensinada em escolas de administração desde o início da década de 1990 se concentrou nas vantagens competitivas, por meio do posicionamento no mercado ou de competências básicas. Mas a fonte de vantagem competitiva mudou drasticamente. As empresas precisam de uma nova abordagem estratégica que se ajuste a uma época em que redes e dados dominam. Nessa abordagem, as empresas usarão a coordenação em rede para obter valor, alcance e escala maiores do que os concorrentes e mobilizarão a inteligência de dados para tornar a empresa inteligente a ponto de se ajustar habilmente às mudanças do ambiente externo e da mente dos consumidores. As empresas dos Estados Unidos e da China com mais sucesso na internet são adeptas tanto das redes quanto dos dados. Essa observação será verdadeira para todos os vencedores da economia futura.

Vários economistas e estrategistas empresariais deram contribuições valiosas à atualização para a era da internet da análise clássica da estratégia de Porter — inclusive o próprio Michael Porter. Essas contribuições sobre estratégias digitais e de plataforma foram profundas e esclarecedoras. Este livro tenta dar um passo além e criar um arcabouço estratégico mais abrangente que coloque as empresas, tanto tradicionais quanto digitais, numa paisagem unificada. (O Apêndice C discute isso com mais detalhes.)

Há um aforismo no budismo chinês: "Na confusão tumultuada de flores a se abrir manifesta-se uma ordem solene". Do mesmo modo, o florir aparentemente louco de novas ideias e modelos de negócio não é aleatório; de fato, a nova ordem está surgindo. Neste livro, ofereço um arcabouço estrutural para organizar empresas, criar valor e ter sucesso nessa nova ordem.

Como Este Livro se Desenrola

Meu propósito ao escrever este livro é duplo. Em primeiro lugar, quero descrever as novas forças criadas pelos avanços tecnológicos e explicar a nova "teoria unificada" da criação de valor. Em segundo lugar, espero revelar as consequências estratégicas e organizacionais dessas novas forças.

Com o Alibaba como principal exemplo do livro, explicarei como nossas operações, o desenvolvimento e a implementação de nossa estratégia e até nossa concepção da empresa divergem das ideias tradicionais. Usarei exemplos adicionais, como as *web celebs* que são varejistas em

As Novas Forças da Criação de Valor 41

nossa plataforma, nossa parceira Ant Financial e modelos de histórias de sucesso na internet, como Apple, Google e Uber, para também ilustrar esses conceitos.

Depois de me apresentar e de apresentar o novo ambiente de negócios e minha teoria estratégica central, darei uma explicação mais detalhada dos conceitos básicos da coordenação em rede e da inteligência de dados nos capítulos 2 e 3.

Na Parte II, "Como competem as empresas inteligentes: princípios estratégicos", três capítulos descrevem os novos princípios estratégicos básicos de criar dados vivos, voltar-se para o consumidor e repensar o posicionamento estratégico. O Capítulo 4 delineia o processo de pôr a empresa on-line e "softwarizar" o fluxo de trabalho, de modo a automatizar a tomada de decisões. Depois de automatizar as decisões, o aprendizado de máquina, usando dados vivos, pode criar um círculo virtuoso de aprimorar continuamente a experiência do cliente e a eficiência da empresa. No Capítulo 5, discuto o imperativo estratégico de realinhar o modelo de negócio em torno dos clientes. Chamo essa estratégia de "do consumidor à empresa" e dou exemplos inovadores da China. Finalmente, no Capítulo 6, afasto-me para explicar como mudaram as estratégias de posicionamento das empresas inteligentes. A estratégia e as funcionalidades são interdependentes; é preciso se posicionar numa rede coordenada para maximizar o potencial e criar mais valor para clientes e parceiros.

Parte III, "Como funcionam as empresas inteligentes: consequências organizacionais", delineia um novo tipo de processo estratégico no Capítulo 7 e uma nova visão da gestão no Capítulo 8. A disseminação das redes e das operações digitalmente otimizadas remolda a função e a mentalidade da empresa. As empresas inteligentes automatizam boa parte da exploração à qual as empresas estão acostumadas, mas exigem em troca muito mais experimentação. As empresas têm de fazer iterações constantes entre visão e ação, assumindo uma abordagem dos objetivos estratégicos que seja adaptativa e até baseada no mercado. Essa nova abordagem é equilibrada com visão e cultura altamente desenvolvidas para atrair colaboradores adequados. Internamente, conforme a atividade empresarial de rotina se automatiza e conforme todos os participantes entram em rede, a gestão tem de ir além de administrar ou oferecer incentivos. Ela tem de capacitar a criatividade construindo uma infraestrutura que sustente a

42 ALIBABA

inovação na linha de frente e criando mecanismos que promovam a colaboração entre redes.

Hoje, a empresa cria valor pela inovação, que é produto da criatividade humana. Quando a criatividade substituir a força muscular e a manipulação do conhecimento como fatores fundamentais da produção econômica, assistiremos à revolução da criatividade, que vai um passo além da revolução do conhecimento descrita pelo guru da administração Peter Drucker. É provável que essa revolução mude a natureza das empresas e da experiência humana. No Capítulo 9, resumirei os conceitos deste livro para enfatizar que todas essas mudanças da paisagem empresarial se aplicam a você.

Este livro se baseia intensamente em minha experiência como alto executivo promovendo a criação de estratégias no Alibaba e em anos de pesquisa original sobre os modelos de negócio da empresa. Incentivo os leitores que não estejam familiarizados com o Alibaba e suas empresas a consultar o Apêndice A. Espalhados pelo livro, há episódios e lições do Taobao, principal plataforma de comércio eletrônico do Alibaba, e o Apêndice B apresenta uma história abrangente da plataforma do Taobao e de seu crescimento como um estudo de caso em estilo acadêmico. O Apêndice C traz material conceitual e teórico que embasa as empresas inteligentes e pode interessar aos leitores que queiram ir mais fundo.

CAPÍTULO 2

COORDENAÇÃO EM REDE

Como Participantes Interligados Mudam o Jogo

Outubro é um mês importantíssimo para os consumidores da China. Por um lado, o mês de outubro começa com a semana do Dia Nacional, um dos feriados mais longos do calendário. Mas, quando o feriado termina e o país volta ao trabalho, outra festa ainda mais importante acontece apenas um mês depois: 11 de novembro, o Dia dos Solteiros. Com a profusão de descontos e ofertas nesse dia, é imprudente fazer compras pelo preço cheio. Em outubro, é melhor não comprar muita coisa; o Dia dos Solteiros está chegando. Também em outubro, é aconselhável fazer os planos de viagem para o ano seguinte para aproveitar todas as melhores ofertas; o Dia dos Solteiros está chegando. Não só os planos de viagem, mas até as compras que cercam fatos importantes da vida podem esperar o Dia dos Solteiros. Planeja comprar uma casa, ter um filho ou se casar? Faça logo a lista de compras; o Dia dos Solteiros está chegando.

Mas, assim que chega o início de novembro, outra dor de cabeça se aproxima. Não planeje remeter nada importante durante a segunda semana do mês. Afinal de contas, o sistema postal do país pode ficar paralisado na semana que se segue à liquidação. Sem dúvida, isso já aconteceu no passado.

44 ALIBABA

O país inteiro se lembra de 11 de novembro de 2012, a quarta vez em que o Dia dos Solteiros foi comemorado como um grande festival de compras. No setor varejista, o volume de quase 20 bilhões de RMB (3 bilhões de dólares) em transações do Alibaba durante vinte e quatro horas provocou um rude despertar de marcas grandes e pequenas, locais e internacionais. Nos anos anteriores, o comércio eletrônico não parecia grande a ponto de afetar negócios estabelecidos. Mas, na manhã do dia 12, a mensagem era clara: o comércio eletrônico tinha chegado para ficar. As águas dos negócios on-line, que antes batiam nos pés das empresas já estabelecidas, estavam subindo, e todos queriam um lugar no barco salva-vidas.

Mas os consumidores viram um quadro diferente, ou seja, o fracasso total e catastrófico da rede de logística do país. Incapaz de processar o volume sem precedentes de 72 milhões de pacotes, os armazéns transbordaram e as estradas engarrafaram com caminhões de entrega. (Como referência, o Dia dos Solteiros de 2010 e 2011 produziu, respectivamente, 1 milhão e 22 milhões de pacotes.) Aviões, trens e navios ficaram paralisados. Os carteiros e todo o pessoal de entrega foram forçados até o limite, trabalhando sem parar só para manter as aparências. Mercadorias que estavam prontas para remessa no dia 11 e, em condições normais, só levariam três a cinco dias para chegar ficaram mais de duas semanas presas pelo caminho. No fim do mês, alguns pacotes ainda não haviam chegado a seu destino.

Chocados com a força assustadora dos consumidores da China e apavorados com a realidade quase certa de que o volume de pacotes aumentaria pelo menos 50% no ano seguinte, o Alibaba e as empresas de logística da China arregaçaram as mangas. Investiram em infraestrutura, mas foi mais importante começarem a trabalhar com afinco em mecanismos e sistemas de coordenação do nascente setor de logística. Em 10 de novembro de 2013, os executivos esperavam ansiosos para ver se o cataclismo do ano anterior se repetiria. Para surpresa de todos, isso não aconteceu, e a China foi poupada: em nove dias, dois terços dos 152 milhões de pacotes encomendados em 11 de novembro pelas plataformas de comércio eletrônico do Alibaba chegaram a seu destino.

A eficiência só continuou a melhorar. Em 2014, 100 milhões dos 278 milhões de pacotes foram entregues até o dia 17, menos de uma semana após o Dia dos Solteiros. Em 2016, 100 milhões de pacotes foram entregues em meros três dias e meio. Hoje, a logística chinesa para os consumidores é justificadamente a mais eficiente do mundo. (Tinha de ser: entre 2009 e 2017, o número de pacotes enviados em consequência do Dia dos Solteiros aumentou no atordoante fator de 3.123 vezes.) A remessa-padrão de muitos pacotes de todos os cantos do país pode acontecer de um dia para o outro ou em dois dias, com custo mínimo — muito distante do desastre de 2012.

A história completa da transformação logística da China e da Cainiao Network, afiliada do Alibaba, encheria um livro inteiro. (Veja uma versão resumida no Apêndice B.) Mas o segredo da evolução rápida do setor foi, sem dúvida, a coordenação em rede. Vários participantes, auxiliados por plataformas na internet e tecnologia de dados, aprenderam a se coordenar com escala e eficiência. Neste capítulo, explicarei o que é coordenação em rede, por que foi tão poderosa para o Alibaba e como ela se encaixa na estratégia maior da empresa inteligente.

Da Linha à Rede

A coordenação em rede é a gestão quase autônoma das interações simultâneas de várias partes numa tarefa empresarial. Esse tipo de coordenação produz resultados extremamente diferentes da cadeia de valor linear, na qual as ordens hierárquicas são passadas em sequência pelos participantes. Considere o modo como a incrível orquestração on-line do Dia dos Solteiros — vendedores, compradores, produtores, fornecedores e pessoal de logística, todos se reunindo para processar volumes que nenhuma empresa isolada conseguiria — foi facilitada pelo Alibaba sem ordens diretas nem diretivas de executivos. A coordenação em rede permite que muitas pessoas e empresas cooperem on-line para resolver um problema empresarial complicado com muito mais eficácia e eficiência do que qualquer participante ou participantes conseguiriam com a integração vertical. Foi essa nova abordagem que construiu as plataformas de comércio eletrônico do Alibaba e ajudou a criar nichos nas plataformas para muitos participantes novos e inovadores, inclusive as já citadas *web celebs*.

A princípio, o Alibaba foi forçado a recorrer à coordenação em rede porque não tínhamos tempo, habilidade nem recursos de investimento para criar internamente algumas funcionalidades necessárias. Se os vendedores da plataforma do Alibaba quisessem que alguém despachasse um

46 ALIBABA

produto sem usar o desatualizado sistema postal da China, os engenheiros do Alibaba não poderiam simplesmente abrir uma empresa de entregas. Mas poderiam criar algumas ferramentas-padrão e outros mecanismos on-line que integrassem os serviços à plataforma. Com essas ferramentas e esses mecanismos, os engenheiros então poderiam se esforçar bastante para incentivar outros a criar os serviços que os vendedores queriam. Dessa maneira, trouxemos para nossa plataforma no Alibaba cada vez mais serviços complementares, e, efetivamente, a empresa se tornou uma rede de coordenação. O Apêndice B faz uma descrição detalhada da evolução dessa rede de coordenação desde a fundação do Taobao em 2003.

A coordenação em rede separa as atividades da empresa da tradicional cadeia linear de suprimentos. Um varejista tradicional, com loja física ou na internet, tem a tarefa relativamente simples de coordenar um fluxo linear de informações dos fornecedores aos clientes, enquanto o Alibaba, como mercado on-line, coordena redes expansivas na internet com participantes quase incontáveis. Inspiradas no sucesso do Alibaba, outras empresas chinesas com visão de futuro estão usando a internet para transformar em redes os setores tradicionais subdesenvolvidos de estrutura linear. Essas empresas estão reconstruindo numerosos setores, da fabricação de móveis à educação on-line, e saltando por cima de formações empresariais mais antigas. Na verdade, só uma rede coordenada por meio de uma estrutura descentralizada consegue lidar ao mesmo tempo com todos os imperativos básicos das empresas de hoje: escala, custo, rapidez e personalização.

Cada vez mais funções empresariais serão reconfiguradas dessa maneira, não só na China como no mundo inteiro. Aproveitar a coordenação em rede é um dos novos motores essenciais das estratégias de criação de valor das próximas décadas. Vejamos como pôr isso em prática usando o tipo mais recente de vendedores do Taobao: as *web celebs*.

Contei rapidamente a história dessas comerciantes inovadoras na introdução do livro. Elas criaram marcas completamente on-line, não têm nenhum canal de venda off-line, só mantêm em estoque 10% do volume de vendas e fabricam e enviam o restante dentro de vinte dias após o pedido. Na Parte II deste livro, examinarei exatamente como essas celebridades criam suas marcas e administram a fabricação flexível. Mas antes precisamos desenterrar a força fundamental de seu modelo de negócio: a coordenação em rede.

WEIBO

O Sina Weibo surgiu em 2009 como um site de microblogues anexo ao Sina, portal importante na China. (Em chinês, *weibo* significa "microblogue". A princípio, havia muitas plataformas sociais competindo na China, mas, com a dominação do Sina no espaço dos microblogues, aos poucos Weibo virou sinônimo de Sina Weibo. Este livro segue esse uso comum na China.) Embora tenha começado como um clone do Twitter, o Weibo logo evoluiu para uma rede social movimentada que parece uma combinação de Facebook, Reddit e Twitter com uma pitada de YouTube e transmissão ao vivo para completar. Como em chinês 140 caracteres têm muito mais conteúdo do que o limite dos caracteres latinos, a plataforma é inerentemente adequada para discussões substanciais e artigos curtos, comparado ao foco do Twitter em manchetes. Os tópicos principais do Weibo costumam provocar conversas regulares, longas e animadas entre os "cidadãos" da rede.

A maioria dos ocidentais não tem noção de como a mídia social é difundida na China, bem mais do que para a maioria dos norte-americanos. Embora o estupendo aplicativo de mensagens Weixin, da Tencent, tenha corroído seu domínio nos últimos anos, o Weibo ainda prevalece entre as redes sociais, como o Twitter, nas quais a atividade é visível por todos os usuários. (As funções sociais do Weixin se aproximam mais do Facebook, onde só se pode ver a atividade de amigos em comum.) Nos Estados Unidos, se sua conta do Twitter for fechada você terá outras maneiras de se comunicar, mas na China há muito menos plataformas de comunicação em grande escala. O conteúdo do Weibo floresceu como um campo de crisântemos coloridos, cheio de fofocas, celebridades, individualidade, notícias genuínas e anúncios. Para a maior parte do povo chinês, o Weibo é um dos melhores canais para a cobertura de notícias minuto a minuto. Na verdade, além das empresas, entidades como os órgãos do governo, estações ferroviárias, escolas e veículos de mídia usam o Weibo regularmente para comunicações regulares e avisos oficiais.

Em 2013, o Alibaba comprou uma participação de 18% no Sina Weibo. Quando a empresa abriu seu capital em 2014, o Alibaba exerceu uma opção e levou sua participação para 32%. Desde o investimento do Alibaba, as duas empresas integraram profundamente o comércio eletrônico do Taobao à mídia social do Weibo, permitindo que comerciantes anunciem com eficácia e influenciadores aumentem sua base de fãs. Em 2017, o Weibo tinha quase quatrocentos milhões de contas de usuário ativas.

Por trás das Web *Celebs*: uma Rede Coordenada

As celebridades da internet surgiram no final de 2014 e nos surpreenderam no Taobao. Sem nenhuma presença off-line nem grande orçamento publicitário, mesmo assim essas pessoas um tanto magnéticas demonstraram uma capacidade impressionante de gerar vendas e produzir conversões de cliques. Os gráficos de seu volume de vendas pareciam estranhíssimos: num dia comum, não faziam quase nenhum negócio, mas a inatividade era interrompida por surtos curtos e intensíssimos de mais de 1 milhão de RMB (150 mil dólares) em vendas repentinas. Como esses vendedores exibiam padrões de venda muito diferentes da média das lojas de comércio eletrônico, a princípio os funcionários do Taobao temeram que eles estivessem envolvidos em alguma atividade fraudulenta e misteriosa.

Mas, na verdade, eles eram algo novo. As *web celebs* surgiram na categoria de vestuário feminino, vendendo moda informal e itens de luxo às usuárias mais jovens do Taobao, entre 14 e 21 anos. Elas costumavam colar as informações de sua conta no Sina Weibo (versão chinesa melhorada do Twitter; veja o quadro "Weibo") em lugar visível na primeira página de suas lojas virtuais no Taobao. O mais importante é que o "rosto" dessas lojas, sem exceção, era uma moça atraente. Todas as fotos de todos os itens na loja a mostrariam como modelo, mas geralmente eram fotos tiradas de maneira não profissional (leia-se: na maioria, selfies). Essas moças não se comportavam como modelos ou celebridades típicas; e seus produtos e estilos não se encaixavam facilmente nas categorias tradicionais de vestuário feminino do Taobao, como "urbano da Coreia", "alta-costura europeia" ou "estilo de Rua Harajuku".

A cada três ou quatro semanas, essas lojas publicavam um grupo de itens novos. Ao contrário da maioria das lojas de vestuário do Taobao, que regularmente "penduram" dezenas e até centenas de unidades em seus cabides virtuais, as lojas das *web celebs* mantinham em estoque no máximo vinte ou trinta itens, geralmente roupas, mas de vez em quando calçados ou acessórios. Alguns dias antes de novos itens chegarem às prateleiras, as lojas anunciavam a próxima venda, que costuma começar com hora marcada, como 14h ou 20h. Antes de cada venda, centenas de milhares de fãs esperavam diante da tela do celular ou do computador, prontas para o frenesi começar. Em chinês, essas vendas-relâmpago estão associadas a uma expressão comum que significa "marketing de fome", no qual a impressão de escassez e privação provoca consumo frenético. (Se você não agarrar, outra pessoa agarrará.) A maioria das peças se esgotava completamente quase de imediato.

Além disso, assim que o primeiro lote de roupas se esgota, as lojas começam a oferecer os mesmos itens em pré-venda. Em geral, um item popular pode passar por duas ou três rodadas de pré-venda numa única liquidação, e cada rodada especifica uma data de entrega; por exemplo, a segunda rodada pode ser entregue dez dias depois da venda. Algumas fãs se dispõem a esperar até um mês por roupas vendidas por seus ídolos favoritos, mas um mês é considerado muito tempo. (Compare esse cronograma com os prazos de pré-venda dos varejistas norte-americanos, que chegam facilmente a vários meses.) As lojas e liquidações das *web celebs* viram a economia do varejo de cabeça para baixo. Ao contrário da maioria dos varejistas do mundo, grande parte das roupas vendidas nessas lojas ainda não foram fabricadas quando são compradas.

No Weibo, essas *web celebs* também se comportam de maneira muito diferente da média das grandes contas das mídias sociais. Há dois tipos de conta no Weibo: individual e empresarial. As contas empresariais costumam pertencer a entidades ou empresas, como Alibaba e Nike. Não surpreende que a maior parte da receita publicitária do Weibo venha das contas empresariais; são elas que compram anúncios e outros serviços. A maioria dos usuários individuais não gasta dinheiro para fazer amigos. Mas as *web celebs*, embora ainda usem contas individuais, gastam uma quantia enorme em publicidade para encontrar novas fãs. E o conteúdo de suas contas se parece com a de qualquer indivíduo: fotos e relatos de seu estilo de vida, estética ou viagens. Mas essas contas são claramente usadas com propósito comercial e gastam quantias significativas para publicar anúncios em busca de novas fãs. Esse comportamento anti-intuitivo reflete uma verdade anti-intuitiva: as *web celebs* são empresas, embora operem marcas com rosto "individual".

E essas empresas realmente funcionam: uma pequena *web celeb* precisa de várias centenas de milhares de fãs, pelo menos, para causar uma marquinha no setor. As participantes maiores têm milhões e até dezenas de milhões de seguidoras. O mais importante é que essas moças passam um tempo despropositado interagindo com suas fãs, respondendo a comentários e perguntas e publicando conteúdo que as fãs pedem. Em certo sentido, essa interação é um serviço prestado às seguidoras: explica como combinar um estilo com o resto do guarda-roupa da fã, dá dicas de maquiagem, descreve com profundidade a costura ou os detalhes de um item específico. Em outras ocasiões, celebridades e fãs conversam sobre seus sentimentos ou preocupações ou se queixam de como o emprego ou o namorado são cansativos e incômodos. Interagir com elas parece genuíno e natural.

Em 2017, o setor de comércio eletrônico da China tinha reconhecido que essas moças não eram fogo de palha. Muitas lojas de *web celebs* já estão entre as dez mais na categoria de vestuário do Taobao; sempre que uma delas faz uma liquidação, é certo que ocupará uma vaga nas maiores vendas do dia. Atualmente, mais de quatrocentas lojas de *web celebs* de tamanho razoável funcionam no Taobao, em várias categorias de produtos, de vestuário e cosméticos a artigos esportivos, alimentos e bens de consumo de massa. No setor de vestuário feminino, várias grandes lojas obtêm mais de 1 milhão de dólares por liquidação e quase 100 milhões por ano em volume bruto de mercadorias. Essa categoria abriga inúmeras lojas de segunda linha, cuja venda anual fica entre 10 e 20 milhões de dólares, e muitas concorrentes novas que estão mordendo a canela e o salto alto das antecessoras.

Como moças como Zhang Linchao, a *web celeb* que conhecemos na Introdução, com senso estético agudo e influência social, mas pouca experiência concreta nos negócios, faz esse modelo funcionar? No Capítulo 5, analisarei com detalhes o modelo de negócio das *webs celebs*; por enquanto, basta observar que essas construtoras de marcas são apoiadas pela vasta rede de funções e serviços empresariais do Taobao que empodera empreendedores. Como todos os participantes da plataforma do Taobao estão tecnologicamente conectados, aproveitar e reunir um grupo de serviços pode acontecer em tempo real e com pouca interação humana. Essa infraestrutura permite que um participante pequeno ganhe escala rapidamente, aproveitando esses serviços disponíveis.

Quinze Anos de Coordenação: Lições do Taobao como Rede Empresarial

A história do Taobao é acrescentar à rede funções empresariais cada vez mais complexas e assim apoiar empresas com sofisticação cada vez maior para que cresçam. Conforme a rede foi se expandindo, mais participantes entraram no mercado, promovendo coordenação mais profunda e o surgimento recorrente de modelos de negócio inovadores. Um estudo de caso completo do crescimento do Taobao ocuparia um livro inteiro e, realmente, os leitores interessados podem encontrar no Apêndice B uma versão muito abreviada dessa história. Neste capítulo, só farei um esboço das linhas mais gerais da evolução da plataforma para dar aos leitores uma compreensão melhor do comércio eletrônico chinês e de como ele se baseia na coordenação em rede e na inteligência de dados.

Bem no comecinho, em 2003, o Taobao mal passava de um fórum para compradores e vendedores se encontrarem. O governo chinês tinha incentivado o rápido desenvolvimento econômico, que deu origem a um número enorme de pequenos vendedores sem acesso a grandes grupos de consumidores. Ao mesmo tempo, os compradores queriam ter acesso ao vasto universo de produtos de toda a China e do exterior. Empresas estrangeiras como o eBay buscavam uma base para se instalar. Os líderes do Taobao reconheceram a necessidade de um mercado para vendas pessoais entre consumidores, mas não sabiam direito como dar a partida. Em consequência, a incubação da plataforma avançou em degraus.[1]

A princípio, os funcionários do Taobao fizeram todo o possível para povoar o mercado com o máximo de produtos que conseguissem encontrar — postando, literalmente, coisas de seu apartamento. No ano seguinte, a meta foi trazer o máximo possível de vendedores independentes. Finalmente, em 2005, com uma massa crítica de vendedores, o Taobao começou a anunciar para atrair compradores para o site. Ele se descrevia como vendendo tudo o que se pudesse imaginar.

Surpreendentemente, a plataforma do Taobao estimulou os vendedores a promover conexões comerciais e até organizações formais fora da plataforma. Exatamente porque o comércio eletrônico surgiu na China sem modelos nem precedentes, o valor do Taobao como mercado on-line logo começou a transbordar para o mundo off-line: os vendedores formaram redes informais e incentivaram a ida de mais prestadores de serviço para a plataforma. Os leitores ocidentais podem estar acostumados a empresas como o Alibaba que tomam todas as decisões relativas ao que acontece com seus negócios, mas o contrário aconteceu nos primeiros dias do Taobao. Os vendedores entraram no Taobao, viram as ferramentas e mecanismos oferecidos pela plataforma e os adotaram com entusiasmo.[2]

Muitos vendedores dos primeiros tempos do Taobao eram indivíduos ou equipes bem pequenas aprendendo com a prática. Embora abrir uma loja e fazer negócios on-line fosse gratuito, ainda havia obstáculos signifi-

52 ALIBABA

cativos envolvidos no aprendizado do uso da série crescente de ferramentas oferecidas pelo Taobao para administrar a loja virtual, fazer contato com clientes e processar transações, como descrito a seguir. Também havia as dificuldades perenes de assegurar a qualidade e a disponibilidade dos produtos num país atormentado por uma infraestrutura subdesenvolvida de varejo e transporte. Era comum os vendedores trabalharem juntos, às vezes em fóruns oficiais do Taobao, mas também em contextos informais fora da plataforma, aprendendo uns com os outros a superar esses obstáculos para fazer negócios.

Serviço com um "querido"

Para ajudar as interações com os clientes, em 2005 o Taobao montou um serviço de mensagens instantâneas. Toda loja virtual do Taobao tem conta própria na plataforma oficial de mensagens, chamada Wangwang. (Em chinês, o nome da ferramenta é uma onomatopeia fofinha que lembra a sensação de negócios efervescentes.) Pelo Wangwang, os consumidores podem fazer as perguntas que quiserem aos vendedores, a qualquer hora do dia. Podem até pechinchar ou jogar conversa fora. Os funcionários de atendimento ao cliente na conta da loja no Wangwang logo assumiram um papel novo e importante na rede. Para acompanhar a estética "fofinha" do início do Taobao, a linguagem do atendimento ao cliente chegou a desenvolver um vernáculo adequadamente açucarado, popularizado pelo novo pronome idiomático *qin* ("querido"), usado no lugar da palavra chinesa que significa "você". (Em chinês, *qin* faz parte da palavra que significa "querida" e também significa "beijo"). Essa forma de tratamento afetuosa é bastante incomum, dado o teor frio e distante tipicamente associado às interações entre desconhecidos na internet. Portanto, a pessoa por trás de cada conta Wangwang é uma fonte de afeto que assegura a boa experiência do consumidor e cria um canal para entender os clientes.

Para os vendedores, o atendimento ao cliente é um papel muito especializado, que, nas lojas on-line maiores, é realizado regularmente por pelo menos dois grupos de funcionários, um para responder às perguntas pré-venda e o outro para cuidar do pós-venda. Os dois tipos de pergunta podem vir a qualquer hora do dia, de consumidores acostumados a respostas imediatas. Além do treinamento em técnicas-padrão de serviço profissional, os responsáveis pelo atendimento ao cliente no Wangwang têm de conhecer os produtos da loja de trás para a frente, além de esclarecer dúvidas e outras questões. Esses funcionários foram os primeiros de muitos cargos especializados novos que o Taobao criou. Especificamente, o atendimento ao cliente ofereceu oportunidade de emprego a milhões de pessoas, inclusive aquelas impedidas de entrar na economia tradicional devido a barreiras geográficas ou impedimentos físicos.

Apoio aos prestadores de serviços independentes

Em 2006, o mercado estava inteiramente formado, e a coordenação entre os participantes da rede do Taobao começou a se aprofundar. Alguns vendedores viram a oportunidade de oferecer serviços de apoio para comerciantes em crescimento e começaram a mudar de papel. O Taobao entrou num estágio de crescimento rápido enquanto nasciam os primeiros prestadores de serviço independentes (PSI), um grupo de participantes novo e importantíssimo.

Um dos primeiros desafios para os vendedores foi efetivamente exibir e descrever seus produtos para desconhecidos de todos os cantos da China. A maioria dos clientes exigiria pelo menos uma foto do produto que receberiam, mas, em meados dos anos 2000, os celulares com câmera ainda não tinham sido inventados. Os vendedores que possuíam equipamento e conhecimento fotográfico profissional eram raros, mas se dispuseram a compartilhar sua capacidade. A princípio, esses vendedores se ofereceram gratuitamente para ajudar outros vendedores próximos a tirar fotos de suas mercadorias. Com o passar do tempo, os especialistas em fotografia formalizaram os serviços oferecidos e, aos poucos, se tornaram prestadores de serviço profissional em tempo integral. Fotógrafos, programadores visuais e redatores começaram a fazer parcerias com vendedores para decorar suas lojas virtuais.

Por sua vez, o Taobao começou a lançar novas ferramentas, como o Wangpu, uma série de modelos de loja virtual, para permitir que os vendedores gerissem melhor seu negócio on-line. O Wangpu (em chinês, "loja em local movimentado e perfeito para os negócios") logo se tornou uma plataforma em si quando se abriu e envolveu mais desenvolvedores de software independentes. Logo, muitos desenvolvedores ofereciam-se para projetar lojas virtuais personalizadas e criar mais funcionalidades para os vendedores.

54 ALIBABA

Um grupo notável de PSI consistia em moças de toda a China que começaram a ter uma vida cada vez mais confortável como modelos do sortimento crescente de vendedores de vestuário na plataforma. Com o tempo, tanto comerciantes quanto clientes saberiam quais modelos do grande reservatório disponível eram mais adequadas para sua linha de roupas e trabalhavam com elas. Logo, o Taobao desenvolveu uma plataforma de conexões para organizar essas PSI, ajudá-las a encontrar comerciantes parceiros e monetizar o serviço de modelo. A partir daí, essas mulheres foram chamadas de modelos Tao, cuja carreira foi incubada no Taobao.

Os líderes da empresa conversavam constantemente com os vendedores sobre como facilitar os negócios. Não era raro ter meia dúzia de vendedores nos pequenos escritórios do Taobao em Hangzhou algumas tardes por semana para discutir quais ferramentas novas seriam úteis. Por exemplo, os primeiros vendedores do Taobao costumavam imprimir cada pedido ao ser recebido para começar a expedição, como faziam na empresa off-line. Quando são dez ou mesmo doze pedidos por dia, essa solução é viável. Mas os vendedores enfrentavam um problema burlesco, mas bem real por receber centenas e até milhares de pedidos por dia: as impressoras do escritório superaqueciam, algumas até pegaram fogo. Ficou claro que, para simplificar o processo de expedição, os vendedores teriam de passar mais atividades off-line para a internet, de modo a coordená-las e otimizá-las melhor — e evitar incêndios. Sem essa pressão para melhorar todo o fluxo de expedição, inclusive a logística, a Cainiao Network, plataforma de logística catalisada pelo fiasco das entregas de 2012, talvez não surgisse.

Apoio tecnológico à expansão das redes

Nos primeiros anos, muitos vendedores do Taobao tinham empresas e fornecedores off-line, mas, em 2008, muitos comerciantes novos entraram na plataforma numa corrida do ouro on-line. Eles enfrentaram o desafio de construir totalmente a partir do zero suas empresas na internet. Então, o Taobao teve de levar para a rede on-line as muitas funções do varejo físico, de modo que todos os vendedores tivessem acesso a elas. Com o tempo, o mercado do Taobao começou até a incubar novos papéis funcionais desconhecidos no varejo físico.

Não havia como o Taobao oferecer sozinho todos os serviços do varejo off-line. Inspirado por sucessos anteriores, como a plataforma de lojas virtuais Wangpu, que levou à criação de muitos fornecedores de software, o Alibaba articulou uma nova estratégia: promover o desenvolvimento de um ecossistema de comércio eletrônico aberto, colaborativo e próspero. A empresa se posicionou como uma plataforma com o objetivo de desenvolver a infraestrutura que capacitasse completamente o comércio on-line. Com esse passo, o Taobao entrou num novo estágio de desenvolvimento, impelido pelo crescimento explosivo das redes de negócios colaborativos construídas em cima dele. Quando a complexidade do sistema aumentou, foi preciso desenvolver inteligência de dados para melhorar a coordenação. O negócio inteligente tomava forma no Taobao.

A partir de 2013, mais ou menos, o Taobao começou a expandir seus serviços pela cadeia de valor até áreas como marketing e finanças. Desde então, o principal desafio tem sido conectar a plataforma do Taobao com plataformas externas como Weibo, Ant Financial Services, empresas de logística e a cadeia de suprimentos. O Taobao não oferece os serviços que essas redes prestam, mas a plataforma de comércio eletrônico precisa permitir que interajam de forma confiável e segura do ponto de vista técnico. Por exemplo, as *web celebs*, que gerenciam agressivamente as fãs na plataforma Weibo, provocaram a integração entre Taobao e Weibo. A inteligência de dados pode coordenar a interação entre as plataformas e melhorar os serviços que cada lado é capaz de prestar para o bem dos clientes.

Dada a complexidade do ecossistema do Taobao, só examinarei algumas funções comerciais importantes que ele oferece aos usuários. Esses exemplos ilustram as lições centrais que aprendemos e usamos para guiar o desenvolvimento do Taobao. (Veja mais detalhes no Apêndice B.)

PSI, TP e a importantíssima API

Conforme a rede Taobao evoluía, tivemos alguns *insights* que configuraram o avanço de nossa estratégia.[3] Depois que o mercado on-line começou a funcionar, mas quando os comerciantes comuns ainda eram os únicos na plataforma, surgiu um papel novo e fundamental: o parceiro do Taobao. Esse indivíduo ou empresa assume as operações da loja virtual e o marketing para pessoas e marcas.

Esses TP (*Taobao partners*), como são chamados hoje, assumiram um papel muito importante no ecossistema. Seu conhecimento especializado permitiu que os maiores vendedores se expandissem ainda mais e abriu

56 ALIBABA

caminho para vendedores e marcas off-line das maiores lojas de Pequim e Xangai, além de importadores de bens de luxo estrangeiros, chegassem à plataforma. As marcas off-line sem nenhuma experiência com vendas on-line podem usar um TP para gerenciar as operações do dia a dia da loja. (O Capítulo 6 contará a história da Baozun, um dos TP mais bem-sucedidos do Taobao.) Além dos TP, uma série enorme de fornecedores de serviços brotou por meio do Taobao. Para administrar uma empresa eficaz, é preciso usar vários tipos de software, da gestão do relacionamento com clientes a gestão de pedidos, marketing e otimização em sites de busca. Dentro de uma só empresa ou entre empresas parceiras, todo esse software tem de funcionar em conjunto.

O fio principal que liga os PSI a vendedores e compradores no ecossistema são os dados. Para um vendedor do Taobao, é da máxima importância manter os dados codificados nos pedidos que chegam fluindo para quem precisa deles, como o atendimento ao cliente, os fornecedores, o marketing e a logística. Um desenvolvedor externo que forneça software de gestão de pedidos deve poder acessar os dados de transações dos clientes. Por sua vez, os vendedores têm de ser capazes de compartilhar os dados criados no Taobao com quem for preciso para fazer negócios com eficácia. Conforme o valor de fazer negócios no Taobao crescia, a plataforma atraiu uma miríade de entidades externas interessadas em trabalhar com usuários do site e empregar esses dados para fazer negócios.

Em 2010, o Taobao implementou uma tecnologia chamada interface de programação de aplicativos (*application programming interface* ou API), um conjunto de ferramentas que qualquer programador pode usar para criar software que interaja sem dificuldades com outros software do sistema.[4] As API são a base técnica da coordenação em rede e facilitam o fornecimento de serviços variados pelos PSI aos vendedores. A tecnologia das API teve consequências abrangentes em todo o ecossistema; discutirei isso com detalhes no Capítulo 4.

O futuro, não só para o Taobao como para a maioria das outras empresas, é trazer para a rede esferas cada vez mais altas da cadeia de valor. A publicidade e o varejo já se mudaram com sucesso para plataformas on-line como Google e Taobao. Em essência, as *web celebs* mudaram para a internet a construção de marcas. Explicarei na Parte II como as interações on-line pelas mídias sociais construíram marcas com mais eficácia do que as abordagens tradicionais e como as empresas podem digitalizar funções centrais em toda a organização.

Quando a rede é coordenada dessa nova maneira, surgem modelos de negócio de todo tipo, e aparecem formas sempre inéditas de criação de valor em coalizões de participantes. Toda vez que um novo nível de coordenação em rede se desenvolve no Taobao, o acréscimo expande o alcance da rede e enriquece o âmbito de toda a economia on-line.

Os Componentes da Coordenação em Rede: como Começar

Agora já vimos uma infinidade de novos papéis e funções empresariais que se integraram aos poucos à rede do mercado do Taobao. Mas como exatamente funciona a coordenação em rede e como deveríamos facilitá-la? As redes de negócios são voltadas a metas: vários participantes se reúnem para resolver um problema comercial complexo para uma base de clientes. Só os participantes que têm a mesma visão e são capazes de contribuir para a solução trabalharão juntos on-line rumo a essa meta. A partir de nossa experiência no Taobao, podemos revelar quatro máximas operacionais para promover uma coordenação em rede eficaz (Tabela 2-1).

Para apoiar a estrutura de rede, incentive conexões e interações diretas.

A empresa que funciona em rede é superior à organização linear rígida porque a colaboração consegue encontrar o caminho mais eficiente pela rede. A estrutura organizacional tem de permitir que os participantes se interliguem diretamente e trabalhem com quem estiver disponível e seja mais qualificado, seja qual for a definição dos papéis.

O Wangwang é o exemplo mais antigo do incentivo explícito do Taobao à comunicação direta entre vendedores e compradores em suas contas próprias. O eBay, ao contrário, esconde as informações dos vendedores, que só podem entrar em contato com os compradores por meio do eBay. Esse sistema fechado desestimulou as transações fora da plataforma e deu eficiência ao eBay na cobrança de comissões. O Taobao acreditou que a conexão direta aumentaria o envolvimento e resultaria em mais negócios. Para incentivar os lados a completar a transação na plataforma, o Taobao ofereceu proteção das transações e serviços de garantia, acrescentando valor sem recorrer a barreiras artificiais à conexão. Há muitas

58 ALIBABA

TABELA 2.1

Os componentes da coordenação em rede

Passo	Exemplos do Taobao
Conexão e interação diretas	O Taobao criou o sistema de mensagens Wang-wang para interligar compradores e vendedores e criou a plataforma de marketing afiliada Taobaoke para interligar vendedores e pequenos websites.
Evolução de papéis	Vendedores experientes tornaram-se instrutores da Universidade Taobao; surgiram os parceiros Taobao (TP) quando marcas offline entraram na rede.
Investimento em infraestrutura	O Alipay baixou as barreiras à confiança; a interface de programação de aplicativos (API) do Taobao permitiu que prestadores de serviço independentes (PSI) trabalhassem com comerciantes.
Pôr as atividades comerciais online	O banco de dados de produtos do Taobao (ver o Capítulo 4) permitiu que qualquer SKU imaginável fosse comprado ou vendido; as *web celebs* coordenaram marketing e manufatura online.

histórias tocantes sobre a interação entre compradores e vendedores do Taobao on-line, e, para muita gente, comprar de uma lojinha no Taobao cujos funcionários de atendimento ao cliente os compradores conhecem bem é quase como comprar na antiga lojinha na esquina do bairro. Esse incentivo à comunicação direta entre as partes foi um fator importante na vitória do Taobao sobre o muito maior eBay, que abandonou o mercado da China em 2007.

A partir daí, cada participante que entrou na rede Taobao foi capaz de interagir diretamente com seus colaboradores na máxima extensão possível. A principal virtude da conexão direta é a flexibilidade. Mas, para evitar um custo de transação significativo, as soluções e os mecanismos devem permitir coordenação global, não apenas colaboração local. O Taobao assegura que todos os dados e software sejam tecnicamente integrados e possam ser usados na rede inteira. Os vendedores do site podem trabalhar com outros desenvolvedores de software para aprimorar suas lojas virtuais, melhorar campanhas de marketing ou se conectar com o fornecedor ou fornecedores desejados de logística e compartilhar o acompanhamento de pedidos e informações sobre a remessa.

Outro mecanismo de conexão direta é o Taobaoke, um programa de marketing afiliado criado pelo Alimama, departamento de publicidade do Taobao. O Taobaoke liga diretamente milhões de vendedores do Taobao com milhões de pequenos sites da China para ajudar os vendedores a atrair novos clientes. Quando publicam anúncios de um vendedor do Taobao, os sites recebem uma comissão fixa se as pessoas clicarem e comprarem, e o vendedor atinge um novo possível cliente. Com o tempo, mais links são sugeridos pelo sistema de publicidade do Taobao, deixando a inteligência de dados tornar mais astuto o processo como um todo. (Veja mais informações sobre Alimama e Taobaoke nos Apêndices A e B.)

Deixe o papel dos participantes evoluir e não apresse sua codificação.

Para obter flexibilidade, não se pode planejar meticulosamente nenhuma rede. Ela tem de se desenvolver de acordo com os participantes que entram e os consumidores a quem serve. Na prática, isso significa que, a princípio, o papel dos participantes precisa permanecer indefinido. Esse estado sem definição talvez sacrifique uma certa eficiência, mas permite formas emergentes de colaboração com novas funções e funcionalidades. Quando os papéis se cristalizarem, a plataforma poderá "reconhecê-los" dando-lhes apoio oficial e um *status* dentro da rede. Na prática, o papel do participante é reconhecido quando as oportunidades oficiais lhe permitem gerar renda.

O primeiro papel verdadeiramente emergente dentro da rede foram os instrutores da Universidade Tao. Como muitos vendedores eram inexperientes, vendedores mais informados estavam constantemente de plantão junto à liderança da empresa ou os novatos da plataforma. Os líderes do Taobao perceberam que era preciso uma nova empresa para treinar adequadamente e assim dar apoio ao desenvolvimento da Universidade Taobao. Nesse programa, o Taobao criou um arcabouço para que vendedores experientes fizessem seminários instrutivos para os usuários, que pagariam para comparecer às instalações oferecidas pelo Taobao ou usar a plataforma de educação on-line criada para os instrutores.

Outro papel inicial importante foi o dos desenvolvedores de software externos. Com o crescimento rápido do Taobao, a loja virtual de padrão

60 ALIBABA

simples oferecida pela plataforma logo se tornou um fardo para os vendedores. A princípio, o Taobao planejava atualizar os serviços oferecidos às lojas virtuais, inclusive os modelos disponíveis no Wangpu, mas percebeu que a plataforma simplesmente não conseguiria atender às diversas necessidades de tantos vendedores. Assim, o Taobao decidiu abrir esse serviço a desenvolvedores de software externos: construiu ferramentas de interface de software e criou regras para mediar taxas e relações. O sistema deu certo; os desenvolvedores externos criaram uma infinidade de soluções personalizadas para os vendedores usarem. Os consumidores gostam da diversidade das lojas do Taobao, com estilos que vão da estética mais ornamentada à mais austera. O mais significativo é que a escolha do Taobao de promover a abertura e a colaboração deu o tom do crescimento posterior. Esse novo papel da plataforma — e a infraestrutura que o sustentava — foi o precedente para o desenvolvimento de muitos papéis novos.

Esses papéis adaptáveis preencheram lacunas na rede e intervieram para oferecer funcionalidades que faltavam aos vendedores. Mas descobrimos que, assim que lacunas eram fechadas, novas lacunas — e, portanto, novos papéis — surgiam sem parar.[5] Além dos TP e dos PSI, versões on-line de funções off-line, são ainda mais interessantes as novas oportunidades ou novas soluções para antigos problemas. Essas oportunidades costumam aparecer na confluência de redes diferentes e criam grande valor. As *web celebs* são um exemplo que analisarei com mais detalhes no Capítulo 5.

Mais recentemente, novos exemplos estão se desenvolvendo na interseção do mundo on-line baseado em computadores e o mundo móvel; essas duas áreas só têm parentesco muito distante com contrapartidas off-line. Os novos papéis que se desenvolvem nessa interseção são os recomendadores de produtos (*daogou*), compradores especializados que compartilham pela internet com os consumidores produtos do Taobao e ganham comissão; os transmissores ao vivo, que anunciam produtos do mundo inteiro em tempo real; e os criadores de conteúdo, que escrevem artigos promocionais que descrevem produtos e vendedores. Muitas dessas pessoas obtêm uma renda substancial com as comissões. O Apêndice B discute esses novos papéis, enquanto o Capítulo 6 ilustra sua função dentro do ecossistema.

Do ponto de vista empresarial, pode parecer lógico definir com clareza os papéis e responsabilidades para facilitar a colaboração com uma boa relação custo-benefício, mas num ambiente on-line essa definição inflexível costuma tolher o crescimento da rede. Quando os consumidores e suas necessidades evoluem, o mesmo acontece com as empresas. Cada contribuidor deveria ser capaz de determinar sua melhor função e contribuição, e todos os participantes da rede precisam ser capazes de experimentar para encontrar as melhores soluções. Depois que as novas oportunidades são efetivamente aproveitadas, os papéis podem ser codificados aos poucos.

Invista em infraestrutura para promover efeitos de rede.

Como recém-chegados no jogo do varejo on-line, os participantes tradicionais não acreditavam no potencial do Taobao, que teve de se esforçar para atrair vendedores. A empresa não cobrava dos vendedores para abrir uma loja e manterem a operação diária. Principalmente nos primeiros dias da rede, essa admissão gratuita reduziu muito as barreiras de entrada para experimentar a nova plataforma. Em seu núcleo, o Taobao criou a infraestrutura para o mercado como um todo, e essa infraestrutura promoveu um poderoso efeito de rede. "Infraestrutura" se refere às ferramentas e aos mecanismos que embasam a rede de negócios, como sistemas de reputação, funcionalidade de busca, recursos de computação virtual ou API. Como tal, a infraestrutura compreende os serviços básicos necessários para todos os participantes do ambiente de trabalho da plataforma. Como costuma exigir um investimento significativo, na terminologia econômica a infraestrutura se aproxima de um bem público, cuja oferta e manutenção excedem a responsabilidade de qualquer um dos participantes. Cabe à plataforma criar para o mercado uma infraestrutura que melhore a coordenação e gere efeito de rede.

O Taobao lançou continuamente recursos importantes para resolver as principais barreiras aos negócios. Uma das mais importantes primeiras inovações foi o Alipay, cujo serviço de pagamento com caução reduziu de forma significativa a barreira da confiança nos primeiros dias do comércio eletrônico. Nos anos seguintes, o Taobao começou a trabalhar com empresas de logística recém-fundadas para oferecer importantíssimo apoio às remessas dos vendedores. Ao lado da promoção intensa do site e dos novos compradores que ela trouxe, logo surgiram ciclos virtuosos que promoveram o crescimento do mercado. Em meados de 2006, o volume diário de mercadorias chegou a 100 milhões de RMB (mais de 15 milhões de dólares), e a rede começou a ganhar impulso para crescer sozinha sem assistência constante da plataforma. Só então a equipe do Taobao sentiu que a plataforma superara a primeira prova decisiva de sobrevivência.

Em cada estágio do desenvolvimento do Taobao, a plataforma se concentrou intencionalmente em investir na infraestrutura básica para fazer negócios, do marketing (sistemas de publicidade, busca e recomendação) e da colaboração (API) às operações de TI (plataformas de computação em nuvem do Alibaba Cloud). Muitas dessas ferramentas se baseiam na inteligência de dados. Na atual paisagem dos celulares, nossa empresa continuou a desenvolver ferramentas e recursos para o sucesso dos vendedores, como descreverei no Capítulo 4. Quando se baixa deliberadamente as barreiras à entrada e à operação, o efeito de rede se multiplica, e a empresa cresce rapidamente.

Incentive as partes a colocarem on-line o máximo possível de informações e atividades empresariais em forma digital.

Discutirei a chamada "softwarização" das empresas — reorganizar uma empresa e suas decisões usando software digital para que se possa obter mais coordenação em rede e inteligência de dados — nos dois próximos capítulos, mas, em resumo, a coordenação em rede só funciona quando o máximo possível de atividades da empresa estiver on-line. O Taobao descobriu que os usuários mais inovadores de nossa plataforma fazem o duro trabalho de passar todas as facetas das operações de sua empresa para a forma digital e as põem on-line. As fábricas que produzem as roupas das *web celebs* usam software sofisticado de modelagem, corte e aproveitamento do tecido. Essa abordagem permite que a manufatura seja coordenada sem percalços entre os vários fabricantes e estágios da produção. Quando essas informações e instruções podem ser transmitidas de forma digital com clareza e imediatismo, a rede pode atuar com confiança a partir delas.

Nossa discussão aqui prenuncia a funcionalidade de inteligência de dados descrita no Capítulo 3. O progresso rápido da datificação (a codificação de uma atividade ou fenômeno numa forma compreensível por computadores) capacitou ainda mais a coordenação em rede. Mais coordenação em rede gera mais dados, que levam naturalmente à inteligência de dados. Na verdade, os dois polos de minha equação para a empresa inteligente — coordenação em rede e inteligência de dados — representam a dupla espiral entrelaçada que se reforça mutuamente no DNA das empresas do futuro. Embora cada uma dessas forças tenha surgido de forma um tanto independente e possa ser conhecida dos leitores, hoje o mundo dos negócios está num ponto de virada devido à sinergia entre elas. Os muitos avanços tecnológicos e empresariais que permitiram o surgimento dessas duas forças e o efeito amplificador de sua interdependência estão criando uma nova realidade econômica. Vou revelar os detalhes mais complexos dessa observação nos capítulos seguintes.

Redes Coordenadas nos Estados Unidos

Embora este capítulo tenha se concentrado em acontecimentos da China, a coordenação em rede também tem desempenhado um papel cada vez mais importante na economia dos EUA. A Wikipédia, a mídia noticiosa e outras mídias são exemplos claros. Embora o modelo de receita do sistema da Wikipédia talvez não seja transferível, a capacidade de uma rede coordenada, mas bem frouxamente controlada de produzir um catálogo bem mais abrangente e acurado das informações do mundo comprova o poder da estrutura em rede.

A coordenação em rede não poderia acontecer sem a evolução da cooperação *open source* como forma dominante de desenvolvimento de software. Em 1991, o lançamento inicial do *kernel* do Linux — o *kernel* é o código mais fundamental de um sistema operacional — por Linus Torvalds deu a partida no chamado movimento *open source* ou código aberto. Na época, os únicos sistemas operacionais disponíveis para usuários de computador eram caros e exclusivos. Também tinham bugs frequentes, precisavam de atualizações regulares e eram dificílimos de personalizar. Todos esses problemas foram resolvidos com o lançamento do Linux, hoje o sistema operacional mais usado do mundo. Como a Wikipédia, o Linux é constantemente atualizado e aprimorado por programadores individuais do mundo inteiro, e, como o código-fonte é aberto a todos, o sistema operacional é fácil de personalizar. A motivação inicial de Torvalds era ética; ele achava que o software, como a linguagem dos computadores, deveria ser gratuito. Mas sua inovação não era uma proposta excludente; além de incentivar um padrão ético, ela produziu um software melhor.

A resiliência e a versatilidade do Linux são insuperáveis e serviram de modelo para muitos outros projetos de desenvolvimento de software. Toda vez que é modificado, o código é rotulado e armazenado, para que

64 ALIBABA

sua progressão possa ser acompanhada. Esse processo resultou num software mais confiável e versátil. Quando muitas mentes trabalham num problema, são encontradas soluções melhores do que por uma única pessoa; a multiplicidade de usuários encontra mais bugs e os corrige. Além disso, os desenvolvedores podem usar e reusar um código-base bem testado e apenas modificá-lo, tornando muito mais eficiente o desenvolvimento de software; não é preciso reinventar a roda.

O Linux deu início ao movimento *open source*, mas foi rapidamente seguido por outros, como a Apache Software Foundation, que desenvolveu Spark, Hadoop, Databricks e MySQL. (Hoje, a empresa que lançou o MySQL pertence à Oracle.) Esses programas são fundamentais para as empresas de internet e computação em nuvem de hoje. A partir da Netscape, que liberou o código-fonte de seu navegador em 1998, as empresas de internet alargaram muito mais os limites do movimento *open source*. A maioria das empresas que antes estavam apenas no setor de software exclusivo foram forçadas a se adaptar e a adotar algumas partes do mantra *open source*, como liberar o código-fonte, mas vender os produtos fechados construídos com base nele. O lançamento das API abertas faz parte dessa evolução.[6]

Alimentação da Rede Coordenada: a Inteligência de Dados

O princípio da coordenação em rede, embora tenha se desenvolvido nos Estados Unidos principalmente nos setores centrados na internet, já teve um efeito imenso na transformação da China. Os empreendedores chineses estão em melhor posição do que seus colegas americanos para transformar setores tradicionais, como manufatura e serviços, e criar novos tipos de empresas nativas da internet. No contexto empresarial, a rede é exatamente a forma organizacional dinâmica que pode oferecer aos consumidores o serviço imediato e personalizado que procuram.

Mas, para coordenar redes, as empresas precisam de mais do que apenas uma estrutura em rede. Também precisam das soluções tecnológicas para coordenar a atividade na rede inteira. Essa solução é a inteligência de dados: os dados, os algoritmos e o aprendizado de máquina necessários para assegurar a coordenação eficiente e eficaz. A inteligência de dados é o *yin* do *yang* da rede, a força invisível que gerencia seu crescimento e sua dinâmica. Esse é o tema do próximo capítulo.

CAPÍTULO 3

A INTELIGÊNCIA DE DADOS

Como o Aprendizado de Máquina Usa Dados para Tornar o Negócio Inteligente

Todo mês, mais de meio trilhão de usuários passeia pelo aplicativo do Taobao. Eles perambulam pelo maior shopping virtual do mundo, passando de loja em loja e espiando os produtos mais empolgantes a preços imbatíveis. Mas o usuário final só vê a ponta do iceberg dos mercados do Alibaba. O consumidor médio mal sabe que está escolhendo dentro de um subconjunto cuidadosamente selecionado das mais de 1,5 bilhão de ofertas de produtos do Alibaba (contra os 17 milhões do Walmart ou os 350 milhões da Amazon em 2017), oferecidos por milhões de vendedores.[1]

Para os vendedores, a experiência é semelhante. O vendedor médio só precisa saber que as ferramentas e os painéis do Alibaba funcionam bem a ponto de permitir que ele encontre os serviços necessários e otimize seus negócios. No Dia dos Solteiros de 2017, os comerciantes acessaram dados no painel de análise de dados on-line do Tmall mais de onze bilhões de vezes para monitorar seus negócios em tempo real. (Naquelas importantíssimas 24 horas, os comerciantes passaram, em média, 93 minutos e 15 segundos examinando e analisando os dados de tráfego

66 ALIBABA

e vendas.) Os comerciantes mal sabiam que, para assegurar um mercado saudável, os algoritmos de segurança do Alibaba funcionam o tempo todo, vasculhando a plataforma atrás de spam e fraudes. Os algoritmos executam trinta bilhões de exames protetores por dia, dedicando-se à detecção minuto a minuto de eventos invasivos e prevenção de trilhões de pontos de dados.

A superfície dessa ampla rede de varejo encobre a segunda metade de nossa equação estratégica, a inteligência de dados — a combinação de dados, algoritmos e serviços adaptáveis. As plataformas do Alibaba combinam todos os nossos serviços para compradores e vendedores e processam por dia o equivalente a vinte milhões de filmes em alta definição. Nossa pilha técnica — o conjunto de software que cuida da infraestrutura do computador ou plataforma — consegue processar mais de oito bilhões de pedidos de acesso a dados internos nos momentos de pico. Assegurar que esses dados internos fluam sem dificuldade é a façanha de engenharia que explica por que empresas de varejo como Alibaba e Amazon se tornaram os principais provedores de serviços de computação em nuvem do mundo.

Uso a expressão *inteligência de dados* para enfatizar que a torrente constante de dados criada pelas interações com usuários pode ser usada por algoritmos de aprendizado de máquina para tornar as empresas inteligentes. A busca do Google, os sistemas de recomendação do Taobao e a organização de viagens do Uber são todos exemplos da ação da inteligência de dados. Essas empresas processam com algoritmos os dados que coletam para fornecer aos consumidores, em tempo real, resultados extremamente relevantes e constantemente revistos. A maioria das operações e interações dessas empresas com os clientes exige pouca ou nenhuma ação humana. Ninguém designa um carro da Uber a um passageiro, e nenhum funcionário do Taobao recomenda um vestido; os algoritmos fazem isso. Embora haja uma quantidade imensa de esforço e criatividade humanos envolvida na criação desses serviços, depois de feito esse esforço a empresa praticamente funciona sozinha.

Portanto, o modelo goza de alavancagem e escala extraordinárias. Com a automatização do processo varejista, cerca de 30 mil funcionários do Alibaba conseguem vendas comparáveis às do Walmart com seus dois milhões de funcionários. (O Alibaba tem mais de 50 mil funcionários no mundo inteiro, mas nem todos estão envolvidos com nosso negócio central de comércio eletrônico.) Examinar mapas e calcular possibilidades é algo que o computador faz muito mais depressa e com mais exatidão do que um contador humano; daí a vantagem da Uber ao minimizar o tempo de espera. A inteligência de dados está se tornando a fonte mais importante de vantagem competitiva.

Ainda assim, poucos empresários apreciaram que essa funcionalidade pode ser generalizada para quase toda a atividade econômica, apesar da atenção dada às tecnologias de aprendizado de máquina nos meios de comunicação de hoje. Com boa razão, a confluência da computação móvel e em nuvem, os avanços da datificação (codificação de uma atividade ou fenômeno numa forma compreensível por computadores) e, principalmente, o progresso da inteligência artificial estão criando funcionalidades verdadeiramente novas que mudarão o modo como as empresas operam e competem. Este capítulo descreve as consequências empresariais do uso da tecnologia de aprendizado de máquina para integrar a inteligência de dados à empresa e torná-la inteligente.

Aprendizado de Máquina: a Inteligência da Inteligência de Dados

Em ternos técnicos, o aprendizado de máquina é uma tecnologia dentro do guarda-chuva maior da Inteligência Artificial (IA), mas seu progresso rápido praticamente enterrou muitas outras abordagens para criar IA. O aprendizado de máquina usa algoritmos que descrevem os parâmetros a serem otimizados ou a meta a atingir, mas não impõe uma série de regras a serem seguidas com exatidão. Essa falta de regras predeterminadas difere de muitas outras abordagens da ciência da computação, que eram instruções de cima para baixo, baseadas em regras, que diziam aos computadores exatamente como fazer o que tinham de fazer. Os programas de aprendizado de máquina funcionam de forma mais parecida com a seleção natural. O que funciona é ampliado, o que não funciona se extingue. Eis um exemplo ampliado: imagine que o problema que você está resolvendo tenha um aparelho mecânico, como o que o oftalmologista usa para determinar o grau mais adequado à sua visão. O médico gira a lente até o grau seguinte e lhe pergunta se as letras projetadas na parede estão mais ou menos nítidas. Então ele repete o procedimento várias vezes, até o processo convergir para um grau específico. O algoritmo funciona de

68 ALIBABA

um modo parecido. Ele pega cada dado novo que recebe e pergunta: isso produz um resultado melhor ou pior?

Os algoritmos de aprendizado de máquina se treinam e se refinam processando toneladas de dados. Em 2017, houve enorme empolgação, principalmente na China, com o sucesso de um programa de aprendizado de máquina chamado AlphaGo. O programa venceu os mestres do jogo chinês Go — jogo que tem centenas de milhões de combinações de jogadas mais do que o xadrez. Os programadores "treinaram" o AlphaGo fazendo-o jogar milhões de jogos digitais de Go contra si mesmo, de modo que ele já tinha simulado jogadas e contrajogadas incontáveis. O programa "sabia" como o jogo se desenrolaria numa miríade de roteiros. Na verdade, contudo, o computador não sabia nada sobre o jogo. O AlphaGo não foi programado para pôr sua peça aqui quando a peça do adversário estiver ali. Em vez disso, ele anota a posição da peça; então, usando seus milhões de experiências, calcula a probabilidade dos resultados de qualquer jogada seguinte no tabuleiro e escolhe a melhor.

Os cientistas de dados estão descobrindo constantemente novas maneiras de modelar problemas e programar algoritmos de aprendizado de máquina para que fiquem mais poderosos. Eles também superpõem algoritmos e os modificam para trabalhar juntos. O sistema algorítmico básico da Uber interliga carros e passageiros o mais depressa possível. Então, a Uber desenvolveu algoritmos que fazem o cálculo dinâmico do preço, de modo que, mesmo que tenha de pagar mais, você consiga um carro durante uma tempestade. O Google ganha bilhões de dólares com publicidade com um modelo de leilão embutido em seus algoritmos que usa o desempenho — o número de vendas ou cliques — para estabelecer automaticamente o preço. O sistema de recomendação do Taobao maximiza o que atrai cada consumidor, usando tanto o conhecimento individual quanto o coletivo.[2]

A Contribuição do *Big Data*

A expansão da capacidade dos algoritmos de aprendizado de máquina é possibilitada pela potência crescente da computação e da abundância de dados — tanto os grandes conjuntos de dados quanto a torrente contínua de dados criada por interações on-line. O AlphaGo conseguiu aprender jogando consigo, mas a maioria dos algoritmos de aprendizado de máquina precisa aprender processando quantidades imensas de dados, em geral antes de serem revelados ao público. O processo iterativo usado pelo aprendizado de máquina processa grandes conjuntos de dados e refina a calibração interna do algoritmo para obter resultados mais precisos. Assim que ele fizer um bom trabalho, a empresa pode pôr o algoritmo para funcionar em tempo real com clientes reais. Os algoritmos continuam a melhorar enquanto usam a torrente de dados que jorra de algo como o Dia dos Solteiros de 2017, quando nossa plataforma lidou com 325.000 transações por segundo no momento de pico, equivalente a quase 20 milhões de transações por minuto.

O Impacto da Nuvem

Números como esses exigem grande potência computacional, que não seria possível sem o desenvolvimento da computação em nuvem. Nos Estados Unidos, a Amazon foi pioneira da computação em nuvem e, desde então, se tornou uma gigante num setor povoado por participantes tradicionais da tecnologia da informação, como IBM e Microsoft. A princípio, a Amazon desenvolveu a computação em nuvem para lidar com a imensa carga dos servidores criada por seus serviços de logística e armazenamento.

A computação em nuvem permite à empresa acessar um grande conjunto de servidores baratos para obter potência de cálculo, velocidade, confiabilidade e redução de custo. Oferecida como serviço comercial, a computação em nuvem permite às empresas a compra de pequenas porções de potência computacional, transformando assim em custo variável o custo fixo dos servidores internos. A divisão de nuvem da Amazon responde por 10% do total de vendas da empresa.[3] Os investimentos recentes do Alibaba em computação em nuvem não vêm do desejo de imitar a Amazon. Eles vêm da percepção dos líderes do grupo, em 2008, que a despesa com TI, paga a empresas como Cisco e Oracle, logo superaria toda a sua torrente de receita, não só de suas empresas de comércio eletrônico. Para evitar que a despesa com TI o incapacitasse, o Alibaba decidiu investir em capacidade própria de computação em nuvem. Mas houve forte resistência interna a esse enorme empreendimento. Os talentos da engenharia foram exigidos à exaustão, e alguns engenheiros decidiram sair da empresa. Enquanto isso, as equipes de operação se queixavam de bugs e falhas do sistema.

70 ALIBABA

A computação em nuvem é complicada e de desenvolvimento caríssimo. Sem demanda interna aguda, nem a Amazon nem o Alibaba teriam chegado ao ápice de um setor de TI cuja relação com o negócio central é apenas periférica. Hoje, o Alibaba Cloud é o maior provedor de computação em nuvem da China e parceira do Comitê Olímpico Internacional nos serviços em nuvem. O Alibaba Cloud também incubou o desenvolvimento de dados mais ricos e serviços baseados em algoritmos para os usuários e alimentou uma comunidade de desenvolvedores e aplicativos que cobre a China inteira. O mais importante é que a comercialização da computação em nuvem tornou acessível para todos a potência computacional em grande escala, como se fosse um serviço de utilidade pública. O custo de armazenar e computar grande quantidade de dados caiu drasticamente desde a virada do século. Para as empresas, isso significa que hoje a aplicação abrangente em tempo real do aprendizado de máquina é possível e viável.

O Papel da Computação Móvel

Em outra frente, a computação móvel, que registra dados de um dispositivo em qualquer lugar do mundo físico e o manda pela rede usando wi-fi ou outros meios, está criando grande quantidade de dados e tornando-os disponíveis para uso. Por exemplo, a combinação de todas as atividades realizadas pelos celulares inteligentes — mapas interativos, ligações, mensagens, fotos, buscas, vídeos — envia para a internet um enorme volume de dados. O surgimento da Internet das Coisas (IoT, do inglês "Internet of Things") promete ainda mais: ela "datifica" nosso mundo físico de um jeito inovador. Cada vez mais tecnologias que surgem para quantificar problemas espinhosos e fenômenos escorregadios oferecem oportunidades para as empresas usarem dados para produzir novas ideias e até criar novas empresas.

Num exemplo pequeno mas evocativo, a Augury, *startup* sediada em Nova York e Israel, desenvolveu um aparelho exclusivo parecido com um estetoscópio que pode escutar os sons produzidos por todo tipo de máquina comercial. Com algoritmos que rodam na nuvem, a Augury consegue realizar um "exame físico" digital e entregar o resultado por um aplicativo no celular do técnico. Se a máquina estiver "doente", a Augury diagnosticará os problemas e sugerirá soluções. Se tudo estiver funcionando bem, a

Augury registrará o exame para futura referência. A empresa pode compilar continuamente tendências e estatísticas de muitas máquinas, ajudando a informar os fabricantes ou oferecendo um serviço melhor aos clientes. O mercado industrial de IoT cresce rapidamente e estima-se que chegará a 320 bilhões de dólares em 2020. Com a inteligência de dados, uma empresa comum de manutenção mecânica se torna uma lucrativa empresa inteligente. Em junho de 2017, a Augury encerrou sua Série B de financiamento e obteve 17 milhões de dólares para continuar comercializando sua tecnologia.[4]

Quando se reúnem, todas essas ferramentas criam a inteligência de dados. Dados coletados quando produzidos no decorrer dos negócios, processados por algoritmos de aprendizado de máquina e retroalimentados no ambiente empresarial, criam, assim, um circuito de feedback inteligente que alimenta as decisões comerciais. Esse ciclo virtuoso digital é a essência da inteligência de dados. A empresa aprende em tempo real, e o produto evolui conforme a necessidade dos clientes se desenvolve e se incorpora a um resultado sempre novo e mais satisfatório.

A princípio, o Google Maps era um programa de mapas acessado por meio de um navegador num computador pessoal. Quando lançado no iPhone da Apple, o Google Maps se tornou um dos primeiros serviços móveis bem-sucedidos. A combinação foi realmente um negócio inteligente. Antes do Google Maps, a experiência com o antigo GPS era péssima: mapas estáticos com direções regularizadas que nunca estavam de acordo com os atrasos do tráfego e os desvios para obras. O Google Maps fez da navegação um simples exercício on-line. O serviço melhora constantemente enquanto o sistema de dados processa o caminho de um usuário atrás do outro e faz mapas mais completos e encontra rotas mais eficientes. O Google Maps trabalha com você. Se você errar a entrada, sem problemas; ele recalcula a rota. O aplicativo de navegação Waze acrescentou a capacidade de cada usuário contribuir com dados em tempo real, como a localização de um buraco ou de uma blitz da polícia.

Vamos examinar com detalhes como um negócio do Alibaba, a Ant Financial Services, desenvolveu a inteligência de dados que, em 2017, resultou numa empresa avaliada em mais de 60 bilhões de dólares.

A Inteligência de Dados na Ant Financial e no MYbank

A China não tem um sistema financeiro sofisticado. Historicamente, os bancos eram uma função do governo projetada para as grandes empresas estatais e os poupadores individuais. Emprestar para pequenas e médias empresas (PME), uma parte padrão e substancial do mercado financeiro comercial americano, esteve fora do alcance da maioria dos bancos chineses. No entanto, o financiamento das PME está evoluindo na China conforme mais bancos privados se estabeleceram. Mas o típico "empréstimo para pequenas empresas" ainda significa empréstimos de mais de um milhão de dólares, fora, portanto, do alcance de dezenas de milhões de pequenas empresas reais.

Sem histórico oficial de empréstimos a pequenas empresas na China, não há nenhuma pontuação de crédito útil nem algo parecido. Muitas pequenas empresas recorreram a caminhos pessoais ou informais para obter capital. Para piorar a situação, a pequena empresa média da China não documenta adequadamente — nem mesmo corretamente — suas atividades comerciais, o que torna quase impossível pedir um empréstimo, mesmo que seja à mais prestativa das instituições. O resultado é uma paisagem desolada de empréstimos a pequenas empresas, geralmente forçadas a se refugiar na solidão dos agiotas locais e aceitar pequenos empréstimos de instituições não profissionais com taxas de juros exorbitantes. A maioria das empresas nas plataformas do Alibaba são muito pequenas e têm dificuldade real de obter empréstimos para ampliar suas operações.[5]

Em 2012, nós do Alibaba vimos essa necessidade de nossos clientes e percebemos que poderíamos criar um serviço empresarial valioso e complementar. Ao lado do desenvolvimento do aprendizado de máquina e do acesso a um volume imenso de dados relevantes, tínhamos todos os ingredientes necessários para criar um negócio de empréstimos a PME que fosse muito funcional, em escala e lucrativo. A princípio esse negócio se chamava Alibaba Microloans e fazia parte do Alipay e, mais tarde, se tornou a Ant Financial Services. Hoje, essa empresa de microfinanciamento se localiza no MYbank, banco on-line criado em 2014 como um dos cinco primeiros bancos completamente privados da China. O MYbank é um banco completamente virtual, sem agências fora da internet. (A Ant Financial tem 30% do controle acionário do MYbank. E, para responder à sua provável pergunta, o nome *Ant* foi, de fato, escolhido pela imagem da formiga. Queríamos transmitir a ideia de que estávamos empoderando as formiguinhas, as pequenas empresas. Além de atrair pequenas empresas, esperávamos que o nome também transmitisse nossa estratégia: como cada formiga só come um pouquinho, não estávamos ameaçando o grande setor tradicional de empréstimos.)

Nossa empresa de microcrédito começou atendendo aos milhões de vendedores do Taobao e do Tmall, oferecendo empréstimos de, no máximo, um milhão de RMB (cerca de 160 mil dólares) e, no mínimo, algumas centenas de RMB (por volta de 50 dólares) a serem pagos em até três meses. Em dezembro de 2016, o MYbank (e sua primeira encarnação no setor de crédito como Alibaba Microloans) tinha emprestado mais de 87 bilhões de RMB (13,4 bilhões de dólares) a quase três milhões de PME e empreendedores de mais de 32 províncias e áreas administrativas da China. Sozinho, o MYbank fez mais de quarenta bilhões de RMB em empréstimos a 1,17 milhão de usuários rurais chineses, com quase quatro bilhões desses empréstimos indo para 1,86 milhão de donos de empresas em condados que sofriam de extrema pobreza.[6] Mais da metade dos empréstimos do banco on-line vão para empresas e indivíduos de cidades de terceira, quarta e quinta linha da China. (Cinquenta e um por cento dos donos dessas pequenas e microempresas têm menos de 30 anos.) O usuário pode pedir um empréstimo de até 1 RMB (0,15 dólar), e a quantia média de cada pedido de empréstimo é de cerca de 8.000 RMB (1.231 dólares).[7] Como referência, o empréstimo mínimo médio dos bancos chineses era de cerca de seis milhões de RMB (pouco menos de um milhão de dólares) quando o setor de microcrédito do Alibaba surgiu.

Muitos clientes do MYbank são indivíduos com recursos e nível de instrução mínimos. Não podem oferecer garantias e, em geral, nenhum faturamento respeitável. Mas, quando pedem um empréstimo, os vendedores não têm de apresentar nenhuma papelada. São aprovados ou rejeitados em segundos. Seu empréstimo pode ser depositado em sua conta on-line no Alipay em até três minutos. O mais importante é que, mesmo em escala tão grande, o setor de crédito do MYbank é sustentável: a taxa de inadimplência fica sempre por volta de um ponto percentual. O sucesso do MYbank se deve à inteligência de dados embutida na empresa, um sistema de empréstimos baseado em aprendizado de máquina.

74 ALIBABA

Em nível mais básico, as instituições financeiras só precisam responder a três perguntas quando se veem diante de um possível tomador de empréstimo: Emprestaremos a ele? Quanto devemos emprestar? E a que taxa de juros? Como sabe qualquer pessoa que já tenha pedido um empréstimo, a resposta a essas perguntas depende do histórico de crédito do tomador — sua confiabilidade. O método-padrão dessa avaliação é coletar e processar montanhas de documentos na esperança de obter informações úteis.

Em contraste, o MYbank tem condições de acessar facilmente informações sobre os possíveis tomadores porque eles fazem negócios nas plataformas do Alibaba ou usam produtos do Alipay e do Ant Financial. Quando autorizado, o emprestador pode examinar os dados de transações para obter a resposta a perguntas relevantes de vários tipos. Como está indo o negócio do vendedor? Ele teve algum comportamento pouco confiável? O MYbank pode responder até a perguntas que um banco tradicional teria dificuldade de investigar: os amigos do vendedor têm boa pontuação de crédito? Quanto tempo o vendedor passa trabalhando on-line na empresa? As ofertas do vendedor são competitivas no mercado? Os dados são muito mais ricos e precisos do que um banco teria esperança de obter com a documentação em papel ou uma pontuação tradicional de crédito.

Aprendizado de Máquina em Estilo Formiguinha

O segredo do sucesso do setor de microcrédito do Alibaba não é simplesmente a montanha de dados sobre os vendedores do Taobao, mas também a inteligência embutida em seu modelo de negócio para usar esses dados com o máximo aproveitamento. Os cientistas de dados do MYbank comparam grupos de bons tomadores (os que pagam em dia) com os maus (os que não) para isolar características comuns de ambos os grupos e calcular a pontuação de crédito de todos os seus clientes. Essa abordagem da pontuação de crédito baseada em dados pode soar simples ou antiquada. Mas o revolucionário é que essas comparações são feitas automaticamente por rotinas de computador ou algoritmos com todos os tomadores, não com uma amostra, e usando todos os seus dados comportamentais — pelo menos milhares e, às vezes, centenas de milhares de características — em tempo real. Cada transação, cada vez em que um vendedor se comunica com um comprador, todos os itens da loja, suas conexões com todos os

A Inteligência de Dados 75

outros serviços disponíveis no Taobao — na verdade, cada ação registrada na plataforma — afeta o crédito.

Ao mesmo tempo, os algoritmos que calculam a pontuação de crédito evoluem em tempo real, melhorando assim a qualidade da tomada de decisões. O modelo do MYbank se baseia no raciocínio probabilístico em vez de ser uma teoria exata que diga por que determinadas características diferenciam bons e maus pagadores. Os algoritmos melhoram seu próprio poder de prever por meio de iterações contínuas. Caso um vendedor com péssimo crédito pague o empréstimo em dia ou o vendedor com excelente crédito dê um tremendo calote, é claro que o algoritmo precisa melhorar. Os algoritmos são construídos de modo que seja fácil verificar digitalmente seus pressupostos e fazer mudanças pequenas, mas importantes. Que parâmetros devem ser acrescentados ou removidos? Que parâmetros ligados a que tipo de comportamento do usuário deveriam ter mais peso? A maioria dos bancos levaria pelo menos seis meses para recalibrar seus modelos.

O MYbank usa métodos semelhantes para determinar quanto emprestar e que juros cobrar. Para calcular o limite exato de crédito, os cientistas de dados do MYbank analisam muitos mais tipos de dado: margem de lucro bruto, rotatividade do estoque e, o que é mais difícil, informações matematicamente menos precisas, como ciclo de vida do produto e qualidade do relacionamento social e comercial do vendedor. No caso do ciclo de vida do produto, os cientistas podem perguntar: um item específico é um produto novo que está aumentando sua participação no mercado? É um produto em liquidação? Está próximo da obsolescência e caindo de preço? No caso da qualidade do relacionamento, podem examinar frequência, duração e tipo de comunicação (mensagens instantâneas, e-mail e outros tipos mais comuns no ambiente da internet chinesa do que no norte-americano). Os cientistas de dados estudam e testam que pontos oferecem as noções que buscam e projetam algoritmos para realizar o processo por eles. Mais dados e melhores modelos de dados significam um entendimento mais preciso de quanto emprestar e que juros cobrar. Com esse tipo de aprendizado de máquina, o MYbank consegue reduzir constantemente o risco e o custo. Em consequência, a experiência do tomador melhora: ele consegue o dinheiro de que precisa quando precisa a uma taxa de juros que pode pagar.

Os Três Fundamentos do Negócio Inteligente

O modelo de negócio do MYbank exige três passos fundamentais para que a inteligência de dados funcione: produtos adaptáveis, datificação e aprendizado de máquina (algoritmos de iteração). Em primeiro lugar, o processo dinâmico do MYbank tem um produto adaptável — empréstimos com vários montantes e termos variáveis, dependendo da necessidade do cliente. Em segundo lugar, o MYbank datifica todos os aspectos do negócio do tomador pondo essas informações na internet. E, finalmente, os dados registrados são usados pelos algoritmos de aprendizado de máquina cuidadosamente projetados e criados pelos cientistas de dados da empresa.[8]

Produtos Adaptáveis

Os algoritmos não podem fazer iterações sem os produtos — a interface on-line com o consumidor que produz diretamente a experiência do cliente enquanto coleta seu feedback para ajustar os modelos de algoritmo. O famoso campo de busca do Google se tornou um exemplo clássico de projeto de produto (Figura 3-1). Os clientes digitam palavras-chaves num campo simples e veem imediatamente o produto, a página de resultados de busca. O Google investe recursos tremendos no projeto desse produto

FIGURA 3-1

Circuito de feedback da inteligência de dados

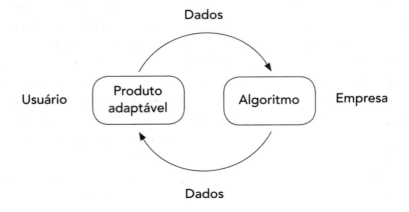

para que os clientes encontrem o que querem em menos tempo e com menos esforço.

Quando o Alibaba criou seu setor de crédito on-line, começamos essencialmente da mesma maneira. O produto "empréstimo" foi incorporado à área de trabalho de operações on-line dos vendedores do Taobao. O cliente só precisa clicar e os recursos serão fornecidos quase imediatamente. O projeto inteligente da interface com o consumidor é fundamental para o sucesso das empresas na internet: os *feeds* e alertas do Facebook, as poucas centenas de caracteres de uma mensagem do Twitter, o "apague depois de ler" do Snapchat são todos interfaces fáceis e convidativas para os clientes. Ainda mais importante, eles funcionam em conjunto com o sistema de inteligência de dados na nuvem (os cálculos nos bastidores que os consumidores não veem). Foram projetados para oferecer o tipo certo de circuito de feedback para trabalhar com os algoritmos de aprendizado de máquina. Em seguida, a informação decorrente é retroalimentada no próprio produto para melhorar a experiência do usuário. Nesse sentido, os produtos do futuro serão capazes de se adaptar por conta própria ao usuário e ao ambiente e, portanto, se tornarão "inteligentes".

Esses produtos têm a mesma filosofia de projeto. Para as empresas, os produtos on-line são a interface fundamental entre a tecnologia de aprendizado de máquina e os problemas empresariais. No lado da empresa, a interface do produto interliga cliente e empresa, de modo que esta possa observar o comportamento e as preferências daquele, identificando o problema fundamental que a empresa quer resolver para o cliente. Então, os dados criados nessa interação se tornam a matéria-prima a ser processada pelos algoritmos. Portanto, o projeto da interface determina o volume, as características e a qualidade dos dados coletados sobre o cliente. No lado da tecnologia, os produtos são o meio pelo qual os resultados do aprendizado de máquina são entregues ao cliente. O ponto em que a tecnologia de aprendizado de máquina consegue realmente afetar a experiência do cliente é limitado pelo projeto e pela implementação do produto. Um produto bem projetado oferece ampla oportunidade para o aprendizado de máquina criar valor tangível, como nos empréstimos adaptativos do MYbank.

Em muitos setores tradicionais, criar um produto adaptável é um verdadeiro desafio. Nas empresas inteligentes, eles são seu fluido vital. Toda empresa do futuro terá, provavelmente, um produto componente na in-

78 ALIBABA

ternet para permitir interação direta com os clientes, sejam quais forem os produtos físicos que a empresa produza e venda. Mesmo que não venda ao consumidor final, a empresa ainda pode obter informações e interação com os clientes. A inteligência de dados, trabalhando em toda a cadeia de valor, facilitará a maior coordenação em rede.

Datificação e Dados Vivos

O ponto de partida do sistema inteligente por trás do microcrédito do MYbank é codificar os problemas das empresas sob forma digital. Como as atividades off-line das empresas deveriam ser transformadas em dados? Além das operações simples e das métricas de venda, que apresentam números fáceis de digitalizar, outras perguntas valiosas podem ser respondidas com o uso de mais dados indiretos. Por exemplo, para avaliar até que ponto um vendedor é ativo e dedicado, nosso primeiro produto de empréstimo examinava quantos segundos o vendedor leva para responder às perguntas dos clientes e a comentários sobre produtos e serviços. O uso desses dados seria inimaginável se o custo de os gravar on-line não tivesse se tornado desprezível. Aos poucos, a Ant e o MYbank se aventuraram em dados mais complicados, usando-os para construir as redes sociais de vendedores ou estimar a margem bruta de suas empresas.

A datificação, que, como definida, codifica uma atividade ou fenômeno numa forma compreensível para os computadores, raramente é fácil ou barata, mas é o passo mais importante da inteligência de dados. Uso a palavra datificação em vez da mais comum digitalização, associada à tradução de palavras e números em código binário, para enfatizar a amplitude dos tipos de dado registrados e a intenção de usá-la em aplicativos e criação de conhecimento. A datificação exige tanto engenhosidade humana quanto muito trabalho. Com seus *web crawlers* (rastreadores da rede, programas simples e repetitivos que procuram determinadas informações na internet), o Google converteu em dados um mar interminável de páginas na internet. O Facebook levou para a internet as relações sociais; o Fitbit e os aplicativos de exercício começaram a datificar o funcionamento de nosso corpo. Na verdade, Shigeomi Koshimizu, do Instituto Avançado de Tecnologia Industrial do Japão, desenvolveu as coordenadas digitais dos traseiros humanos. Sem falar no humor, essa tecnologia consegue reconhecer se o carro está sendo dirigido por um usuário não autorizado ou se um usuário conhecido está sentado de uma forma que sugira sono ou inconsciência.[9]

Adquirir os dados de que uma empresa precisa pode ser um desafio complicado. O campo ainda precisa ser eletrificado, metaforicamente. No Capítulo 4, discutirei os passos rumo à datificação que permitem às empresas enfrentar esse desafio. Talvez não fosse possível montar a operação de microcrédito do Alibaba se a Ant precisasse coletar por conta própria todos os dados necessários para seus modelos. Até a camada mais básica de dados sobre as operações das lojas virtuais resulta de mais de dez anos de crescimento do Taobao. Do mesmo modo, o sistema de publicidade do Google funciona tão bem porque já processou incontáveis pesquisas com sua função de busca. É dificílimo criar do nada uma empresa inteligente, porque até saber que dados coletar é complicado. A datificação é um processo caro e criativo de tentativa e erro. No entanto, sua dificuldade tem caído rapidamente conforme mais e mais dados chegam à internet, por exemplo, com a expansão da tecnologia e dos aparelhos da IoT. Quando mais e mais fontes de dados surgem e são reunidas, a empresa consegue criar novo valor com pouco investimento adicional.

Aprendizado de Máquina: Algoritmos de Iteração

Os dados só podem criar valor quando processados por um sistema de aprendizado de máquina. Para a empresa, os algoritmos têm de explicitar a lógica subjacente do produto ou a dinâmica do mercado que a empresa está tentando otimizar. Além de se refinar constantemente, os sistemas algorítmicos também podem testar vários roteiros para melhorar o desempenho da empresa. Por exemplo, os cientistas de dados do MYbank embutiram um experimento na interface de empréstimos, dando a diversos grupos de vendedores taxas de juros diferentes e medindo o nível de reposta em tempo real. Cada vez que o modelo dava a um vendedor uma taxa de juros específica, a plataforma registrava a reação do vendedor em tempo real, da aceitação do empréstimo ao tempo para quitação. Por sua vez, esses dados são usados como entrada no modelo de empréstimo para ajustar seus parâmetros, numa torrente constante de calibrações mínimas.

Essas práticas nas quais os pesquisadores comparam duas variantes (A e B) para ver qual dá melhor resultado costumam se chamar testes A/B e são comuns em empresas da internet. Com experimentos on-line em tempo real, os algoritmos conseguem obter feedback direto dos consumidores sobre seu desempenho e, assim, autoajustar-se constantemente. Em seguida, uma reação digital provoca o próximo ajuste, que produz outra reação do consumidor, que provoca outro ajuste e assim por diante, num modo perpétuo que melhora o produto e a experiência do usuário.

Quando todas as operações de uma empresa estão on-line, os dados fluem de todas as partes e processos da empresa. As empresas têm de se esforçar para assimilar, interpretar e usar esses dados a seu favor. Os líderes de empresas do mundo inteiro já veem que muitas decisões não podem mais se basear apenas na avaliação humana e precisam utilizar a inteligência de dados. A coordenação em rede precisará cada vez mais dessa inteligência. No futuro, leilões automatizados podem designar quantidades da produção para instalações concorrentes ou organizar o fornecimento de recursos necessários. Essa evolução ainda está em sua infância, mas tem grande potencial.

Inteligência de Dados em Ação

O melhor critério para julgar se a inteligência de dados funciona em sua empresa é se uma decisão específica é tomada diretamente por máquinas ou se ainda tem de ser tomada por um ser humano com o apoio da análise de dados.

Em 2016, o Alibaba lançou um *chat bot* movido a inteligência artificial para ajudar a responder perguntas de clientes. Esse *chat bot* foi chamado "AliMe" e é diferente dos provedores de serviços robóticos conhecidos pela maioria, cuja reação é simplesmente programada para combinar as respostas de seu repertório com a pergunta. Já o AliMe se baseia no treinamento com representantes experientes dos comerciantes do Taobao. Com a ajuda desses "treinadores de robôs", os *chat bots* da loja de cada comerciante aprendem tudo sobre os produtos de sua categoria. Ao mesmo tempo, eles são bem versados na mecânica das plataformas do Alibaba — políticas de devolução, custo de entrega, como mudar um pedido ou seu destino — tudo o que um cliente pode perguntar. Com uma variedade de tecnologias de aprendizado de máquina, como compreensão semântica, diálogos em contexto, gráficos de conhecimento, garimpagem de dados e aprendizado profundo, o *chat bot* vem melhorando rapidamente sua capacidade de diagnosticar e resolver automaticamente os problemas

A Inteligência de Dados   81

do consumidor, não apenas dar respostas estáticas que levem o consumidor a tomar outras providências. O AliMe confirma com o cliente se a solução apresentada é aceitável e a executa. A ação humana do Alibaba ou do comerciante é mínima. O *chat bot* pode até dar uma contribuição significativa ao faturamento do vendedor. A marca de vestuário Senma começou a usar o *chat bot* um ano atrás e descobriu que o robô fez vendas de duzentos milhões de RMB (30,8 milhões de dólares), 26 vezes mais do que o melhor vendedor humano do comerciante.

O pessoal de atendimento ao cliente do Wangwang ainda precisará cuidar de discussões mais complicadas ou pessoais. Mas a capacidade de administrar as perguntas de rotina é mais útil nos dias de volume altíssimo, como nas liquidações. Nos grandes eventos, a maioria dos grandes vendedores precisa contratar trabalhadores temporários para responder às perguntas dos consumidores. Até que ponto o *chat bot* é útil? Só no Dia dos Solteiros de 2017, o AliMe assumiu mais de 95% das perguntas dos clientes, respondendo a dúvidas e preocupações de mais de 3,5 milhões de consumidores. (Observe que, embora tenhamos muito orgulho de nosso *chat bot*, ele não pretende ser o assistente faz-tudo digital em que a Apple, o Google e o Facebook têm trabalhado há anos.)

O Futuro é Agora

Enquanto o Taobao continua a aplicar a inteligência de dados a mais problemas da empresa, sua vantagem competitiva fica difícil de ultrapassar. Vejamos a tecnologia de reconhecimento de imagens, que já funciona em muitas áreas da plataforma. O software de reconhecimento óptico de caracteres identifica anúncios maliciosos escondidos em fotos de produtos aparentemente inócuas. O aplicativo do Taobao dá aos usuários a oportunidade de procurar produtos tirando uma foto com o celular, e depois disso os algoritmos começam a funcionar para identificar o produto "visto" entre os que estão disponíveis na plataforma. A busca visual de produtos está ficando mais precisa e é bastante popular, com mais de dez milhões de visitas de usuários individuais por dia.

A inteligência de dados traz imensas vantagens para os primeiros a usá-la, pois ela cresce a partir de circuitos de *feedback* positivos. Obter dados relevantes em quantidade é caro e difícil, mas, quanto mais dados são usados, mais valiosa a empresa se torna. Por exemplo, quando o Auto-

82 ALIBABA

Navi (empresa de mapeamento do Alibaba) ou o Google Maps se tornam mais precisos, mais gente usa seus produtos, os algoritmos subjacentes têm mais dados para trabalhar e os aplicativos se tornam ainda mais precisos. Esse ciclo virtuoso difere fundamentalmente dos produtos físicos. Com um ciclo desses, não há redução do retorno. É dificílimo competir com uma empresa inteligente que começou com uma boa vantagem.

PARTE II

COMO COMPETEM OS NEGÓCIOS INTELIGENTES

Princípios Estratégicos

A Parte I do livro descreveu a transformação da paisagem empresarial pela dupla força da coordenação em rede e da inteligência de dados. As estratégias conhecidas estão sendo viradas de cabeça para baixo. Mas o que tudo isso significa para qualquer empresa específica? O que você deveria fazer de forma diferente nesse novo ambiente?

No mundo do negócio inteligente, nem todo mundo precisa se tornar Taobao, Google ou Facebook. Empresas grandes e pequenas, das antigas às *startups* da internet, podem todas vencer na nova arena competitiva. No entanto, é preciso compreender a lógica essencial da empresa inteligente e entender as consequências estratégicas do novo mundo dos negócios. Os capítulos da Parte II explicam os princípios e práticas de que as empresas precisam para se tornarem inteligentes.

CAPÍTULO 4

AUTOMATIZAR AS DECISÕES

Como Aproveitar Estrategicamente o Aprendizado de Máquina

As redes coordenadas e a inteligência de dados revolucionam o pensamento estratégico tradicional em todos os níveis, mas em nenhum lugar essa mudança é mais drástica do que no modo de tomar decisões. As empresas inteligentes automatizam todas as decisões possíveis. A inteligência de dados torna essas decisões sempre melhores, tanto em termos de responder aos consumidores quanto na coordenação eficiente da rede. Com a inteligência de dados e as redes coordenadas, as empresas podem, ao mesmo tempo, aumentar a escala e personalizar. Essa é a suprema vantagem empresarial trazida pela internet e pela IA.

Os Primeiros Passos para Automatizar Decisões

No nível mais fundamental, para transformar qualquer empresa em empresa inteligente as decisões têm de ser tomadas diretamente por máquinas (alimentadas por dados), não por seres humanos baseados na análise de dados, que é a abordagem tradicional de inteligência empresarial. Portanto, esse é o primeiro princípio estratégico: não se pode competir como empresa inteligente sem antes automatizar quase todas as decisões comerciais por meio do aprendizado de máquina. Cinco passos são necessários para atingir esse nível de automação (Tabela 4-1).

88 COMO COMPETEM OS NEGÓCIOS INTELIGENTES

TABELA 4-1

Os cinco passos para automatizar decisões

Passo	Principal ação
Datificar o mundo físico.	Pôr os ativos e funcionalidades on-line.
Softwarizar a empresa.	Codificar as cadeias de tomada de decisão.
Fazer os dados fluírem.	Instituir interfaces de programação de aplicativos (API) para permitir a conexão entre os dados.
Registrar os dados por completo.	Registrar inteiramente os "dados vivos".
Aplicar algoritmos de aprendizado de máquina.	Coordenar e otimizar.

1° Passo da Automação: Datificar o Mundo Físico

A datificação foi discutida no capítulo anterior. A convergência da potência de computação barata e generalizada com a explosão de tecnologias e oportunidades para codificar dados fez as empresas terem mais dados à disposição. No entanto, os dados de que qualquer empresa precisa serão específicos para sua situação. As empresas podem acessar dados públicos ou alugar dados pertencentes a outra entidade, mas as informações digitais mais valiosas são os dados vivos criados naturalmente pelo processo comercial.

Traduzir o ambiente físico em ambiente digital é intimidador, mas estão surgindo novas tecnologias como a IoT para facilitar. Só depois de terminar essa tradução digital, a empresa conseguirá datificar com eficácia as atividades que acontecem no mundo físico. Essa datificação é o que, em parte, quero dizer com a ida da empresa para a internet. Ela cria uma contrapartida digital da empresa física e é uma pré-condição para aproveitar o poder da inteligência de dados.

Quando está on-line, a empresa pode se conectar pela internet e criar um circuito de feedback de dados vivos, que é a base do aprendizado de máquina. Dessa maneira, os algoritmos se ligam à reação dos usuários em tempo real. As empresas inteligentes da internet de hoje são construídas

Automatizar as Decisões 89

com base no fato de que o comportamento do consumidor on-line pode ser registrado com baixo custo e em tempo real. Mesmo hoje, as emissoras não conseguem registrar o comportamento de quem assiste à TV, e é por isso que essas empresas ainda não se tornaram inteligentes. Se o que os consumidores veem pudesse ser digitalizado diretamente, por exemplo, por uma lente de realidade aumentada, o resultado seria revolucionário.

Aspectos importantes de muitas empresas não são registrados on--line atualmente e exigirão datificação inovadora de objetos ou ambientes físicos. Vejamos o exemplo simples do negócio próspero de aluguel de bicicletas na China.

A datificação dos serviços de bicicletas compartilhadas na China

Em meados de 2016, as ruas das principais cidades da China hospedaram um novo e colorido acréscimo à turbulenta paisagem urbana do país. Uma massa abundante de bicicletas compartilhadas, coloridas e brilhantes, codificadas por cor em tons de laranja, azul, verde e amarelo, criou um verdadeiro arco-íris de novas soluções de mobilidade na China urbana. Com a esperança de mobilizar os pedestres e desengarrafar os gargalos do transporte, mais de uma dúzia de empresas puseram suas bicicletas na calçada quase da noite para o dia. A avaliação de empresas como Mobike, Ofo, HelloBike e BlueGogo dispararam; as maiores são hoje avaliadas em mais de dois bilhões de dólares e se expandem pelo mundo inteiro.[1]

Na verdade, pode parecer uma praga de bicicletas coloridas nas ruas, além do pequeno exército de funcionários e caminhões encarregados de transportá-las— movendo fileiras de bicicletas ociosas para outras áreas da cidade onde a demanda seja maior. As poucas barreiras à entrada, a capacidade exemplar de fabricação, o capital de risco abundante e as cidades em expansão rápida com dificuldades de oferecer soluções de transporte barato, tudo isso contribuiu para o frenesi de compartilhamento de bicicletas na China. Mas uma causa menos aparente, embora mais crítica, da mania chinesa de compartilhar bicicletas é a inovação e a datificação criativa envolvidas em fazer dessas bicicletas uma realidade difundida. Os dados vivos foram incluídos no modelo operacional dessas empresas de aluguel de bicicletas.

Os serviços de compartilhamento de bicicletas da China funcionam a partir do celular, uma solução semelhante à da Uber para os carros. Ao

90 COMO COMPETEM OS NEGÓCIOS INTELIGENTES

abrir o aplicativo de compartilhamento de bicicletas, o ciclista pode ver as bicicletas disponíveis e reservar uma perto de onde estiver. Assim que chegar à bicicleta, o ciclista usa o aplicativo para escanear um código QR no veículo. Se a pessoa tiver dinheiro na conta e atender aos critérios do aluguel, o código destrava a tranca eletrônica da bicicleta, e o ciclista pode sair pedalando rumo ao pôr do sol ou ao que o dia lhe reserva. Estacionar a bicicleta e trancar o cadeado conclui o serviço, e o preço do aluguel é automaticamente debitado da conta do ciclista. O processo é simples, intuitivo e, geralmente, só leva alguns segundos.

Nesse processo bastante simples, a datificação já ocorreu em várias circunstâncias:

1. Primeiro, o sistema de GPS embutido nos celulares e nas próprias bicicletas permite o acompanhamento completo dos veículos em tempo real. Parecido com o da Uber, esse acompanhamento em tempo real só poderia ocorrer com o apoio da tecnologia de mapeamento, que já foi datificado criativamente na paisagem física das cidades chinesas.

2. Segundo, o próprio aplicativo recorre a uma versão datificada do processo de registro para aluguel e, principalmente, para filtrar os usuários. Além das exigências regulares de autenticação, como enviar uma cópia do documento de identidade do ciclista e um depósito, cada vez mais empresas de compartilhamento de bicicletas estão se integrando ao Alipay e ao Sesame Credit, o produto on-line da Ant Financial para fazer a classificação de crédito dos consumidores. Se a pontuação do usuário no Sesame Credit for suficientemente alta, ele pode alugar bicicletas sem apresentar nenhum outro documento de identificação. O próprio Sesame Credit tenta datificar a confiabilidade. Ele usa dados financeiros dos serviços de pagamento e da carteira móvel Alipay da Ant Financial, além da compra associada de dados do Taobao.

3. Terceiro, a combinação de código QR com cadeado eletrônico automatizou com inteligência o processo de pagamento. Onde os serviços estacionários de aluguel de bicicletas exigiriam autenticação física, geralmente realizada com a passagem de um cartão de transporte púbico, os novos modelos de compartilhamento de bicicletas digitalizaram os processos de pegar e entregar o veícu-

lo para torná-los automáticos. Esse nível de automação exige tecnologia sofisticada de comunicação móvel: um sinal do aplicativo pode destravar instantaneamente a bicicleta, além de travá-la de novo quando é devolvida.

A inovação nessa terceira área com mais datificação de uma atividade física específica (alugar e devolver uma bicicleta) é algo novo no cenário do compartilhamento de bicicletas e um motor importante de seu crescimento. Os dois outros exemplos utilizam a datificação existente e a infraestrutura de empresa inteligente que foi criada para outras aplicações. Os dados vivos permitem que a empresa identifique a pessoa, acompanhe cada bicicleta e, mais importante, registre cada interação entre bicicleta e ciclista. Alugar uma bicicleta é tão rápido quanto clicar na tela do celular. Ao incorporar a datificação feita por outros a suas inovações próprias, essas empresas de compartilhamento de bicicletas se tornaram inteligentes e eficientes. Como aqui demonstrado, a datificação de qualquer área dada costuma abrir muitos caminhos novos para a criação de empresas inteligentes. E elas só crescem em número conforme a tecnologia de registro e armazenamento de dados fica cada vez mais barata e a nova tecnologia para coletar e codificar fenômenos no mundo físico se desenvolve.

Datificação criativa nos primeiros dias do Taobao

Outro bom exemplo de datificação é a quantidade enorme de codificação criativa de atividades de varejo ocorrida nos primeiros anos do crescimento do Taobao. A plataforma se expandiu aos poucos, de fórum a mercado de comércio eletrônico que vende qualquer coisa existente graças a um banco de dados capaz de codificar informações sobre produtos de vários setores, com centenas de milhões de unidades de estoque em forma pesquisável. No entanto, essa evolução não foi rápida nem fácil. Cada vendedor tinha seu jeito próprio de descrever os produtos. E o desafio aumentava com produtos não padronizados nem convencionais. Certa vez, um vendedor do Taobao chegou às manchetes por vender um lote de mosquitos mortos a quase um dólar cada. Como colocar esses produtos no banco de dados e ajudar os consumidores a encontrá-los? Não é uma tarefa simples. Assim, a datificação dos produtos sempre esteve no âmago do Taobao, e evoluiu por meio de muitas iterações. As tentativas mais recentes cons-

92 COMO COMPETEM OS NEGÓCIOS INTELIGENTES

truíram gráficos de conhecimento de produtos usando a tecnologia mais moderna de inteligência de máquina.

O Taobao teve de datificar o setor de varejo em muitos aspectos, muitos deles ocultos da maioria dos usuários. Por exemplo, ele se tornou um dos maiores repositórios de endereços físicos do mundo, graças ao número enorme de transações. Armazenar e administrar todos esses endereços de meu imenso país foi um grande desafio para a plataforma. Isso também dá dor de cabeça nos parceiros logísticos. Por exemplo, "Cidade Proibida", "Museu do Palácio", "Rua da Frente Jingshan, 4" e "Na frente da Praça Tiananmen" se referem todos ao mesmo lugar em Pequim.

Na verdade, o setor de logística do consumidor realmente não existia na China antes do Alibaba. O único serviço de logística em grande escala do país era estatal e nada eficiente. A plataforma Taobao de comércio eletrônico ajudou a dar a partida no crescimento de uma dúzia de empresas de logística que operam na China, muitas delas hoje parceiras da Cainiao Network, afiliada do Alibaba que cuida das entregas. Todos os padrões do setor de logística tiveram de ser criados do nada para se encaixar na geografia complexa do país. (Veja mais informações sobre a contribuição do Taobao ao setor de logística para o consumidor no Apêndice B.) Agora, o desafio da Cainiao Network é aplicar a inteligência de dados ao setor de logística da China, que se datifica rapidamente, e criar uma rede global otimizada e coordenada de compras em todo o país e até no mundo inteiro.

2° Passo da Automação: "Softwarizar" Todas as Atividades da Empresa

Em seguida, todo passo decisório tem de ser softwarizado, isto é, configurado em software e operado on-line. Em 2011, Marc Andreessen, fundador da Netscape, redigiu um famoso ensaio intitulado "Why Software Is Eating the World" (Por que o software está comendo o mundo).[2] Sua observação foi prematura, mas não errada. Para a empresa inteligente funcionar, todas as suas atividades têm de ser softwarizadas. As empresas têm de colocar todas as suas atividades, não só a gestão de conhecimento e as relações com os clientes, em forma digital, para que as decisões que afetam essas atividades possam ser automatizadas.[3]

A razão de softwarizar a empresa é explorar certas características do software que são extremamente benéficas às empresas de todos os setores.

As empresas de setores não digitais funcionam de maneira muito diferente das que operam com software. As empresas tradicionais — ou de hardware — têm grande inércia, elevado custo de transação e raramente podem ser monitoradas de forma barata ou ajustadas instantaneamente. As decisões demoram, principalmente quando há manufatura envolvida, e as operações da empresa não são flexíveis. O software é o contrário: os engenheiros podem implementar mudanças de forma rápida e barata, ajustar-se dinamicamente e otimizar-se em termos globais. Embora essas vantagens não sejam perfeitamente transferíveis para o mundo do hardware, a meta da softwarização das empresas é implantar essas qualidades no grau mais alto possível. Na prática, isso significa que os computadores precisam entender e ser capazes de operar a empresa como faria um ser humano.

A softwarização não é um processo direto. Como as máquinas não têm inteligência inata, precisamos softwarizar cada passo da cadeia de tomada de decisões. Em essência, precisamos entender como os seres humanos tomam decisões em todos esses ambientes. Então, as empresas inteligentes têm de dar um jeito de automatizar a tomada de decisões humana. Automatizar uma atividade tão complexa é uma tarefa colossal, pois muitas decisões humanas se baseiam no bom senso e até na atividade neurológica subconsciente que raramente é bem entendida. Por essa razão, algumas profissões ou setores, como saúde e educação, podem ter automatização mais lenta. Em muitas áreas, a intervenção humana será sempre indispensável.

A softwarização não significa que a empresa precise comprar ou criar software para administrar o negócio (ou seja, programas de planejamento de recursos empresariais [*enterprise resource planning*, ERP]). Na verdade, geralmente é o contrário. O software tradicional é projetado para otimizar a eficiência de uma área funcional restrita e finita dentro da empresa. Mas, por enrijecer processos e fluxos de decisão, o software tradicional geralmente se torna uma camisa de força. Em contraste, a principal prerrogativa da empresa inteligente é agir sob demanda, reagir em tempo real às mudanças do mercado e coordenar-se efetivamente com parceiros e clientes em muitas áreas funcionais. Todas essas prerrogativas são necessárias caso a empresa queira crescer exponencialmente. Portanto, softwarizar a empresa é o processo de reorganizar a empresa, o pessoal e os recursos usando software, de modo que se possa atingir, da melhor maneira possí-

94 COMO COMPETEM OS NEGÓCIOS INTELIGENTES

vel, a coordenação em rede e a inteligência de dados. Essa realização, em última análise, exige coordenar a atividade da empresa de ponta a ponta e, com frequência, entre a empresa e outros parceiros ou plataformas.

A softwarização é um passo essencial para assegurar que os recursos da empresa sejam alocados de forma elástica. Depois que os ativos ou as funcionalidades do mundo físico forem para a internet por meio da datificação, os processos que os utilizam precisam ser ativados pelo software. O uso de software é precondição para coordenar e maximizar globalmente as operações da empresa, como descreverei nos três passos restantes.

O novo negócio de compartilhamento de bicicletas é um exemplo de softwarização. O aluguel das bicicletas é completamente controlado por software na internet, sem intervenção humana. O ganho de eficiência é imenso: hoje os usuários chineses podem alugar uma bicicleta durante uma hora por alguns centavos apenas.

3° Passo da Automação: Faça os Dados Fluírem e Apresente Interfaces de Programação de Aplicativos (API)

Nas empresas inteligentes, as máquinas têm de ser capazes de "falar" entre si. Raramente as decisões empresariais são atos simples que ocorrem isolados, principalmente quando a coordenação em rede é importante. Em termos práticos, a comunicação exige que haja fluxo de dados entre todos os que estão ligados ao trabalho e que as máquinas se coordenem on-line entre si.

Essa coordenação é obtida por meio de padrões de comunicação, como TCP/IP (as regras que permitem a comunicação entre máquinas diferentes em toda a internet), e pela inovação relativamente recente das interfaces de programação de aplicativos (API). As API são um conjunto de ferramentas, protocolos e rotinas que qualquer programador pode usar para criar software que interaja sem dificuldade com outros softwares do sistema. Na verdade, as API permitem que aplicativos (cujo resultado costuma ser um determinado tipo de decisão) se comuniquem entre si. Quando os aplicativos se comunicam automaticamente, uma decisão empresarial complicada que envolva muitas partes afinal pode ser processada com eficácia pelas máquinas. Só depois de automatizar on-line a tomada de decisões, a empresa pode implementar a inteligência de dados e colher os benefícios do aprimoramento contínuo dessa funcionalidade básica.

Quando a Taobao cresceu de um fórum de compradores e vendedores para o site dominante do comércio eletrônico da China, não foram só os comerciantes que cresceram; seus pedidos de ajuda também. A única solução foi criar mais infraestrutura, com a capacidade essencial de traduzir a linguagem de outras máquinas, para que todas interagissem sem dificuldades na plataforma. Portanto, a partir de 2009, a Taobao começou a desenvolver suas API. No Taobao, o vendedor médio pode assinar mais de cem módulos de software oferecidos pela plataforma. Mas, como o software foi desenvolvido por terceiros, a API e os serviços de dados vivos que ela permite reduzem drasticamente o custo dos negócios.

Um passo igualmente importante na história da Amazon foi o ultimato de Jeff Bezos, em 2002, para instituir completamente API internas na empresa. Toda vez que um departamento compartilhava dados ou código com outro departamento, interação tinha de ser registrada, forçando todos os departamentos a definir seus dados de modo a serem entendidos e usados por outras equipes e suas máquinas. Em última análise, essas API asseguraram que o negócio da Amazon pudesse ser gerido e otimizado de maneira globalmente eficaz.[4]

4° Passo da Automação: Registre Todos os Dados (Dados Vivos)

Depois que cada passo do processo da empresa foi datificado, posto on-line e interligado de forma inteligível, a empresa pode começar a aplicar o aprendizado de máquina aos problemas empresariais. No entanto, o aprendizado de máquina não faz sentido sem dados para trabalhar. É por isso que o 4° passo é registrar dados vivos, que defino como os dados colhidos e usados em tempo real no decorrer da realização dos negócios.

O conceito por trás dos dados vivos não é difícil, mas traduzir esse entendimento em ações corretas derruba muitas convenções que os empresários estão acostumados a usar para resolver problemas. Eles aprenderam a ser movidos a dados e a apoiar propostas e soluções com dados e métricas cuidadosamente selecionados. Infelizmente, essa abordagem é o extremo oposto de como funcionam os dados vivos. As empresas inteligentes usam dados vivos para "copiar" o funcionamento inteiro de um ambiente de negócios na linguagem de dados, não para separar e escolher. Como as máquinas não têm uma teoria de causa e efeito e só observam o que produz melhor resultado, a meta é criar uma cópia digital da empresa que seja o mais completa possível para que a inteligência de dados possa começar a otimizar as operações. Assim, as empresas têm de registrar todos os dados enquanto operam; não podem limitar a coleta de dados ao que parece relevante para uma única decisão.

No ambiente operacional atual, os dados vivos são uma vantagem competitiva fundamental, não apenas uma coisa bacana de se ter. O oposto dos dados vivos são os dados estáticos armazenados para análise posterior. Embora esse tipo de dado continue útil, os dados antigos perdem valor muito depressa num ambiente que avança velozmente. (Imagine que o Google Maps lhe desse instruções baseado em onde você estava dez dias antes ou no trânsito que havia horas atrás, durante o rush.) Sem acesso a dados frescos e abundantes, até os algoritmos mais modernos têm pouco valor para as empresas. Tanto em termos táticos quanto estratégicos, não se pode exagerar a importância de utilizar os dados vivos para melhorar o funcionamento de sua empresa.

Trabalhar com dados vivos envolve muito esforço e trabalho completo. Descrevi acima os desafios associados à datificação, mas praticamente ignorei o complicado desafio técnico de usar os dados organicamente. Os dados vivos também exigem métrica e infraestrutura capazes de interpretá-los e avaliá-los, e as empresas inteligentes têm de desenvolver essa métrica e essa infraestrutura nos algoritmos usados e nos sistemas de inteligência de dados. Em termos ideais, as conclusões tiradas dos dados vivos vêm dos próprios dados, por meio de um processo dinâmico de testes e ajustes; por exemplo, com os testes A/B apresentados no capítulo anterior.

5° Passo da Automação: Aplique Algoritmos de Aprendizado de Máquina

Os dados vivos estão constantemente mudando e se atualizando. Quando os dados vivos e os algoritmos de aprendizado de máquina melhoram, e a empresa fica cada vez mais eficiente. É claro, então, que os algoritmos de aprendizado de máquina são fundamentais para automatizar as decisões empresariais.

No centro do negócio inteligente estão os algoritmos. O algoritmo da Uber liga carro e motorista, minimizando o tempo de espera e fazendo cálculos de mapeamento de um modo que seria difícil para qualquer despachante humano. A empresa contratou milhares de cientistas de dados para tornar seus algoritmos mais eficazes. Se sua empresa não for movida por um algoritmo, você simplesmente não tem uma empresa inteligente.

Um dos marcos mais importantes da transformação do Taobao para se tornar um negócio inteligente foi a substituição do mecanismo de indexação por um sistema de busca. A princípio, os compradores visitavam categorias do Taobao para encontrar os produtos que queriam. No entanto, com a listagem de produtos se multiplicando quase diariamente, cada vez mais pessoas começaram a usar o campo de busca para procurar produtos. Ficou claro que melhorar a experiência de busca era uma forma fundamental de criar valor, tanto para compradores quanto para vendedores.

A questão fundamental da busca é como classificar. A princípio, as classificações de busca do Taobao se baseavam primariamente na vida de cada unidade de estoque. Quando subiam um produto, os vendedores podiam estabelecer quantos dias aquele item específico permaneceria no site; por exemplo, sete ou quatorze dias. Assim, classificar por tempo de vida no site fazia com que os produtos prestes a expirar fossem mostrados no alto dos resultados da busca. Essa regra foi simples e direta nos primeiros dias, quando a maioria dos vendedores trabalhava meio período e era raro competirem diretamente. Mas, infelizmente, esse formato só incentivou os vendedores a postarem os produtos repetidas vezes, fornecendo poucas informações úteis aos compradores.

Em 2006, o Taobao mudou o método de classificação da busca e se baseou na popularidade. Os produtos eram exibidos de acordo com métricas básicas, como volume de transações e número de pontos de reputação. A lógica por trás da busca por popularidade é que os produtos que vendiam bem e eram bem-vistos pelos usuários seriam de boa qualidade e deveriam ser recompensados com um posicionamento melhor. Por sua vez, esse método deveria ajudar os compradores a encontrar bons produtos e separaria o joio do trigo. Na verdade, a busca por popularidade promoveu uma onda imensa de crescimento entre os primeiros vendedores do Taobao.

Mas classificar por popularidade tinha graves problemas filosóficos. Embora esse método de busca pareça lógico à primeira vista, na prática ele era demasiadamente simplista para um mercado já complexo. Segundo essa regra, os produtos que vendiam tinham ainda mais sucesso, enquanto

98 COMO COMPETEM OS NEGÓCIOS INTELIGENTES

novos vendedores achavam difícil obter visibilidade. Como método para assegurar um desenvolvimento saudável e equilibrado do ecossistema, no qual grandes e pequenos vendedores pudessem crescer ao mesmo tempo, a busca por popularidade era extremamente inadequada. Assim, a partir de 2008, o Taobao começou a atualizar continuamente as regras da busca por popularidade. Os vendedores se esforçavam muito para acumular uma reputação da maneira específica que melhorasse a posição nas buscas, e muitos vendedores cresceram depressa usando a seu favor o tráfego das buscas.

Mas a busca por popularidade não era movida pelo aprendizado de máquina. Ela funcionava simplesmente agregando estatísticas dos vendedores, equivalente à contagem em grande escala. Em consequência, os vendedores grandes com recursos para obter escala rapidamente cresceram ainda mais depressa, graças ao posicionamento ótimo. Enquanto isso, os vendedores pequenos e médios estavam famintos por volume. O âmago desse problema é que a contagem pura não é suficientemente inteligente. Ela é apenas um método mais eficiente da tática humana para resolver problemas. A verdadeira inteligência de dados precisa de métodos de máquina e não de uma versão mais rápida do cérebro humano.

Com o aprendizado de máquina, em 2010 o Taobao lançou seu produto de busca em escala realmente grande, chamado Arquimedes. Do ponto de vista técnico, o Arquimedes foi um enorme aperfeiçoamento da busca por popularidade. Além dos marcos tradicionais, como taxa de conversão de cliques, gasto médio por cliente e valor das transações, o Arquimedes acrescentou uma série de métricas ligadas ao nível de serviço do vendedor. O Taobao coleta uma quantidade enorme de dados além dos puramente transacionais. Por exemplo, ele sabe se os produtos são devolvidos pelo comprador, quando compradores e vendedores iniciam disputas que têm de ser resolvidas pela plataforma, quando os compradores têm queixas dos vendedores e se um vendedor tem uma boa pontuação de crédito. Quando procuram produtos, os compradores também buscam vendedores dignos de confiança e bom serviço. Era lógico considerar essas métricas antes ignoradas, mas como desvendar que métricas melhoram o resultado da busca e em que grau?

Durante anos melhorando a funcionalidade e a tecnologia das buscas, o Alibaba começou a implementar uma nova forma de aprendizado de máquina. No aprendizado de reforço, a máquina começa com uma meta final ("encontrar o produto que leve os compradores a fazer mais transações") e depois se esforça ao máximo para ligar os pontos de modo a chegar àquela meta. Os engenheiros de dados programam o funcionamento dos algoritmos de busca realizando inúmeras experiências on-line — os testes A/B já mencionados —, usando testes simultâneos de diferentes variáveis e acompanhando o feedback para extrair as preferências do consumidor. Quando o mecanismo mostra esses produtos na busca do cliente, o cliente clica? Compra? Acaba devolvendo o produto? O resultado é um aparato de algoritmos on-line, complicado mas poderoso, que funciona continuamente ao fundo, oferecendo resultados cada vez mais ajustados ao sistema como um todo.

Nos anos seguintes ao lançamento do Arquimedes, o volume das buscas passou a ser distribuído de maneira mais saudável, favorecendo não só os maiores vendedores como também muitos vendedores menores com produtos de qualidade e bom serviço. O volume começou a ser sugado para longe dos vendedores com serviço ou comportamento comercial abaixo do desejável. Em termos gerais, os compradores acharam mais fácil encontrar produtos melhores, e os negócios cresceram. Com o passar dos anos, os resultados da busca foram responsáveis pelo tráfego cada vez maior dos comerciantes, ultrapassando aos poucos o tráfego criado pela navegação regular por categorias. O mecanismo de busca, por meio de seus algoritmos, melhorou bastante toda a estrutura e a dinâmica do mercado. No entanto, o longo processo de mudança também ilustra os desafios de implementar a tomada de decisões automatizada.

Recomendações do Taobao em Celulares: os Cinco passos da Automação em Funcionamento

O Dia dos Solteiros de 2016 foi o "ano da gênese" do sistema de recomendação em celular do Alibaba. Em vinte e quatro horas, a plataforma fez trilhões de correspondências inteligentes entre consumidores e itens, usando o aprendizado de máquina para gerar quase 100 bilhões de exibições personalizadas de produtos. As recomendações personalizadas eram atualizadas de hora em hora enquanto os usuários visitavam liquidações e ofertas especiais. O sistema de recomendação impulsionou as vendas, assegurou variedade de ofertas para os usuários e aumentou as conversões

100 COMO COMPETEM OS NEGÓCIOS INTELIGENTES

de cliques. Acima de tudo, ele funcionou com gestão mínima dos funcionários. Foi um triunfo do negócio inteligente, repetido em 2017.

O Taobao se orgulha de criar lojas individualizadas e até shoppings individualizados para seus diversos usuários. Mas quando o shopping inteiro é do tamanho da tela do celular, é preciso ser criativo. A história por trás da implementação pelo Taobao de um sistema de recomendação em celulares demonstra como o emprego da inteligência de dados exige pensamento claro, holístico e não conformista sobre a empresa.

No setor de internet, falamos de todas as facetas da experiência do usuário pela lente do produto. Todas as centenas de milhões de usuários do aplicativo do Taobao acessam o mesmo programa em seus celulares, mas cada um visita uma seleção completamente diferente de conteúdo e serviços. Desde os *banners* de anúncio no alto do aplicativo até os artigos sobre setores e serviços do Taobao Headlines (manchetes Taobao), as resenhas de produtos feitas por usuários, os canais de transmissão ao vivo e as recomendações de produtos selecionados pelo algoritmo, o aplicativo do Taobao é personalizado por usuário.

Hoje, numerosas seções do aplicativo do Taobao usam a tecnologia de recomendação, mas nem sempre foi assim. No fim de 2013, o Alibaba reorganizou completamente para o celular todos os seus mercados de comércio eletrônico. A princípio, o conteúdo e a estrutura foram copiados do mercado baseado na web. Os principais portais do Taobao para o consumidor médio eram as listas de categorias (por exemplo, roupa masculina, alimentos e bebidas ou mamãe e bebê); o campo de busca (por exemplo, "Chá verde de Longjing colhido antes das chuvas de primavera" ou "leggings pretas"); ou eventos especializados e liquidações organizadas por grupos de categorias no Taobao ou no Tmall. O terreno amplo da janela de um navegador dava aos consumidores espaço para explorar. Para muitos jovens da China, perambular (em chinês, *guang*) pelo vasto arsenal de raridades do Taobao se tornou um modo comum de passar a tarde.

Mas essa abordagem não funcionava mais no mundo dos celulares. Os usuários raramente tinham longos períodos para as compras. As telas eram menores, com menos espaço para exibir informações. Os usuários começaram a recorrer mais ao campo de busca, mas mesmo quando buscavam palavras-chave incomuns, só poucos resultados cabiam na telinha. Esse espaço limitado para os vendedores chegarem aos consumidores significava resultado possivelmente negativo para comerciantes menores e de nicho. O ambiente dos dispositivos móveis, se projetado sem eficiência, poderia matar de fome tanto consumidores quanto comerciantes. Precisávamos de uma nova abordagem da descoberta.

A resposta não foi intuitiva. No universo organizacional do Taobao, as recomendações de produtos eram geridas por equipes de engenharia diferentes, dependendo de sua localização dentro do aplicativo. As recomendações na página inicial — o terreno on-line mais caro do Alibaba, cuja mudança exigia aprovação da administração superior — eram geridas por uma equipe diferente das recomendações no pé das páginas de produtos individuais ou das recomendações que apareciam depois que se fechava uma transação, por exemplo. Os consumidores que viam essas diversas recomendações talvez vissem produtos bem dessemelhantes. E seu feedback sobre esses produtos, fornecido pelos dados de navegação, como comprar ou ignorar, era em boa parte irrelevante para os produtos das recomendações geridas por equipes diferentes. Equipes diferentes gerindo produtos separados fazia sentido no ambiente do computador de mesa, onde cada um desses ambientes de negócio exigia suporte a grupos diferentes de vendedores e consumidores. Mas, no mundo dos dispositivos móveis, até problemas comerciais objetivamente separados precisavam de coordenação para obter uma solução eficaz.

As pessoas fora do setor estão acostumadas a pensar em aplicativos móveis como programinhas no celular. Mas, na verdade, os aplicativos móveis se referem a toda uma série de estruturas organizacionais e tecnológicas, que incluem maneiras de coletar, usar e avaliar dados. Sem a mentalidade da empresa inteligente e os cinco passos da automação enumerados há pouco, não é possível fazer todas essas peças funcionarem juntas para destravar o poder da inteligência de dados.

No Taobao, agimos depressa para consolidar as várias equipes de recomendação no departamento de busca, porque ele tem as melhores ferramentas e infraestrutura técnicas para assegurar a sinergia entre produtos de recomendação distintos. Tínhamos adquirido recentemente novos talentos técnicos internacionais, e designamos várias pessoas para desenvolver os algoritmos e montar a engenharia complexa necessária para fazer cálculos em grande escala e em tempo real. Todos os fluxos de dados e suas interfaces e métricas tinham de se coordenar com os novos algoritmos. Nossas equipes de produto e setor tiveram de reconceituar as muitas

102 COMO COMPETEM OS NEGÓCIOS INTELIGENTES

regras e mecanismos afetados pela atividade expandida de recomendações em todo o mercado. As recomendações depois que um cliente comprava um livro se comunicavam com os algoritmos que faziam recomendações depois que um cliente baixava um novo aplicativo ou depois que
procurasse e não comprasse uma peça de roupa. O resultado foi visível. As
vendas e o volume de transações começaram a aumentar sem parar para
quem usava os produtos de recomendação.

A mensagem principal é que aplicar a inteligência de dados não é
uma mera questão de expandir o orçamento das equipes de engenharia.
Essa aplicação exige pensamento claro e abrangente em toda a empresa,
usando estes cinco passos. Nossas mudanças para as recomendações em
ambiente móvel ilustram cada um destes passos. Para reconsiderar onde
aplicar as soluções de recomendação, precisávamos (1) de novas formas
de datificação e (2) de softwarização. As recomendações tinham de in-
fluenciar umas às outras para que os mecanismos pudessem (3) "falar"
entre si. Finalmente, precisávamos (4) de uma mentalidade de dados vivos,
para que todo o comportamento de todos os consumidores fosse registrado no mesmo lugar e inserido nos mesmos (5) algoritmos de aprendizado
de máquina.

Negócio Inteligente Capacitado

Na Parte I do livro, apresentei o conceito de negócio inteligente. A partir
deste capítulo, você já deve reconhecer que a coordenação complexa da
empresa inteligente exige pensar sobre os dados de uma maneira nova.
Seu entendimento da atividade do processo empresarial determina como
ela se transforma em dados, que, por sua vez, determinam os produtos
e serviços que podem ser criados para resolver o problema da empresa.
Para automatizar essas decisões sobre produtos e serviços, a empresa inteligente segue os cinco passos descritos neste capítulo. Em primeiro lugar,
a datificação criativa enriquece o reservatório de dados relevantes com
base nos quais a empresa pode se tornar mais inteligente. Em seguida,
softwarizar a empresa põe on-line os fluxos de trabalho e os participantes
essenciais. Em terceiro lugar, as API permitem a coordenação em tempo
real. Quarto, registrar todos os dados e quinto, aplicar o aprendizado de
máquina ao rico suprimento resultante de dados vivos, e finalmente se
chega à inteligência de dados.

Os dois últimos capítulos se concentraram na inteligência de dados, suas aplicações aos negócios e a estratégia adequada para implementar essa nova funcionalidade. Os leitores também devem entender que, além de capacitar a inteligência de dados, os cinco passos ilustrados neste capítulo também são a base da coordenação em rede. Agora você deve ver com clareza por que chamo a coordenação em rede e a inteligência de dados de espiral dupla do DNA da empresa inteligente. Elas funcionam em conjunto. De acordo com meu arcabouço da espiral dupla, agora está na hora de nos voltarmos para as consequências estratégicas da coordenação em rede e explorar como as empresas devem se relacionar com os consumidores e com seus parceiros.

CAPÍTULO 5

O MODELO DO CLIENTE À EMPRESA

Como Construir um Circuito de Feedback

Para usar a inteligência de dados e funcionar como negócio inteligente, é preciso um circuito compacto de feedback entre a empresa e o cliente. No entanto, como perceberam as empresas pioneiras e testemunhei de perto com muitos empreendedores chineses, centrar a empresa em torno da interação direta com os clientes põe em andamento uma reorientação impressionante de todas as atividades empresariais. Chamo essa mudança de modelo do cliente à empresa (customer-to-business, ou C2B). A mentalidade C2B vira de cabeça para baixo, de um jeito profundo, o conceito tradicional de empresa a consumidor (*business-to-consumer,* B2C).[1]

Quando as decisões comerciais são alimentadas por aprendizado de máquina com o uso de circuitos de feedback, as ações da empresa podem finalmente ser ditadas pelo cliente. "O cliente em primeiro lugar" não é mais apenas um *slogan*, mas o ponto de partida do funcionamento da empresa. Toda a experiência do cliente deveria funcionar sob demanda. Mas, para que a experiência, inclusive os próprios produtos e serviços, seja verdadeiramente ditada pelo cliente, a empresa e a rede na qual ela opera têm de ser ágeis e responsivas. Na prática, todas as funções da empresa têm de funcionar sob demanda.

Fazer qualquer função da empresa operar a pedido é difícil. Como se preparar economicamente para a amplitude potencial da demanda?

106 COMO COMPETEM OS NEGÓCIOS INTELIGENTES

Mas, quando começa a reorganizar qualquer atividade dada, a empresa precisa, em seguida, reorganizar todos os aspectos de suas operações, da marca ao projeto dos produtos e à manufatura. Só quando os processos forem funcionalmente independentes, mas integrados de forma suave e automática as empresas poderão, então, criar produtos e serviços de comum acordo com os usuários, com decisões importantes de produção e design tomadas por meio dessa interação. Assim fazendo, o modelo operacional da empresa inteira funciona com a coordenação em rede e a inteligência de dados.

Reorganizar completamente a empresa inteira e fazer todas as funções se coordenarem dinamicamente é uma possibilidade assustadora para qualquer empresa. Ainda assim, uma empresa C2B tem uma imensa vantagem competitiva. Quem conseguir começar a percorrer esse caminho difícil descobrirá que a eficiência e a responsividade começarão a aumentar exponencialmente, mas não o custo.

Não posso dar aos leitores um plano de ação para reorganizar cada uma de suas empresas, pois o processo difere muito de setor em setor e até de empresa em empresa. Mas, usando um exemplo extenso do setor de vestuário, espero dar aos leitores uma ideia do que precisam fazer e de como é a correta mentalidade C2B. Usarei como exemplo Big-E, a *web celeb* mais bem-sucedida da China, que usa funcionalidades de plataforma para executar estratégias C2B. Big-E é o apelido de Zhang Dayi, ex-modelo sem experiência prévia no varejo. Sua marca de roupas vendidas somente pela internet apurou espantosos 1 bilhão de RMB (mais de 150 milhões de dólares) em 2017.

O Poder das Marcas Construídas On-line

Pense nas influenciadoras das mídias sociais. Nos Estados Unidos, um exemplo poderia ser Kim Kardashian ou Chiara Ferragni. Essas influenciadoras representam o futuro da construção de marcas e do empreendedorismo? Na China, acho que sim.

Algumas pessoas concebem as *web celebs* como empreendedoras sagazes, mas oportunistas — o mais recente fogo de palha da China. Mas essa noção deixa de lado o modelo de negócio surpreendentemente robusto que lhes dá agilidade sem precedentes no setor de vestuário. Big-E vendeu 35 milhões de dólares no Dia dos Solteiros de 2017. A Ruhan, empresa que atende à sua marca assim como a dezenas de marcas de outras celebridades, só emprega oitocentos funcionários e só tem trabalhado com *web celebs* desde meados de 2014. Como uma empresa tão pequena administra tantas marcas colossais? A resposta é C2B. O modelo de negócio de Big-E envolve marketing sob demanda, operações sob demanda e produção sob demanda, tudo coordenado pela pilha de software da Ruhan, chamada de Layercake. [Veja o quadro "Ruhan e Big-E (quem é quem)".]

Para seus fãs nas mídias sociais, Big-E é a moça que todo mundo quer ser. Ela passa o tempo voando pelo mundo, tirando fotos e comprando roupas. Parece viver e respirar no Weibo. Big-E conta fatos de sua vida, publica roupas novas e responde aos fãs numa torrente quase constante. Como Zhang Linchao na introdução deste livro, ela ganha milhões de dólares por ano fazendo selfies e papeando on-line. Mas Big-E deu um passo além de Zhang e de praticamente todas as concorrentes quando fez todos os aspectos de seu negócio refletirem uma mentalidade C2B. É por essa inovação que ela é a *web celeb* de maior sucesso na China.

A conta de Big-E nas mídias sociais não é só diversão, embora ela e os fãs claramente se divirtam muito. Ela é parte integrante de uma empresa muito séria cuja proposta central de valor é a interação do consumidor com a celebridade. Big-E exibe uma dúzia de peças novas a cada duas ou três semanas em sua conta no Weibo. Essas peças são instantaneamente compradas pela base de fãs fervorosos, em vendas-relâmpago no Taobao. Essas vendas-relâmpago sempre excedem o estoque. Imediatamente antes e durante as vendas, a Ruhan avisa o volume de vendas a seus parceiros industriais, que começam a produzir a quantidade de roupas pedida pelos consumidores. Essas roupas são remetidas em poucos dias e, por serem produzidas sob encomenda, raramente há ponta de estoque. A marca C2B de Big-E é ágil, poderosa e imensamente lucrativa.

O primeiro passo de seu modelo por encomenda é o marketing sob demanda, que Big-E realiza principalmente mostrando com antecedência as peças nas mídias sociais e com as vendas-relâmpago associadas. Essa atividade no Weibo constitui uma experiência interativa para o consumidor. Quando as fãs interagem com a celebridade, suas ações provocam um circuito de feedback que configura as decisões da *web celeb* sobre as peças e a produção.

108 COMO COMPETEM OS NEGÓCIOS INTELIGENTES

RUHAN E BIG-E (QUEM É QUEM)

A Ruhan é uma das maiores incubadoras de *web celebs* da China e a primeira empresa ligada a elas em que o Alibaba investiu. A empresa foi avaliada em mais de três bilhões de RMB (quase quinhentos milhões de dólares). A Ruhan opera há uma década no espaço do comércio eletrônico da China e incubou com sucesso mais de cem importantes formadores de opinião da China e do resto da Ásia. Juntos, as formadoras de opinião apoiadas pela Ruhan chegam a duzentos milhões de fãs nas redes sociais, 90% das quais são moças entre 18 e 28 anos, a imensa maioria de cidades de primeiro e segundo nível da China. O serviço de incubação da empresa inclui marketing em mídias sociais, produção de conteúdo, operações de comércio eletrônico (incluindo análises e publicidade) e gestão de manufatura ponta a ponta.

Devido à condição de rainha incontestável do comércio social chinês, o sucesso de Big-E no Taobao e no Weibo anunciou a ascensão das *web celebs* no país inteiro. Chamo de "Big-E" a modelo Zhang Dayi que virou *web celeb* pioneira porque essa é a versão mais fácil de traduzir para o inglês de seus muitos apelidos. Ela e as fãs nunca usam o real equivalente inglês de seu nome, que é Eve. Em vez disso, elas usam nomes engraçados baseados nas palavras *do* (fazer), *big* (grande) e o som *yi*, tirado de seu primeiro nome, como *dayima*, que foneticamente soa como "Grande Mamãe E", literalmente, significa "tia mais velha", eufemismo chinês comum para a menstruação. Na verdade, as fãs se referem a si mesmas como "E-cups" ("coletores de E"), claramente um exagero e uma piada interna que, como os apelidos engraçados, esclarece a conexão íntima que Big-E e sua comunidade têm entre si. Big-E estudou moda na faculdade e começou a carreira de modelo na *Ray Li*, uma das maiores revistas de moda da China. Mas ela alimentava sonhos maiores e, em 2014, abriu uma loja on-line de vestuário no Taobao, quando a Ruhan começou a trabalhar com ela. Na época, Big-E tinha duzentos mil fãs no Weibo; hoje, graças ao envolvimento da Ruhan, tem mais de cinco milhões.

Em 20 de maio de 2015, primeiro aniversário de abertura de sua loja, ela vendeu mais de 10 milhões de RMB (1,5 milhão de dólares) em produtos. No Dia dos Solteiros de 2017, as vendas foram de 100 milhões de RMB (15 milhões de dólares) na primeira meia hora da liquidação. De acordo com a BBC, consta que Big-E ganhou 300 milhões de RMB (46 milhões de dólares) em 2015, número que se compara favoravelmente à receita anual de Fan Bingbing, a maior atriz da China, que é de 21 milhões de dólares.*

---

* Grace Tsoi, "Wang Hong: China's On-line Stars Making Real Cash", BBC News, 31 de julho de 2016, www.bbc.com/news/world-Ásia-china-36802769.

Marcas construídas por fãs

A marca de uma *web celeb* não é uma mensagem estática imposta aos clientes. Essa abordagem refletiria uma mentalidade B2C mais tradicional, na qual a mídia social é apenas um megafone para divulgar textos de marketing. Em vez disso, a marca é construída junto com o grupo obstinado de fãs das celebridades; é criada para e pelo consumidor.

A presença de marketing de Big-E é um conjunto selecionado de imagens nas mídias sociais exatamente com o toque humano certo. O que escrever, que fotos postar, que filtros usar nas selfies... tudo precisa cheirar a um ser humano genuíno atrás da tela. Na prática, as celebridades de maior sucesso se envolvem pessoalmente na seleção. O que torna célebre a celebridade é a capacidade de se exprimir de forma distinta e original — do estilo das selfies às roupas usadas em fotos instantâneas e às piadas que faz sobre si. Esse estilo não pode ser imitado; em geral, até as maiores *web celebs* ainda editam pessoalmente suas selfies.

Nas palavras de Nicole Shen, gerente de marca de Big-E, "quando erguemos os olhos para uma celebridade, a cabeça se inclina sessenta graus. As *web celebs* estão a apenas quinze graus; é possível vê-las e até tocá-las. Elas entram nas mídias sociais e discutem com você se uma roupa cai bem ou não. Ela é alguém que você vê em sua lista de amigos."[2] Para as celebridades da internet, as mídias sociais não são um pedestal. São um local aberto a interações. Qualquer um pode entrar, escutar e participar da conversa. Pode perguntar o que quiser à celebridade.

Na conta de uma *web celeb* no Weibo, você verá uma torrente incessante de fatos da vida, diários de viagem, fotos de roupas e selfies embaraçosas. Sob a maioria das postagens, há centenas, quiçá milhares de comentários, que vão da adoração a reclamações e perguntas pessoais. A celebridade responderá aos comentários que quiser. Embora as equipes de marketing às vezes escrevam postagens para as mídias sociais, as principais celebridades nunca deixam ninguém redigir suas respostas. É com esse vaivém que a marca surge, não com discussões nas salas de reunião das agências de publicidade.

A agregação gradual de comentários, discussões e informações sobre as crenças e preferências do consumidor se torna a marca. Antes, esse valioso conteúdo só era acessível às marcas de forma indireta, por meio de pesquisas de mercado; hoje, ele é criado constantemente em tempo real e registrado on-line nas plataformas sociais. Essa é a criação de marcas no mundo C2B, um processo de cocriação e coevolução — um processo de que os consumidores gostam.

Produtos Escolhidos por Consumidores: Desenvolvimento e Manufatura de Produtos sob Demanda

Big-E, a empresária, não é nem um pouco tão livre quanto as fotos sugerem. Cada pose com cada roupa em cada esquina do mundo exige que a roupa em questão esteja pronta para remessa dentro de uma ou duas semanas depois de a dita foto aparecer on-line. Ainda mais com a competição feroz no espaço das *web celebs*, simplesmente não há tempo suficiente para se envolver em ciclos de um mês de desenvolvimento de produto, prática comum no setor de vestuário. Como as celebridades levam as roupas certas ao mercado bem na hora?

A interação com os consumidores é o fluido vital, não só da marca das celebridades como do desenvolvimento do produto. No mundo do comércio social, a interação com o consumidor cria conteúdo, que cria a marca que impulsiona as vendas. A genialidade do modelo das *web celebs* é que a voz do consumidor é ouvida muito antes da ocorrência da venda. Desde o primeiro momento em que as roupas aparecem on-line, dias ou semanas antes de serem oferecidas à venda, as reações dos consumidores já começam a configurar as decisões de produção. Mesmo durante as vendas-relâmpago da marca, a ação dos consumidores é registrada e visível sob a forma de compras mensuráveis pelos indicadores de dados do Taobao. Essas ações são informações fundamentais para o processo de manufatura das celebridades. Portanto, com a venda-relâmpago, o marketing sob demanda da celebridade se coordena com o desenvolvimento do produto e com a manufatura sob demanda.

A tática de marketing da venda-relâmpago que as *web celebs* usam com grande sucesso tem lugar especial no mundo do varejo chinês e costuma ser combinada ao marketing de fome (*Ji'e yingxiao*, descrito no Capítulo 2). Com essa prática comum no comércio eletrônico chinês, as empresas restringem de propósito o estoque para atiçar artificialmente a sensação de urgência do consumidor na hora de comprar. Num país não muito distante da verdadeira privação do consumo, o marketing de fome

O Modelo do Cliente à Empresa 111

é muito eficaz. Ele também traz o bônus de testar a reação do mercado a um produto específico e, em consequência, evitar o excesso de estoque.

Com o serviço de venda-relâmpago do Taobao, uma infraestrutura on-line que permite ao vendedor marcar com facilidade uma venda num horário específico, o comerciante pode anunciar a próxima promoção e a hora em que os produtos serão lançados. Com frequência, os comerciantes mostram previamente os produtos que serão oferecidos, assim como os preços e a quantidade disponível. Essas vendas costumam ser na base de quem chega primeiro, leva, e oferecem quantidade limitadíssima para maximizar o efeito da fome.

As *web celebs* inovaram esse modelo básico expandindo o processo da exposição prévia. Elas usam regularmente essa exposição como tática exploratória para determinar a escolha da mercadoria e o nível de preço. Uma semana ou duas antes de uma venda, a celebridade começa a postar amostras dos próximos lançamentos em sua conta no Weibo. Em alguns casos, essas amostras parecem conteúdo comum, como o instantâneo da celebridade jantando com um suéter novo. Em outros casos, ela publica explicitamente um conjunto de fotos que mostram vários itens novos. O propósito dessas imagens é medir o interesse. Assim que são publicadas, os fãs começam imediatamente a discutir os itens expostos e debatem diversos estilos, cores e cortes.

Toda a interação gerada pelos fãs é meticulosamente examinada pelas equipes de produto, compras e vendas da Ruhan. A métrica que a equipe examina (primariamente, o volume de compartilhamentos e comentários na plataforma de mídia social) influencia diretamente a seleção de produtos, o cronograma de fabricação e até os futuros processos de criação. Por exemplo, se uma certa cor de um certo item de estoque for mais discutida do que se esperava, geralmente a celebridade decidirá produzir um primeiro lote maior do produto naquela cor ou garantir o acesso a um volume maior de tecido semelhante. Se as fãs ignoram ou desdenham um item, ele pode ser retirado da promoção, e peças semelhantes eliminadas do desenvolvimento futuro.

Com a realização hábil de vendas-relâmpago de tantas em tantas semanas, as *web celebs* aumentam o envolvimento e a lealdade, coletam informações preciosas sobre as clientes e alteram dinamicamente os cronogramas de fabricação. Mesmo depois que a venda começa, a interação continua. As fãs de sorte que conseguem adquirir seus itens favoritos vão

112 COMO COMPETEM OS NEGÓCIOS INTELIGENTES

se gabar do que escolheram, enquanto as amigas azaradas vão reclamar. O conteúdo, tanto das clientes que se gabam quanto das que reclamam, oferece informações essenciais sobre que unidades re-estocar e em que quantidade. As celebridades podem até realizar pré-vendas fechadas para grupos VIP selecionados. Essas vendas promovem a lealdade dos clientes e oferecem informações valiosas sobre a popularidade dos produtos. Quando as roupas chegam à porta de cada fã, a pessoa começará a publicar selfies com as peças novas, experimentando combinações de roupas e se exibindo na frente das espectadoras. No Taobao, essas fotos são chamadas de *maijia xiu* ou "exposição dos compradores". Algumas celebridades premiarão os compradores que postarem as melhores fotos compartilhando-as em suas páginas no Weibo. Aproveitar qualquer oportunidade de promover a interação é um bom negócio.

Como o marketing sob demanda faz empresas sob demanda

Os leitores de olhos atentos notarão que a função do canal de marketing das *web celebs* se expandiu a partir daquele do setor tradicional de vestuário. O canal não é só um conduto de mão única para os clientes; ele promove a interação e obtém informações fundamentais sobre como tomar decisões de negócio eficazes em toda a cadeia de valor. O marketing sob demanda precisa de uma cadeia de suprimentos sob demanda, senão o resultado pode ser desastroso. Os consumidores esperariam muito mais por seus itens e, vociferantes, se queixariam nas mídias sociais, destruindo a confiança e a imagem da marca. Para evitar essa queda em espiral, a cadeia de suprimentos tem de atender às exigências estritas das vendas-relâmpago da *web celeb*: roupas feitas em três a sete dias, em pequena quantidade, com baixo custo marginal e qualidade exemplar.

As empresas inteligentes integram com engenho e flexibilidade a cadeia de suprimentos a todos os outros constituintes da rede de valor, como as funções de marketing e criação. A coordenação em rede e a inteligência de dados oferecem essa integração. Como explica um relatório recente da consultoria KPMG, "operar no ambiente *omninegócios* de hoje exige uma cadeia de suprimentos adequada à finalidade. A estrutura ótima é totalmente integrada à interface da empresa e possui flexibilidade e agilidade para reagir à mudança constante das necessidades do cliente."[3] As *web celebs* chinesas criaram um modelo de negócio em que as operações de fachada e de retaguarda estão profundamente interligadas.

O cronograma de produção das *web celebs* é claramente distinto da maioria das empresas de moda e varejo, que se planejam com meses de antecedência. Até os pesos-pesados da *fast fashion* global levam pelo menos dois ou três meses para produzir um lote inteiro de roupas. Mas as *web celebs* são volúveis por natureza. Elas podem ver um motivo ou silhueta inspiradores enquanto perambulam por butiques parisienses ou pelas ruas de Tóquio, e com um toque na tela tiram uma foto e a publicam na mídia social. A equipe de projeto pode ter apenas semanas, ou mesmo dias, para produzir um produto acabado antes que o item seja posto à venda. A imensa pressão do tempo, sem falar na qualidade ou na habilidade artesanal, forçaria ao limite uma cadeia de suprimentos tradicional.

Para dar contexto, a fabricação tradicional de vestuário pode ser dividida em quatro estágios: modelagem, corte, costura e acabamento. Para itens de complexidade regular, a média das fábricas chinesas consegue realizar as quatro tarefas em vinte dias no nível mais baixo ou 60 dias úteis no nível mais elevado. Desse tempo total, duas semanas são gastas só na modelagem. Se o cliente do fabricante aceitar a amostra baseada no molde, a produção em escala pode começar (corte e costura), seguida por inspeções de qualidade, passagem a ferro e embalagem (acabamento). Esse cronograma pressupõe um estoque pronto de tecido, mas a compra ou até a produção de tecido personalizado pode acrescentar semanas e até meses a esses prazos. Esse padrão de prazo da indústria determinou, em boa medida, como as grandes marcas mundiais estruturam seu ciclo comercial.

Modelo de re-estocagem rápida Big-E: o valor do C2B

A imagem e a lucratividade da marca Big-E dependem da prática de re-estocagem rápida da Ruhan. Duas forças contrapostas criaram há muito tempo imensas dores de cabeça em setores tradicionais, principalmente o vestuário. Produza demais e corra o risco de incorrer num imenso custo de estoque. Produza de menos e perca a oportunidade de vender quando tiver um produto de sucesso.

114 COMO COMPETEM OS NEGÓCIOS INTELIGENTES

É exatamente aí que o modelo C2B da Ruhan tem uma enorme vantagem. A maior parte da produção para as *web celebs* começa quando as compras são feitas. Quando o primeiro lote se esgota (isso pode acontecer em segundos ou minutos durante uma venda-relâmpago), começa a re-estocagem rápida. A Ruhan compara a reação dos consumidores à expectativa de vendas (estimada a partir da atividade na mídia social no período anterior) e faz imediatamente o pedido do segundo lote. Se a demanda for alta, a Ruhan pode re-estocar várias vezes. Com muita frequência, o pedido de re-estocagem é maior do que o inicial. Essa prática reduz o fardo e o risco das previsões. Embora a princípio a re-estocagem rápida tenha sido concebida para acompanhar a demanda volátil e não como tática de previsão, a pesquisa e a interação constante com os clientes deu aos vendedores uma ideia mais precisa da demanda subjacente dos consumidores do que a usada pelos modelos tradicionais.[4]

Obviamente, para a re-estocagem dar certo, o ciclo de produção tem de ser rápido e confiável, em geral de cinco a sete dias, incluindo a remessa e a entrega. O ciclo rápido exige comunicação ágil com as fábricas e uma dose saudável de coordenação em rede.

Modelo de produção em rede da Ruhan

Como incubadora de marcas que presta um serviço completo, a Ruhan se responsabiliza pelas operações de retaguarda e algumas de fachada de marcas como Big-E. Mas o crescimento rápido dos clientes (no ritmo de 100% ao ano) e um portfólio de celebridades diversificadas forçou a capacidade da Ruhan e obrigou a empresa a procurar fábricas próximas com capacidade ociosa.

Felizmente, a empresa se localiza na província de Zhejiang, no norte do país, onde, no corredor industrial entre Hangzhou e Xangai, ocorre parte substancial da produção de roupas da China. Ali há fábricas de todos os tamanhos e capacidades, desde as maiores e mais experientes que cuidam da manufatura de marcas mundiais como Burberry e Louis Vuitton até as oficinas menores que não passam de várias máquinas de costura numa salinha no fundo de um beco. É fácil achar capacidade ociosa, mas distinguir as melhores instalações das que não são tão úteis não é nada fácil. Se o pior acontecer, uma fábrica pode atender a prazos curtos aos poucos, embora com muito vaivém e descarte de peças acabadas que não

O Modelo do Cliente à Empresa   115

atendem ao padrão. Mas essa abordagem fortuita da produção não é econômica nem em escala.

Para resolver o problema de capacidade, a Ruhan estabeleceu um modelo básico de parceria. A empresa pretendia formar uma rede de fábricas parceiras que pudessem lidar com os picos e vales da demanda, acentuados e inerentes ao modelo de negócio das *web celebs*. Em primeiro lugar, a Ruhan modularizou o processo-padrão de fabricação de roupas delegando estágios diferentes a fábricas diferentes. Os parceiros maiores cuidam do trabalho de modelagem, que pode ser feito em vários dias se integrado centralmente e, em geral, com máquinas de automação de vanguarda. Depois que a equipe de projeto da Ruhan confirma o estilo e a qualidade do acabamento da amostra, o software de fabricação da empresa divide o molde numa lista de diversos procedimentos, enviados eletronicamente à rede de parceiros. Tanto parceiros quanto clientes podem monitorar o processo de produção a qualquer momento. Ao reorganizar a colaboração e a divisão do trabalho, a Ruhan reduziu drasticamente o tempo e até o custo de produção.

Com a experiência de produção em rede, a Ruhan trabalhou com mais de cem fábricas externas, avaliando sua capacidade e começando a selecionar os melhores parceiros. Todos esses parceiros operam na plataforma SaaS da Ruhan — isto é, *software as a service* ou software como serviço, um tipo de fornecimento de software no qual a Ruhan permite diretamente que parceiros na internet usem e acessem o software de forma remota. As soluções de SaaS permitem comunicação e coordenação diretas com custo mínimo para os usuários. Com quatro fábricas que se distinguiram pela escala e qualidade, a Ruhan começou a delegar a elas o trabalho centralizado de modelagem. Por sua vez, aos poucos essas fábricas começaram a coordenar diretamente o trabalho de fábricas e oficinas pequenas, centralizando o corte dos tecidos e deixando a costura para os parceiros menores. Agora as vestimentas totalmente costuradas são enviadas de volta às fábricas maiores para acabamento e, depois, despachadas pelas instalações de armazenamento da Ruhan. No fim de 2015, a Ruhan, em essência, aperfeiçoou seu modelo, repassando com sucesso toda a sua capacidade produtiva própria para entidades externas e separadas. Seu antigo departamento de fabricação evoluiu para facilitador de todo o processo de produção, não como a força de trabalho real que faz as roupas.

Coordenação da rede

Embora a Ruhan não faça mais o trabalho real de cortar e costurar roupas, a facilitação dessa rede tão complexa não pode ser desdenhada. Em primeiro lugar, a Ruhan tem de decidir quanto estoque inicial produzir. Mesmo antes de uma grande promoção, a Ruhan pode só manter em estoque 10% do volume estimado de vendas. (Nem todas as *web celebs* do Taobao têm a sorte de trabalhar com um parceiro com a capacidade de produção da Ruhan. Para as incapazes de acessar a capacidade de produção de primeira linha, o tamanho de um lote inicial de produtos e seu cronograma podem variar, dependendo da tolerância ao risco da celebridade. Ainda assim, uma *web celeb* raramente produz mais de 50% do volume total de vendas antes do início da venda-relâmpago.)

O processo geral de manufatura funciona como segue. As equipes encarregadas da fabricação de uma celebridade decidem o tamanho inicial dos lotes, usando métricas de vendas passadas. Uma semana antes da venda-relâmpago, começa a exposição prévia do marketing nas mídias sociais, e os dados da interação com as fãs levam a equipe a decidir o tamanho e o prazo do segundo lote. Três dias antes da promoção, começa a pré-venda no Taobao, e um novo conjunto de métricas de vendas e carrinhos determina o tamanho e o prazo do terceiro e, muitas vezes, último lote de roupas. Em casos extremos de itens muito populares, uma última rodada de produção pode ocorrer três ou quatro dias depois da venda. Devido à brevidade e à frequência do modelo de vendas-relâmpago, quase 80% do volume de vendas da maioria das unidades em estoque ocorrem no dia da venda. O processo inteiro costuma terminar em menos de um mês.

Unir Todas as Plataformas: o Software Layercake da Ruhan

Para facilitar esse processo complexo, a Ruhan desenvolveu seu próprio software de retaguarda. Para cada pedido que faz, a empresa sabe exatamente que linha de produção está sendo usada em que fábrica e quantos operários estão envolvidos. Ela sabe quando as partes constituintes têm de ser entregues, aonde precisam ir e quando e onde estão estocados os produtos acabados. Agora, cada passo do processo de produção é controlado por um software e fica visível a todos que estão na rede.

O Modelo do Cliente à Empresa **117**

Como ressaltei no capítulo anterior, softwarizar a empresa (isto é, configurar as atividades da empresa com software e operá-las on-line) é um passo importante rumo à construção de uma empresa inteligente. A Ruhan investiu intensamente para softwarizar a indústria de vestuário chinesa. O Layercake, sua solução de software interna, coordena todo o trabalho de construção do modelo de uma *web celeb*, da manufatura na retaguarda às mídias sociais, ao varejo e às vendas, assegurando que as celebridades obtenham os serviços de que precisam na hora certa. Finalmente, ele assegura que os clientes recebam suas compras. O software Layercake, embora ainda esteja relativamente no início de seu desenvolvimento, é uma inovação fundamental na capacidade de Big-E de implementar o C2B.

Todo o trabalho que passa pelo sistema Layercake é visível por interfaces móveis ou pelo computador. Portanto, quando as equipes de projeto criam roupas, as fábricas sabem imediatamente, até o número de pessoas--hora, o que têm de fazer para produzir essas unidades. E, quando precisam supervisionar o conteúdo das mídias sociais, as equipes de marketing sabem exatamente quanto estoque há disponível e quanto tempo vai levar para produzir um novo lote de roupas e enviá-las. Os gerentes das fábricas podem ver os fluxos de trabalho relacionados, e os designers podem ver a matéria-prima e a manufatura associadas a seus projetos. Enquanto estiverem on-line, os dados são automaticamente transparentes e acessíveis a todos os participantes do negócio. O acesso simultâneo às informações por múltiplos participantes é uma característica essencial da coordenação em rede. O Layercake ainda está longe da coordenação em tempo real, pois pessoas precisam acompanhar o processo e assegurar que sua tarefa esteja terminada, mas o sistema de software é atualizado em tempo real e pode suportar os circuitos básicos de feedback inerentes ao modelo de negócio das *web celebs*. Até esse grau de aprimoramento já é um avanço significativo desde o estado inicial da indústria do vestuário: os números das vendas de Big-E são testemunha.

Big-E conhece seu negócio num nível excepcionalmente microscópico. Na interface móvel desenvolvida pela Ruhan, ela pode ver quantos projetos estão na fila de espera; o estágio de cada um; em que fábrica ou armazém se localizam os produtos; e a que preço serão vendidos. Seus planos de marketing também estão disponíveis: quando começará a próxima campanha e que produtos apresentará. Em essência, toda a rede de valor

118 COMO COMPETEM OS NEGÓCIOS INTELIGENTES

é visível para ela, em tempo real e em nível granular. A rede está na ponta de seus dedos, e ela pode agir sobre ela a qualquer momento, em qualquer lugar do mundo.

As camadas do Layercake

As operações sob demanda eficientes no *front end* da empresa exigem uma grande reforma de toda a retaguarda. A Ruhan começou como confecção de vestuário com a intenção de fazer pequenos lotes com giro rápido. Mas descobriu que, antes, tinha de se tornar uma empresa de software e transformar um setor muito tradicional. Atualmente, o Layercake liga e coordena os dados de quatro áreas do negócio da Ruhan: redes sociais, comércio, armazenagem e manufatura. Essas quatro áreas correspondem, mais ao menos, às plataformas Weibo e Taobao e à combinação de software de gestão de fluxo de trabalho e de gestão da cadeia de suprimentos (*supply-chain management*, SCM).

A Ruhan obtém dados de mídia social do Weibo, seja da API do próprio Weibo ou rastreando a rede social. Para apoiar as interações de Big-E com suas fãs, a Ruhan realiza extensa análise de dados. O software de gestão de fluxo de trabalho da Ruhan acompanha as informações e o estado dos pedidos, que vêm de plataformas de comércio eletrônico como o Taobao. O armazenamento também é direto e integrado com o serviço de plataforma logística do Taobao.

O mais importante é que, depois que entram na infraestrutura do Layercake, esses dados comerciais podem ser cruzados com dados de redes sociais e de fabricação. A arquitetura de SCM da Ruhan é tão complicada que merece mais explicações. Os processos do Layercake começam com o projeto no módulo SCM e, a partir daí, passa às compras e à manufatura antes de, finalmente, criar um pedido. O principal benefício dessa coordenação é que, quando sabem com antecedência o impacto de seus projetos sobre o tecido, a modelagem e o processamento, os projetistas podem tomar decisões melhores sobre os projetos. Por exemplo, se escolherem um tecido que não está na lista de estoque, eles sabem que essa escolha prolongará o ciclo de produção. Também saberão quanto tempo e dinheiro um molde específico custará no estágio de manufatura. Ter todas essas informações disponíveis no estágio de projeto é essencial para a coordenação eficaz com a fabricação e é especialmente útil no controle do custo e do tempo total do ciclo.

O software de fabricação continua a melhorar a eficiência do sistema organizando informações sobre a produção. Essas informações incluem documentação-padrão e projeto do processo, ambos usados pelas fábricas para produzir as roupas. A Ruhan também acrescenta informações próprias: rota de entregas, cronograma de trabalho, capacidade de produção e ordem de uso dos materiais (quais materiais são fundamentais e afetarão o cronograma de produção e quais podem ser terceirizados sem criar gargalos). A empresa está trabalhando para interligar e padronizar com eficiência seus dados e fluxos de trabalho para que a produção possa avançar com facilidade e rapidez entre múltiplos parceiros grandes e pequenos.

A principal virtude do Layercake não é simplesmente gerir o processo de produção de maneira mais eficiente. Todo sistema de ERP ou WPS vem trabalhando há décadas para melhorar a eficiência operacional; em si, essa vantagem não é inovadora e, com certeza, não constitui C2B. O novo é que todos os dados envolvidos nos processos de criação e manufatura são coordenados com a demanda dos consumidores em tempo real. Como mencionei no capítulo anterior, enquanto o software de ERP se concentra em melhorar a eficiência de uma faixa estreita da empresa, a questão da softwarização e dos dados vivos é assegurar que o processo inteiro da empresa, inclusive (sempre é preciso reforçar) a atividade do consumidor, flua livre e totalmente pela rede coordenada inteira. Com o Layercake e os cinco passos da tomada automatizada de decisões descritos na seção anterior, todas as funções on-line da Ruhan podem ser acessadas e mobilizadas sob demanda, em resposta às necessidades dos consumidores.

A Ruhan também está expandindo a rede de valor que coordena. Ela está desenvolvendo uma plataforma B2B de fornecimento de tecidos que será ligada diretamente a seu software de SCM. Essa plataforma exige datificação complexa capaz de identificar com precisão cores, tramas, texturas e espessuras e, finalmente, automatizar a seleção e a encomenda de tecidos.

Portanto, dentro do sistema inteiro de software da empresa, o Layercake constitui a primeira camada mais ampla, sobre a qual funciona o SCM para otimizar o processo como um todo. Enquanto continua a softwarização do processo de seleção de tecidos da Ruhan, o nível de coordenação em rede de seu modelo de negócio vai aumentar, trazendo ganhos de eficiência à empresa inteira. Se a Ruhan conseguir que a plataforma de

120 COMO COMPETEM OS NEGÓCIOS INTELIGENTES

tecidos B2B decole, o sistema Layercake conseguirá trançar todos os estágios do negócio de vestuário numa solução de ponta a ponta, colocando até as compras nessa rede de coordenação.

A Ruhan é um dos pioneiros na China da reimaginação de setores antigos como negócio inteligente. No entanto, a empresa acredita que só começou a codificar a complicada tarefa de criação. A Ruhan está desenvolvendo sua própria plataforma de software para designers de moda, chamada Deep Fashion, que percorrerá a internet para analisar tendências da moda em plataformas como o Instagram. (A empresa já compara fotos do Instagram, que são marcadas e organizadas por sua equipe de criação.) Os líderes da empresa esperam que, com a aplicação de técnicas de aprendizado de máquina às imagens do Deep Fashion, os designers consigam inspiração rapidamente para produzir novos moldes com facilidade no mercado veloz e competitivo da China. No futuro, se a Ruhan conseguir integrar o entendimento automatizado das tendências da moda do Deep Fashion a seus módulos de design e produção, todo o processo de manufatura da empresa funcionará ainda mais suavemente. As roupas que suas *web celebs* criam e produzem chegarão ao mercado mais depressa e combinarão mais com o gosto do consumidor.

As soluções de software anteriores só se concentravam na eficiência de um segmento isolado da empresa, isto é, a fábrica ou o setor de compras. Esporeadas pela escalada da demanda dos consumidores, mais e mais empresas da China estão começando a usar tecnologias on-line para montar a empresa como um todo, interligando a atividade do consumidor com operações e decisões da retaguarda. O futuro é C2B, empresas que sejam cada vez mais coordenadas e mais inteligentes. O negócio inteligente está apenas começando.

Outros Modelos C2B na China

Em cada vez mais setores, o modelo C2B goza de vantagem competitiva sobre a abordagem tradicional, principalmente quando, na maioria, os setores tradicionais chineses são menos maduros do que seus equivalentes nos EUA e, portanto, menos eficientes, e as barreiras à entrada de inovadores são menores. A paisagem empresarial inteira da China está passando a apoiar mais empresas C2B como a Ruhan. Vamos dar uma olhada em mais duas empresas, a Red Collar e a Shangpin.

O modelo de personalização em massa da Red Collar

A Red Collar produz ternos masculinos sob medida e desenvolveu um sistema próprio, flexível e sob demanda, para a personalização.[5] Depois de trabalhar como OEM típica para importantes marcas estrangeiras durante quase duas décadas, Zhang Daili, fundador da Red Collar, decidiu transformar sua empresa para produzir ternos sob medida. Após cinco anos de muito trabalho e mais de cinquenta milhões de dólares em investimentos, Zhang softwarizou o processo de manufatura de ternos em mais de quatrocentos passos padronizados e projetou uma nova linha de produção que é muito parecida com a produção em células lançada pela Dell. Alfaiate muito experiente, ele chegou a inventar um novo modo de medir o cliente; a técnica representa uma economia de custos de 90% em relação ao antigo método.

A Red Collar descobriu que o bom caimento também é uma questão de opinião pessoal, e não só uma função objetiva que possa ser otimizada. Portanto, a abordagem atual da empresa para o relacionamento com o cliente é diferente do das *web celebs*. Em vez de ter uma loja on-line, que seria incapaz de tirar medidas individualizadas, a Red Collar capacitou dezenas de milhares de pequenos comerciantes em países do mundo inteiro para fazer as vendas. Os comerciantes conversam com os clientes sobre suas preferências, tiram as medidas e, depois, mandam os pedidos para a Red Collar por uma plataforma B2B. Esse sistema ajuda os vendedores do mundo inteiro a usar melhor o feedback direto dos clientes, fundamental para o C2B e o modelo da empresa inteligente, e oferece um terno sob medida de acordo com o gosto do comprador quase pelo mesmo custo de um terno produzido em massa, façanha possibilitada pela linha de fabricação reinventada e completamente controlada por software on-line.

O modelo de móveis personalizados da Shangpin

Outra empresa pioneira que adota um modelo completo C2B surgiu num setor bastante surpreendente: a movelaria. Empresa chinesa com produtos voltados para o consumidor e escaláveis por meio de coordenação em rede, a Shangpin Home Collection é uma das que mais crescem nesse setor. Com seu histórico de instrutor da Universidade de Tecnologia do Sul da China, Li Lianzhu abriu a Yuanfang Software em 1994. A empresa fornecia software de design a fabricantes de móveis.

122   COMO COMPETEM OS NEGÓCIOS INTELIGENTES

Com a rápida urbanização da China e a construção de milhões de novos apartamentos, a movelaria se tornou um grande negócio em rápido crescimento. Devido ao preço elevado dos imóveis, a utilização do espaço era importantíssima, e muitos apartamentos do país todo, com plantas diferentes, usavam projetos e marcas de móveis radicalmente distintos. Com a fragmentação do mercado, Li viu a oportunidade de personalizar os móveis para o apartamento inteiro, mas não conseguiu convencer nenhum de seus clientes a se aventurar nesse setor. Depois de pensar muito, ele decidiu fundar sua própria empresa moveleira. Abriu lojas próximas dos novos condomínios, enviou representantes aos clientes para medir apartamentos inteiros e projetou a mobília com seu próprio software. Depois da aprovação dos clientes, o projeto feito em CAD seria traduzido diretamente em pedidos de fabricação, com todas as informações do projeto codificadas. Ele levou vários anos experimentando até encontrar um modo de digitalizar completamente a produção de móveis. A redução do custo dos códigos de barra, por exemplo, ajudou bastante a empresa a acompanhar cada pedaço de madeira necessário para a fabricação. Um conjunto de móveis é apenas uma combinação diferente de centenas e até milhares de pedaços de tábuas no banco de dados da empresa.

Hoje chamada Shangpin Home Collection, a empresa coleta dados sobre as residências de milhares de empreendimentos imobiliários para criar uma "biblioteca de salas" complementada pela biblioteca de produtos da empresa. Os consumidores podem escolher, comparar ou alterar o projeto dos móveis de acordo com a planta dos imóveis. Afinal de contas, se dezenas de milhões foram construídos em poucos anos, esses apartamentos não eram exatamente projetos de Frank Gehry; muitos seguiam configurações bem padronizadas. Com esses dois bancos de dados, os clientes podem combinar produtos de todos os tipos em vários espaços domésticos.

Shangpin investiu intensamente em software e hardware, inclusive em novas serras elétricas de precisão. Enquanto para o cliente todos os móveis são feitos sob medida, para a empresa cada pedido se baseia num pacote de tábuas de vários tamanhos e formatos. Assim, a empresa consegue obter grande ganho de produtividade na manufatura agregando os pedidos. Desde 2007, a capacidade diária da Shangpin aumentou dez vezes, enquanto a utilização do material aumentou de 8% para 90% e a taxa de erros na manufatura caiu de 30% para 3%. Como a produção só começa quando o pedido é feito, a Shangpin tem pouco ou nenhum estoque e uma taxa de giro de capital que é o triplo da norma do setor.[6]

A beleza da inteligência de dados começou a se mostrar mais tarde para a Shangpin Home Collection. Conforme atendia a mais e mais clientes, a empresa descobriu que, apesar das imensas diferenças geográficas da China, havia apenas cerca de cinquenta mil tipos de projetos de casa, e a Shangpin tinha dados sobre quase todas elas. Além disso, a maioria tende a ter gosto parecido para mobília. Como a empresa tinha acumulado projetos suficientes para cada apartamento, o estágio do projeto ficou muito mais fácil, porque a maioria dos clientes só clica em projetos existentes no banco de dados da Shangpin. A empresa constatou que pessoas com treinamento mínimo em design podem fazer um bom serviço.

Hoje, a Shangpin ainda prospera, e em março de 2017 abriu o capital na bolsa de Shenzhen com muita fanfarra. Na primeira metade de 2017, a empresa vendeu mais de 2 bilhões de RMB (300 milhões de dólares), com um crescimento de mais de 30% em relação à primeira metade de 2016, e apurou um lucro de 65,9 milhões de RMB (cerca de 10,5 milhões de dólares), aumento de 127% em relação ao mesmo período de 2016. A Shangpin publica anúncios com celebridades famosas nas maiores estações ferroviárias da China e tem mais de mil lojas franqueadas no país inteiro. Até 2020, espera-se que sua capitalização no mercado dobre para mais de 23 bilhões de RMB (3,6 bilhões de dólares).[7]

Os Princípios por Trás do C2B

O C2B já define a mentalidade operacional da maioria das empresas da internet, que se concentram cirurgicamente nos usuários e sua experiência. Mas não podemos esquecer que a versão mais simples e antiga do modelo C2B é o "feito por encomenda". A Dell fez isso com computadores há mais de trinta anos. Passar esse modelo para mais setores era intransponível, até que a internet forneceu a infraestrutura certa. O C2B pressagia um futuro em que um número crescente de produtos e serviços pode ser oferecido a pedido por um custo aceitável. A coordenação em rede e a inteligência de dados permitem que informações e decisões fluam pela rede ao mesmo tempo, coordenando todos os aspectos do negócio em tempo real e reduzindo drasticamente o custo da coordenação e das transações.

124 COMO COMPETEM OS NEGÓCIOS INTELIGENTES

Embora as empresas descritas neste capítulo se concentrem em vestuário e móveis para apartamentos, o modelo C2B significa muito mais do que vender produtos personalizados. Ele reformula o próprio conceito da empresa. Apesar dos *slogans* das empresas tradicionais e das intenções sinceras de pôr o cliente em primeiro lugar, a maioria delas, por projeto, tem a empresa em primeiro lugar. Por meio de várias pesquisas de mercado e da clientela, a empresa tenta adivinhar de que seus clientes precisam. Em seguida, ela cria um produto e convence os clientes, com anúncios e campanhas de marketing, que o produto é o que eles querem, e então bombeia a mercadoria pelos canais de distribuição. Nesse modelo, os clientes são passivos. Agora, as empresas podem responder e realmente respondem ao cliente.

Observei empresas novas, em setores bastante tradicionais da China, configurando-se como modelos C2B na última década. A abordagem de cada empresa e cada setor ao C2B será diferente, porque cada empresa precisa utilizar funcionalidades diferentes para atender a clientes diferentes. No entanto, com minha pesquisa sobre empresas como Ruhan, Red Collar e Shangpin e ao observar como o Alibaba funciona com uma mentalidade C2B, posso apresentar quatro princípios gerais para implementar operações alinhadas ao C2B.

Desenvolva uma rede inteligente

Big-E só produz as roupas que suas fãs querem e quando querem. Com esse fim, ela e a Ruhan reelaboraram todos os aspectos do negócio, das vendas e do design dos produtos à fabricação, para funcionar on-line e coordenar-se em tempo real. As empresas C2B usam constantemente duas estratégias conhecidas: coordenação em rede e inteligência de dados. Por essa razão, o modelo C2B é quase sinônimo de negócio inteligente.

Em meu trabalho estratégico no Alibaba, retorno com frequência a uma ideia paradoxal, mas profunda. Para satisfazer as necessidades de qualquer consumidor, é preciso ter as funcionalidades para satisfazer as necessidades de todos os consumidores. Os consumidores de hoje exigem preço, rapidez, qualidade e personalização, tudo ao mesmo tempo. Em formulações prévias da estratégia de negócios, essas metas eram opostas e até mutuamente exclusivas. Hoje, são conciliáveis e indispensáveis.

Só uma rede pode ajustar dinamicamente oferta e qualidade do serviço equilibrando globalmente a capacidade de carga. As cadeias de su-

O Modelo do Cliente à Empresa   125

primento lineares não conseguem reagir com eficácia aos picos e vales da demanda, muito menos às necessidades instáveis e complexas do consumidor. A criação de uma rede globalmente otimizada de funcionalidades produtivas que possa se adaptar a qualquer consumidor exige coordenação em rede, inteligência de dados e uma boa medida de dados vivos. Todos na rede são parceiros que prestam serviço por encomenda, interligados por soluções SaaS oferecidas on-line e configuradas por dados que fluem sem atrito pelas API. Seu serviço é requisitado quando necessário; não é gerido por uma ordem pré-planejada.

Em vez de planejamento em longo prazo, a empresa inteligente reage imediatamente às necessidades do consumidor em tempo real. Em consequência, questões prévias de tática local, como marca, marketing e design, agora dizem respeito a toda a cadeia de suprimentos. Na verdade, o projeto da rede inteira constitui uma estratégia global. Só uma mentalidade estratégica abrangente como essa será suficiente para a competição no futuro.

Projete a interface correta na internet

O C2B segue uma lógica *pull* (ou seja, produção sob demanda) em vez da lógica *push* (ou seja, produção para repor estoques). Como as operações e decisões comerciais nascem de interações com os clientes, as empresas C2B precisam ter uma interface na qual os clientes possam articular suas necessidades e reações. As empresas nativas da internet entendem intuitivamente essa questão e geralmente projetam seus produtos para refletir uma mentalidade C2B. O Google não impõe seu serviço a você; ele reage à sua busca em seu campo minimalista. Os produtos adaptáveis são ideais, porque também geram os circuitos de feedback necessários para criar inteligência de dados, como já discutido.

Construir uma interface na internet não envolve, necessariamente, criar uma aplicação móvel própria para o consumidor; as empresas podem escolher a interface on-line correta com base nos pontos de interação com os clientes e os dispositivos que eles usam. Como já descrito, Big-E estruturou intencionalmente seu marketing para solicitar o feedback do consumidor em várias situações importantes. Das prévias nas mídias sociais às vendas-relâmpago e aos comentários e fotos publicados no Taobao depois da compra de um item, as consumidoras estão dando feedback constante à marca. O valor de estabelecer um meio eficaz para a interação direta com

126 COMO COMPETEM OS NEGÓCIOS INTELIGENTES

os clientes não pode ser subestimado, até em empresas de setores tradicionalmente distantes da tecnologia. O uso da imensa vantagem comercial da internet de interagir simultaneamente com massas de pessoas e obter seu feedback em tempo real a custo baixíssimo é quase óbvio.

A interface na internet oferece às empresas das camadas superiores da cadeia de valor benefícios muito desdenhados, mas importantes. As fábricas não precisam se esforçar tanto para estabelecer contato com os usuários finais. Em vez disso, precisam projetar interfaces com seus parceiros para que o feedback flua para quem precisa dele, idealmente de forma automatizada. Essas interfaces devem ser embutidas no fluxo de trabalho de todos os participantes para assegurar a coordenação eficaz, como fez a Ruhan com seus parceiros industriais. Ela visa a subir mais na cadeia de valor para fazer as compras com sua plataforma on-line de controle de qualidade de tecidos.

Construa uma cabeça-de-praia* C2B

A maioria das empresas C2B evolui com o tempo. A boa notícia é que, depois de construir o primeiro módulo e criar uma cabeça-de-praia, a vantagem competitiva criará ímpeto para puxar todas as funções correlatas. A empresa sentirá enorme pressão para reconfigurar cada passo de sua cadeia de valor.

Big-E começou com sua comunidade on-line no Weibo e depois descobriu que o modelo de venda-relâmpago do Taobao combinaria bem. Com o passar dos anos, ela e a Ruhan foram capazes de mobilizar seu modelo de re-estocagem desenvolvendo uma rede flexível de fábricas parceiras. Num período relativamente curto em termos de desenvolvimento de empresas, a rede cresceu para coordenar, ao mesmo tempo, marketing, design de produtos, fabricação e vendas.

O modelo C2B é uma rede de coordenação complicada. Construir uma rede inteira pode parecer avassalador, mas assim que você começar a interagir diretamente com os clientes on-line, a bola de neve começará a descer a montanha, absorvendo cada vez mais funções da rede de valor pelo caminho. Siga o fluxo ou nem comece.

---

* Cabeça-de-praia: posição ocupada por uma força militar em território litoral inimigo, para assegurar acesso, avanço ou desembarque. (N.T.)

Utilize as funcionalidades das plataformas

As *web celebs* que examinamos usam três plataformas para se manterem ágeis e leves em termos de recursos: a arena de marketing da mídia social do Weibo, a infraestrutura de comércio eletrônico do Taobao e as redes crescentes de fabricantes flexíveis de vestuário. Como já detalhado, as operações da Ruhan dependem dessas plataformas, cujo uso representa um novo modelo de empreendedorismo do setor. A mesma estratégia pressagia de que modo outras empresas que criam produtos ou serviços operarão e se estruturarão no futuro. (Como discutirei no próximo capítulo, as plataformas e os operadores individuais seguem estratégias diferentes no mundo da empresa inteligente.)

Sem essas plataformas, Big-E teria de achar seus milhões de fãs por conta própria. Teria de criar um aplicativo móvel que cuidasse dos picos altíssimos de demanda que ocorrem nas vendas-relâmpago, além de mecanismos para transações, pagamentos e solução de disputas. E precisaria administrar uma enorme fábrica interna. Sem essas plataformas, Big-E não conseguiria fornecer produtos de alta qualidade a preço razoável de forma ágil e adaptável. Explicarei essa estratégia mais adiante no próximo capítulo.

Consequências da nova paisagem

Os primeiros a adotar o C2B, como Big-E e Ruhan, enfrentam desafios consideráveis, e até que ponto podem ir é um tópico popular na China. No entanto, as tendências que eles representam provavelmente permanecerão, se não ficarem mais fortes. Enquanto a empresa inteligente se desenvolve, mais e mais funções serão cumpridas a pedido, mas com menos desperdício e pouco ou nenhum custo adicional. Quando todas as funções da empresa e toda a atividade do consumidor se integrarem numa rede bem coordenada, as empresas do futuro fornecerão serviço personalizado sob demanda a qualquer momento.

O modelo C2B tem duas consequências importantes. A primeira é a capacidade de personalizar suas ofertas ao cliente. No C2B, toda atividade com o cliente acontece em tempo real e é dinâmica, fluida e responsiva. Nas sociedades desenvolvidas modernas, há um excesso de oferta de quase qualquer produto padronizado, e os clientes querem produtos e serviços personalizados às suas circunstâncias. Para melhorar continuamente a

128 COMO COMPETEM OS NEGÓCIOS INTELIGENTES

experiência total do cliente, é preciso se concentrar em muito mais do que apenas o produto físico. Tudo é feito sob medida, das mensagens de marketing e do design do produto às vendas e serviços. A experiência evolui em conjunto com o cliente, em tempo real.

A segunda é a automatização da tomada de decisões. Com o C2B, a divisão tradicional entre marketing, projeto e manufatura não se aplica mais. Numa mentalidade estática e linear das funções da empresa, essas três operavam de forma independente, muitas vezes em silos separados. Percorrer o circuito levava muito tempo. No novo mundo C2B, essas funções acontecem de forma mais simultânea por meio de interfaces semelhantes em toda a rede. Portanto, os ciclos de serviço para o desenvolvimento de novos produtos, as campanhas de marketing ou as vendas se reduzem drasticamente. Muitas divisões organizacionais tradicionais, como canais e projeto de produtos ou marketing e manufatura, não são mais sustentáveis. As empresas precisam utilizar um modelo operacional C2B que seja "tudo em um".

Para os modelos de negócio C2B, é fundamental o surgimento de grandes redes de empresas ou plataformas on-line. O Google datificou a publicidade e passou a publicidade off-line para mercados on-line inteligentes. A Amazon e o Taobao trouxeram para a internet o setor tradicional do varejo. Facebook, Tencent, Weibo e outras mídias sociais trabalham para pôr on-line funções off-line de marketing e criação de marcas. O modelo comercial de Big-E e de outras *web celebs* repousa sobre a infraestrutura criada pelo Taobao e pelo Weibo. A disseminação de plataformas só ganha velocidade: muitas empresas, em setores incontáveis da China, estão tentando mover para a internet diversas cadeias de suprimento. Quando mais e mais cadeias de suprimento forem para a internet, será mais fácil do que nunca para as empresas montar modelos de empresa inteligente que respondam rapidamente à demanda do consumidor. A infraestrutura que sustenta os modelos C2B inovadores está melhorando a cada dia.

Agora examinamos duas das consequências estratégicas mais importantes das novas forças que criam empresas inteligentes: como automatizar a tomada de decisões e como modelos de negócio coordenados criam serviços concentrados no consumidor. Outra lição mais profunda é que nenhuma parte da empresa pode ser considerada isoladamente. Na empresa inteligente, todas as funções têm de operar sem emendas, coordenadas pela tecnologia. As operações on-line mudam as relações estratégicas entre as empresas. Portanto, precisamos reexaminar mais um fundamento tradicional da estratégia: o posicionamento. Como detalharei no próximo capítulo, o posicionamento é fundamental para a empresa inteligente.

CAPÍTULO 6

POSICIONAMENTO

Como Criar Valor numa Rede

Empresas como Big-E, Ruhan, Red Collar e Shangpin não surgem por acaso nem isoladas. Elas aproveitam funcionalidades de plataforma construídas meticulosamente no Taobao e os recursos vitais ali reunidos, ou seja, os muitos prestadores de serviços independentes detalhados no Capítulo 2. Ao mesmo tempo, essas empresas capacitam o crescimento de plataformas como o Taobao. Novos participantes sempre crescem junto com as plataformas e seus parceiros, a quem os participantes recorrem em busca de várias funções de apoio. Em essência, marcas, funções de apoio e a plataforma crescem todos juntos como um ecossistema.

No setor de tecnologia, "ecossistema" é uma daquelas palavras da moda usadas em excesso e que nos fazem revirar os olhos. No entanto, no Alibaba a palavra ecossistema é fundamental dentro da empresa para alinhar objetivos estratégicos e diagnosticar se uma empresa está no rumo certo. Uma ideia central do ecossistema é que, ao contrário da noção tradicional de posicionamento na qual a empresa determina a estratégia de forma quase independente, cada participante do ecossistema recorre a outros participantes para ter sucesso. Eles são interdependentes.

Neste livro, podemos definir com mais exatidão o ecossistema empresarial como uma rede inteligente que evolui para resolver problemas complicados dos clientes. ("Rede inteligente" é apenas outra maneira de exprimir coordenação em rede + inteligência de dados. Sem ambas as funcionalidades, não se tem um "ecossistema", ou seja, uma rede inteligente.) O ecossistema empresarial atrai recursos e tem a infraestrutura e os mecanismos que permitem aos participantes desabrochar e evoluir de forma robusta. Além disso, separo o ecossistema em três papéis distintos: ponto, linha e plano. O poder do ecossistema é capacitar novas empresas inovadoras como Big-E a servir melhor aos clientes. Esses ecossistemas desafiam o antigo mundo dos negócios por ajudar as empresas a oferecer valor superior ao cliente e a gozar de vantagens competitivas.

Um Novo Arcabouço: Pontos, Linhas e Planos

Costumo perguntar a líderes ou empreendedores onde eles se veem nos ecossistemas crescentes de seus setores. Sem falha, a imensa maioria tem o sonho da plataforma. Querem criar plataformas expansivas, com modelos de negócio escaláveis e altamente lucrativos. Querem tomar as decisões, dar as ordens e amealhar os lucros.

Então lhes faço uma pergunta diferente. Você prefere ser o Alibaba, cujos quinhentos bilhões de valor de mercado se baseia numa organização crescente e absurdamente complexa com dezenas de milhares de pessoas, que, por sua vez, gerencia dezenas de milhões de vendedores e outros prestadores de serviços, sem falar das subplataformas de logística, finanças e computação em nuvem que crescem rapidamente? Ou ser Big-E, que não tem fábricas, fica com quase metade do lucro da marca e ganha milhões voando pelo mundo e publicando fotos de roupas novas na mídia social? Ou então, talvez você se satisfaça sendo redator ou designer, ou um escritório de talentos como Toptal, que dá apoio a outras empresas, ou aspirante a *web celeb* publicando seus textos em todos os tipos de mídia social e gozando de exposição exemplar, pagamento imediato e flexibilidade. De repente, o sonho da plataforma não parece tão atraente.

Então refaço a pergunta de outra maneira: que papel você quer desempenhar no ecossistema ou rede?

Quem é você?

No âmago da teoria estratégica tradicional está o posicionamento, que faz três perguntas fundamentais: Quem são seus clientes? Quais são suas propostas de valor? Como seu posicionamento difere dos concorrentes? Em resposta a essas perguntas, a estratégia clássica, definida por

Michael Porter, propõe três estratégias de posicionamento: liderança de custo, diferenciação e nicho.[1] Esse arcabouço simples do posicionamento tem sido muito poderoso para ajudar as empresas a configurar suas estratégias.

No entanto, como cada vez mais atividade econômica ocorre dentro de algum tipo de rede inteligente, as empresas de hoje têm de conhecer sua posição estratégica dentro dessa rede ou teia de redes interligadas. Nas discussões internas sobre estratégia aqui no Alibaba, nos referimos às três posições estratégicas básicas do ecossistema usando metáforas geométricas: ponto, linha e plano.

Os *pontos* são os indivíduos ou empresas que possuem habilidades especializadas mas, geralmente, não conseguem sobreviver por conta própria. Os parceiros fabris da Ruhan, do Capítulo 5, são exemplos. Os *pontos* prestam serviços funcionais. As *linhas*, como Big-E e Ruhan, são as empresas que combinam funções produtivas e funcionalidades para criar produtos e serviços, em geral utilizando os serviços prestados pelos pontos e planos. E os *planos*, como Taobao e Weibo, são as plataformas que ajudam novas linhas a se formarem e crescerem, oferecendo serviços de infraestrutura e provocando o crescimento dos pontos.

A proposta básica de valor, a vantagem competitiva e as funcionalidades organizacionais de cada participante são distintas. A estratégia de cada posição é única. A Tabela 6-1 resume as diferenças mais importantes entre as três posições centrais dentro de uma rede comercial.

Você prefere criar um produto ou serviço dentro de uma rede, como faz Big-E? Nesse caso, você é uma linha. Sua estratégia é aproveitar os recursos dos parceiros da plataforma e alinhá-los com eficácia para criar seus produtos. Embora sua preocupação primária seja atender a seus clientes-alvos, uma das questões estratégicas mais difíceis é de qual plataforma participar. Na China, por exemplo, o fato de uma empresa escolher Taobao, JD.com (outro varejista on-line chinês) ou Tencent como sua principal plataforma operacional tem consequências imensas sobre o que a empresa pode fazer no futuro.

134 COMO COMPETEM OS NEGÓCIOS INTELIGENTES

TABELA 6.1

As três posições estratégicas num ecossistema comercial

Característica	Posição estratégica		
	Ponto	**Linha**	**Plano**
Proposta de valor	Vender uma função ou funcionalidade	Criar um produto ou serviço	Interligar participantes relacionados
Vantagem competitiva	Especialização	Valor, custo e eficiência	Combinar eficiências
Capacidade organizacional	Simples, sem operações complexas	Racionalizar e otimizar o fluxo de trabalho	Projetar sistemas e instituições para mediar relacionamentos
Estratégia principal	Avançar para o próximo plano em ascensão e encontrar seu nicho numa linha de crescimento rápido	Usar os recursos de planos robustos para incorporar pontos fortes	Capacitar o crescimento de pontos e linhas
Analogia com as *web celebs*	Fábricas, designers de vestuário	Ruhan	Taobao, Weibo

Você é um participante especializado dentro da rede, como os modelos Tao, ou um designer ou fábrica que cria vestuário para uma *web celeb* ou qualquer outro varejista de roupas? Nesse caso, você é um ponto. Sua flexibilidade vem exatamente da simplicidade da meta de seu negócio: alinhar suas habilidades a redes em desenvolvimento e se unir a plataformas e produtos que possam usar da melhor maneira possível sua competência. Encontre seu nicho e ganhará dinheiro sem se atormentar com as complexidades das operações empresariais como um todo. Essas posições de nicho surgem todo dia. Só é preciso estar pronto para aproveitar a oportunidade quando ela surgir.

Ou você visa a administrar a rede inteira como uma plataforma, como o Taobao? Se sua resposta for sim, você é um plano. Sua meta é criar mercados que interliguem participantes disparatados e facilitem seus modelos de negócio. Você criará as regras e os sistemas de interação, de modo que cada empresa individual dentro de seu mercado sinta o potencial de crescimento. Se sobreviver ao longo e aflitivo período de incubação, você pode construir um impressionante valor de mercado. No entanto, sua vida será uma luta constante entre o controle e o *laissez-faire*, entre seus próprios interesses e os dos participantes de sua plataforma.

Quando avaliam essas três posições, as empresas têm de entender tanto a lógica central de cada abordagem quanto a relação entre as diversas posições.[2] As empresas também têm de perceber que cada posição representa um arranjo completamente diferente de funcionalidades que é preciso ter para competir. Embora haja exemplos de pontos e linhas que "progridem" para dimensões mais altas, uma realização tão imensa exige uma transformação fundamental do posicionamento e das funcionalidades correspondentes da empresa. Em muitos casos, o alinhamento estratégico num nível assim tão básico pode ser mais difícil do que passar para uma vertical ou um setor diferente.

Não há diferença normativa entre essas três posições e nenhuma razão *a priori* para escolher uma ou outra. As empresas nas diversas posições estratégicas não competem entre si, embora possam lutar por fatias relativas do valor que cada posição representa. Aconselho gerentes e empreendedores a basearem seu posicionamento não só na avaliação do que aspiram mas também em sua missão, visão e funcionalidades.

Entre as três posições centrais dentro de uma rede coordenada, as estratégias para pontos e planos são relativamente simples. É a marca, a empresa-linha, que tem uma estratégia significativamente diversa num mundo de empresas inteligentes. Além disso, a maioria das empresas que os leitores estão acostumados a criar e analisar são linhas. Portanto, explicarei primeiro a estratégia e as táticas dessa posição.

Participantes-linhas: novas marcas

Como já descrito, a função central do sistema de software Layercake da incubadora Ruhan de *web celebs* é integrar e coordenar as operações em várias fábricas e plataformas da internet. A proposta de valor da Ruhan

136 COMO COMPETEM OS NEGÓCIOS INTELIGENTES

(por meio de *web celebs* como Big-E) é criar, de forma rápida e barata, produtos e serviços, como roupas femininas ou a nova linha de maquiagem de Big-E. A empresa produz esse valor interligando ao negócio diversas funcionalidades e organizando-as num fluxo de trabalho coerente. Esse modelo operacional é a essência da estratégia das empresas-linhas.

A posição da linha constitui a maioria das empresas que os estudiosos estão acostumados a analisar na literatura tradicional sobre administração e que os empreendedores estão acostumados a criar. As empresas-linhas oferecem serviço direto ao cliente, como as tradicionais empresas B2C. Intuitivamente, podemos imaginar um participante-linha como integrador de diversos pontos, formando um modelo de negócio eficiente e em escala. A funcionalidade principal da linha como organização é coordenar diversas funções para criar um produto ou serviço tangível.

O novo participante-linha é diferente do tradicional porque a nova versão recorre intensamente à plataforma para todos os tipos de serviço necessários para a empresa funcionar. Por exemplo, as *web celebs* são linhas que recorrem a plataformas como Taobao ou Weibo para obter muitas funcionalidades fundamentais para seu modelo de negócio. As linhas aproveitam a infraestrutura e outros recursos da plataforma para acessar e coordenar os pontos que constroem a empresa. O novo participante-linha pode fazer isso com muito mais eficiência do que no modelo B2C tradicional, com cadeia de suprimentos fixa de parceiros inalteráveis. Dentro de uma rede de coordenação, as empresas-linhas podem solicitar serviços de quaisquer áreas funcionais por meio de API abertas, sem necessidade de negociação entre empresários. Portanto, trocar o provedor de serviço é muito simples. Além disso, como costumam servir a muitos clientes, esses parceiros externos podem oferecer serviço excelente a custo mais baixo do que os departamentos internos de uma empresa tradicional. Um vendedor típico do Taobao, mesmo os pequenos, costuma se interligar com centenas de parceiros funcionais ou pontos.

O participante-linha tem de decidir a parceria com a plataforma ou plano certo. Os planos que constituem os melhores parceiros oferecem os recursos de que você precisa no presente e trazem a melhor oportunidade de crescimento no futuro. Em outras palavras, o acesso aos recursos certos, e não sua posse, é o que as novas empresas-linhas buscam. As redes abertas oferecem um suprimento rico e diversificado de recursos para construir modelos de negócio. Portanto, como as *web celebs*, as empresas-

-linhas podem crescer depressa, sem se atrapalhar com as restrições de recursos de uma empresa verticalmente integrada. Elas não precisam gastar tempo nem dinheiro para construir internamente essas funcionalidades.

Muitos observadores ocidentais do comércio eletrônico chinês cometem o erro fundamental de entender o Taobao como uma empresa-linha. Eles nos comparam à Amazon e aos sites de marcas on-line, como Burberry, Apple ou GNC. Na verdade, todas essas empresas são linhas em nosso arcabouço. O Taobao, pelo contrário, é um plano. Ele não cria nem projeta mercadorias por si; milhões de vendedores do Taobao o fazem.

Os comerciantes do Taobao são donos de suas marcas e vendem diretamente aos clientes, como fazem as marcas off-line tradicionais. São donos de produtos integrados, responsáveis pela experiência do cliente. Mas os vendedores do Taobao recorrem intensamente aos serviços disponíveis na plataforma. Por exemplo, pouquíssimos desses vendedores administram operações próprias de logística ou têm grandes departamentos internos de software. Em todas as lojas virtuais, com exceção das maiores, esses serviços são caros e complicados demais. Em vez disso, a plataforma interliga esses pontos às linhas que precisam deles. Com o uso dos recursos possibilitado pelas plataformas, os comerciantes das plataformas de comércio eletrônico do Alibaba se tornaram, desde meados dos anos 2000, um dos setores empresariais de crescimento mais rápido na China. Combinadas ao acesso direto a milhões de clientes, recursos baratos de marketing (principalmente nos primeiros dias) e capacidade cada vez maior de análise de dados, essas marcas novas gozaram de forte vantagem competitiva.

Conforme o Taobao evoluía, um grupo forte de novas marcas surgiu na internet, por volta de 2010. Aparentemente, esses vendedores surgiram do nada. Chegou primeiro no setor de vestuário, a maior e mais forte categoria do Taobao, exemplificada por marcas como Inman e HSTYLE.[3] Depois, vieram vendedores de outras categorias. Impressionados com o surgimento dessas marcas apenas on-line, nós as apelidamos de marcas Tao e começamos a criar submercados e serviços especializados para elas. (O Taobao Mall, depois Tmall, começou em grande parte devido a essas marcas Tao.)

Essas marcas obtiveram resultado espantoso: dezenas chegaram a um bilhão de RMB (cerca de 150 milhões de dólares) em vendas anuais entre 2010 e 2018, e muitas agora estão abrindo seu capital. No mesmo período, muitas marcas off-line estabelecidas enfrentaram bastante dificuldade

138 COMO COMPETEM OS NEGÓCIOS INTELIGENTES

para sobreviver ao massacre do varejo on-line e mais ainda para entrar no mundo do varejo on-line. Por volta de 2011, incentivados pelo rápido êxito e empurrados por capitalistas de risco, o primeiro grupo de vendedores de sucesso do Taobao começou a *chu tao*, ou "sair do Taobao". Enquanto a onda do *chu tao* se espalhava pelo setor, marcas e mais marcas criaram sites B2C independentes para evitar a dependência do tráfego oferecido pela plataforma. No final, quase todos fracassaram, e a maioria retornou às plataformas do Alibaba. As marcas Tao perceberam que é impossível para uma B2C pequena reproduzir as vantagens oferecidas por um plano. Na prática, para criar um portal on-line da marca que seja totalmente independente, a empresa precisa construir tudo a partir do nada, além de fazer o trabalho difícil de criar notoriedade e confiança do consumidor. É muito melhor aproveitar recursos existentes.

O vendaval da destruição criativa é forte no mercado chinês. Novas empresas-linhas surgem constantemente, como as *web celebs* que usam com eficácia diversas plataformas. Big-E e a Ruhan usam o Weibo para o marketing, o Taobao para o comércio eletrônico e um conjunto crescente de redes distribuídas de fabricação flexível. Em nossa terminologia, cada uma dessas plataformas (Weibo, Taobao e redes de fabricação) é um plano que contribui com recursos e funcionalidades para o negócio das *web celebs*. Ao construir suas empresas sobre esses planos, as *web celebs* conseguem permanecer flexíveis, leves em patrimônio, extremamente escaláveis e muito lucrativas. Embora a maioria das marcas de *web celebs* ainda não seja forte a ponto de concorrer diretamente com marcas de *fast fashion* como a Zara, o poder de gerações de novos modelos-linhas, desde os primeiros vendedores do Taobao até as marcas Tao e as *web celebs* de hoje, está crescendo rapidamente.

Comparemos o sucesso da marca da *web celeb* Big-E com seu trabalho anterior como modelo. Antes de lançar marca própria, ela era um modelo importante e trabalhava numa das principais revistas de moda da China. Como uma das *top models* do setor, num ano bom ela conseguia uma renda de quase um milhão de RMB (150 mil dólares). Pelo padrão chinês, isso equivale a, pelo menos, um salário de gerente de nível médio.

Hoje, Big-E está num nível completamente diferente. Como força criativa por trás de uma posição de linha, administrando marca própria, ela pode apurar milhões de dólares por ano. Mas as funcionalidades organizacionais necessárias para se tornar essa linha são completamente diferentes das de um modelo (em meu arcabouço, uma posição de ponto). É um desafio significativo para participantes-pontos organizar uma mudança dessas; outras modelos morreram tentando.

A virtude mais importante da posição de linha é a capacidade de aproveitar os efeitos de rede oferecidos pelas empresas-planos. A linha precisa assegurar o acesso a recursos essenciais dentro da rede, mas não precisa realmente possuí-los nem os controlar. Essa abordagem vai contra a teoria administrativa dos livros didáticos, que sugere que a maneira mais eficiente de obter economia de escala é com a integração de recursos e a construção de funcionalidades internas. Essas teorias deixam de lado a importância e o valor dos efeitos de rede e rapidamente se tornarão desatualizadas.

A decisão estratégica mais importante para uma linha é com que plano ou planos fará parceria. Escolha corretamente e terá excelente crescimento futuro, quase independente de sua própria vantagem competitiva. Escolha incorretamente e não haverá vantagem competitiva capaz de trazer prosperidade, porque o setor inteiro está em declínio. A verdade dura e fria da concorrência é que a prosperidade individual só depende parcialmente do esforço individual. A estratégia de linha reconhece implicitamente a conexão muito frouxa entre esforço individual e resultado empresarial. Ela nos estimula a pensar de forma rigorosa e estratégica sobre os parceiros de relacionamento em dimensões diferentes, enquanto competem como um sistema.

Devido à profunda dependência mútua, é preciso entender como funcionam os planos e como a estratégia dos planos também se baseia no sucesso de seus parceiros-linhas.

Participantes-planos: o mercado

Desde 2010, mais ou menos, as empresas mais valiosas do mundo, como Alibaba, Facebook e Google, basearam seus produtos e serviços principais em plataformas. Hoje, a maioria dos empresários aspira a essa posição estratégica. Como indico neste livro, a plataforma é, em grande medida, responsável por facilitar a coordenação em rede e a inteligência de dados. Portanto, as empresas de plataforma são fundamentais para a direção do ecossistema. Além disso, as empresas de plataforma podem ser altamente lucrativas; a posição de plano é capaz de mostrar números muito atraentes nos balanços trimestrais.

140 COMO COMPETEM OS NEGÓCIOS INTELIGENTES

Mas a estratégia de plano traz um risco substancial, sofre de períodos de incubação longos e caros e exige um ato de equilíbrio constante entre o interesse de todos os participantes da plataforma. A lógica econômica subjacente e a dinâmica estratégica do plano são complexas e, muitas vezes, mal-entendidas. Em termos mais sucintos, a empresa-plano se concentra em interligar participantes relacionados a uma atividade empresarial. Mas o que as empresas-planos realmente fazem é capacitar o sucesso das linhas. Essa realização exige a coordenação de grandes grupos de pontos individuais, com vantagem mútua para todos os participantes.

Desde o fim da década de 1980, o mundo dos negócios começou, aos poucos, a conceber grupos e mais grupos de empresas como plataformas: Intel e Microsoft, Yahoo! e Google, Alibaba e eBay e, mais tarde, Facebook, LinkedIn, Tencent e muito mais. Agora "plataforma" se tornou um termo genérico e, no contexto estratégico daqui, vou me referir a essas empresas pelo termo mais específico "plano". Intuitivamente, um plano é uma rede bidimensional na qual as empresas participantes da cadeia de valor podem se interligar.[4]

O que o negócio básico das empresas-planos tem em comum é que elas não vendem produtos e serviços no sentido tradicional. Sua proposta básica de valor é ligar compradores e vendedores (Alibaba), usuários de busca e anúncios (Google), usuários de rede social e informações (Facebook), para citar alguns. Essas empresas obtêm sua vantagem competitiva com a eficiência dessa ligação, geralmente medida pela exatidão e pelo retorno dos produtos publicitários. Essa eficiência na ligação apressa o crescimento das linhas que brotam na plataforma, sejam vendedores no Alibaba, sejam anunciantes no Google ou no Facebook.

Os planos como o Taobao costumam permitir uma aquisição de clientes muito eficaz e em escala devido ao poderoso efeito de rede — mais vendedores atraem mais compradores e vice-versa — e às ferramentas avançadas alimentadas pela inteligência de dados. Principalmente nos primeiros dias, as *web celebs* conseguiram atrair muitos fãs no Weibo e no Taobao graças a uma infraestrutura abrangente para fazer essa ligação. A segmentação melhor dos consumidores das empresas-linhas resulta em maior satisfação do cliente, mais recomendações e maior retenção. Portanto, a renda do plano vem da monetização do processo de fazer essa ligação. Na prática, a ligação é monetizada com publicidade, sistemas de recomendação (com que eficiência se consegue interligar pessoas ou informações) ou comissões (com que eficiência se pode produzir um determinado resultado).

Outro conceito ligado muito intimamente ao modelo de negócio do plano é o do mercado. Os planos são mercados que interligam participantes disparatados que teriam muita dificuldade de se interligar por conta própria; os mercados ajudam os participantes a fazer transações, seja essa transação a venda de produtos concretos, como no Taobao, sejam informações, no caso dos Googles e Facebooks do mundo. A natureza de mercado da empresa-plano explica por que seu produto básico não é um produto por si nem em si. O "produto" de um plano é um mercado, o que exige o desenvolvimento de sistemas e instituições que criem esse mercado e o façam funcionar de forma saudável. Portanto, o trabalho cotidiano das empresas-planos é governar o mercado. Esse trabalho inclui administrar grupos diferentes de usuários, otimizar sistemas e criar regras e instituições, geralmente por meio de projetos tecnológicos.

Considere o relacionamento entre uma *web celeb* e uma empresa-plano. No caso do Weibo, o plano ou plataforma de mídia social interliga as celebridades e seus fãs, o Taobao interliga a *web celeb* a prestadores de serviço de comércio eletrônico e os planos ou plataformas de cadeia de suprimentos que estão surgindo interligam designers e ícones da moda às fábricas. (As *web celebs* também costumam usar as ferramentas publicitárias do Taobao para encontrar mais clientes.) Em todos os casos, o negócio do plano é a conexão. Novas empresas-linhas, como as *web celebs*, podem deixar boa parte do trabalho pesado com os planos e se concentrar simplesmente em ligar os pontos entre os planos. A ajuda considerável dos parceiros-planos cria um modelo de negócio ágil e poderoso.

Os planos bem construídos costumam oferecer mais benefícios por aproveitar a economia de escala em serviços de infraestrutura e os efeitos de rede na distribuição. No caso do Taobao, as várias funções oferecidas pela plataforma — como computação em nuvem, soluções de software SaaS, pagamentos/finanças e logística — competem não só em custo como na qualidade do serviço. O departamento interno de TI típico das empresas de tamanho médio mal consegue equilibrar tarefas de engenharia suficientes para acompanhar os serviços de software abrangentes e de alta qualidade hoje disponíveis nos mercados baseados na nuvem.

Em nossa experiência administrando muitos mercados no Alibaba, meus colegas e eu sabemos que o principal desafio do plano é atrair para

142 COMO COMPETEM OS NEGÓCIOS INTELIGENTES

a rede o máximo possível de participantes relevantes e então capacitá-
-los a crescer e se interligar com outros lhes oferecendo serviços e apoio
institucional. Além de apoiar a meta básica de fazer ligações, o Taobao
também oferece capacidade técnica para suportar um volume torrencial
de transações simultâneas, sem falar de outros serviços do mercado, como
pagamentos com caução, solução de disputas e sistemas de reputação,
para citar alguns. A tarefa central do plano é facilitar a cooperação e a
coordenação entre mercados. Essa tarefa, geralmente, não é simples nem
previsível. Operar um mercado on-line exige muita tentativa e erro e até
uma boa medida de sorte.

A discussão profunda de como construir uma rede ou ecossistema
está fora do alcance deste livro. No entanto, inseri o máximo possível de
ideias no caso do Taobao descrito no Capítulo 2, no Apêndice B e nos
princípios no fim deste capítulo.

Para o Taobao, o resultado inevitável do modelo de negócio do plano
é o surgimento de novos participantes-pontos. Esse resultado faz sentido
econômico: os planos baixam o custo de transação e as barreiras à entrada,
permitindo que pequenos participantes surjam onde antes só empresas
estabelecidas conseguiam existir. No entanto, a imprevisibilidade da gênese de novos pontos torna a estratégia de plano empolgante e difícil ao
mesmo tempo. A empresas-planos têm de ficar atentas às novas oportunidades de pontos e desenvolver rapidamente serviços e infraestrutura que
possam trazer mais pontos para a rede, permitindo que se coordenem com
os outros participantes de forma inteligente.

Participantes-pontos: prestadores de serviço

O Taobao é um plano, mas muitos observadores não avaliam por que é
uma plataforma tão poderosa. O valor do Taobao vai muito além da mera
conexão entre comprador e vendedor. Principalmente para empresas
ágeis como as *web celebs*, o Taobao interliga os comerciantes com muitos
de seus parceiros de negócio, desde fornecedores externos de software
como ERP até a otimização publicitária, permitindo que se coordenem
on-line por meio de tecnologias como a API e outras ferramentas. Na terminologia deste capítulo, esses parceiros são pontos dentro do plano. O
Taobao ajuda as empresas-linhas como as *web celebs* a acessarem esses
pontos, reduzindo a quase zero as barreiras à entrada e incentivando a

participação de recém-chegados ao plano, geralmente pessoas com pouca experiência no varejo. A maneira como novos pontos entram no mercado e trabalham com os participantes-linhas é exatamente o processo de coordenação em rede que detalhei em capítulos anteriores.

A proposta de valor central de um ponto é oferecer uma função ou funcionalidade muito específica e oferecer essa função excepcionalmente bem. Portanto, os pontos competem em qualidade. Por exemplo, no setor de vestuário, eles podem ser designers, modelos, criadores de moldes ou até uma pequena fábrica. Na maioria dos casos, os pontos não oferecem produtos ou serviços completos a consumidores ou clientes. Em nossas discussões estratégicas, geralmente fazemos duas perguntas simples para determinar se uma empresa constitui um ponto em nosso arcabouço de posicionamento: Ela é responsável por mais de uma função dentro de uma cadeia de suprimento? Ela pode desenvolver um produto ou serviço completo para sua clientela? Se a resposta às duas perguntas for "não", a empresa em questão, muito provavelmente, é um ponto. Chamamos essas empresas de pontos porque são o nó mais básico de uma rede empresarial.

Tradicionalmente, as funções dos pontos foram absorvidas por grandes estruturas organizacionais para minimizar o custo de transação. Mas o surgimento da internet reduziu drasticamente o custo de transação e criou mercados para a troca fácil das habilidades dos pontos. Desse modo, desde 2010, mais ou menos, os pontos tiveram crescimento explosivo na China, liberando os indivíduos para se envolver em todo tipo de jeito novo de trabalhar. O Taobao incentiva todos os tipos de prestadores de serviço de software a oferecer SaaS aos vendedores para aumentar bastante sua produtividade. Cada uma das plataformas associadas ao Alibaba, como Ant Financial, Cainiao Network e Alibaba Cloud, atende a um grupo diferente de empresas-pontos, das modelos Tao já discutidas a instituições financeiras, empresas de logística e desenvolvedores de software.

A história do Taobao ilustra quantos papéis novos ou pontos são criados com o tempo quando novos mercados são introduzidos na plataforma. Como descrevi no Capítulo 2, a maioria dos vendedores não conhecia a internet nos primeiros dias do Taobao, e os instrutores que ensinavam a administrar lojas on-line se tornaram muito populares. Eles ganharam um bom dinheiro e chegavam a ser recebidos como heróis quando visitavam cidades diferentes. Por volta de 2007, quando a velocidade da internet disparou, fotos atraentes se tornaram um fator de venda importante no Tao-

144 COMO COMPETEM OS NEGÓCIOS INTELIGENTES

bao. De repente, modelos, fotógrafos e estúdios viram um pico imenso na demanda e na receita. Num piscar de olhos, lançou-se um mercado on-line no Taobao para ligar modelos com diversos tipos de corpo a centenas de milhares de lojas.

Mas a promessa da internet não é apenas liberar os pontos de seu papel rígido e subserviente de engrenagem num aparelho mecânico maior. As empresas inteligentes também criam novos pontos. Sempre que surge um plano novo, também surgem muitas variedades novas de pontos, como demonstra a história do Taobao. Nos Estados Unidos, os exemplos semelhantes são abundantes, desde os compartilhadores de casas do Airbnb aos técnicos e mecânicos do TaskRabbit e aos compradores de mantimentos do Instacart.

Como as propostas de valor dos pontos são bem simples, muitas oportunidades de pontos têm pouquíssima barreira à entrada. Portanto, a posição de ponto é muito adequada para participantes individuais ou empresas pequenas. Mas, pela mesma razão, a concorrência logo pode se tornar feroz. Por exemplo, embora a plataforma para modelos do Taobao tenha sido lançada em 2007, a oferta continuou pequena, e o rendimento das principais modelos Tao teve um pico em 2010. Em 2012, seu preço tinha caído substancialmente, devido às recém-chegadas e à forte concorrência. Essa ascensão e queda velozes podem ser comuns para micro e pequenas empresas. Os mercados geralmente se estabilizam com o tempo; qualidades únicas ou excepcionais distinguirão os concorrentes, ou as habilidades e exigências mudarão, catalisando uma nova organização. É inevitável que alguns pontos evoluam para linhas. Big-E começou como modelo no Taobao, mas se tornou uma construtora de marca de muito sucesso.

Décadas antes que os negócios se realizassem pela internet, os participantes-pontos podiam, teoricamente, ter lucro, mas, na prática, era difícil organizar essas oportunidades. Agora, participantes-pontos como as modelos Tao, os designers ou os engenheiros de software podem aproveitar oportunidades de negócio sem ter de assumir os vários custos e desafios de administrar uma empresa. Esses participantes podem crescer e se tornar lucrativos muito depressa.

Quando levo o conceito dos pontos a palestras e discussões sobre estratégia, a maioria dos empresários se mostra cética ou desdenhosa do potencial do ponto. Num mundo composto por plataformas cada vez maiores, quem quer ser um participante menor num mercado imenso, acotovelando-se para conquistar espaço numa concorrência acirradíssima? Esse é um erro grave de concepção. Para os participantes que sabem aplicar criativamente a flexibilidade e a agilidade da posição de ponto, as oportunidades para pontos individuais são significativas. Na verdade, num ecossistema com crescimento rápido surgem novas oportunidades o tempo todo, e muitas podem ser bem lucrativas. A estratégia básica do participante-ponto é entrar no plano certo na hora certa e capturar o máximo possível do valor criado, mesmo de seus parceiros, pelo maior tempo possível.

Algumas oportunidades para pontos podem ser grandes e sustentáveis, principalmente a nova demanda de serviços essenciais que está surgindo nas plataformas. Participantes-pontos capazes, como os PSI descritos no Capítulo 2, podem aproveitar imensas oportunidades de mercado. Os pontos oferecem serviços complementares importantes e podem crescer muito depressa quando o mercado se expande. Por exemplo, a Baozun, prestadora de serviços variados para o comércio eletrônico, oferece uma suíte de serviços, como desenvolvimento de lojas virtuais, promoção de vendas, TI e gestão logística. Em 2007, seu fundador Qiu Wenbin era distribuidor da Philips Electronics em Xangai quando abriu uma loja on-line no Taobao. Em 2010, ele viu que as grandes marcas estavam migrando rapidamente para a internet, mas lhes faltava experiência sólida de operação on-line. Qiu transformou sua empresa para se concentrar em servir a grandes marcas que abriam lojas no Tmall, um mercado em rápido crescimento. Hoje a empresa serve a mais de 150 grandes marcas, como Microsoft, Samsung e Nike, e expandiu seus serviços para uma série completa de soluções comerciais on-line. Em 2015, a Baozun abriu o capital na bolsa de valores NASDAQ e hoje seu valor de mercado excede os setecentos milhões de dólares.[5]

Interdependência: Como a Vantagem Competitiva É Redefinida

Não importa qual posição sua empresa ocupa na rede; é preciso lembrar que cada estratégia de posicionamento depende das outras posições para ter sucesso. A estratégia de qualquer empresa é definida em termos da atividade de outras empresas. Nenhuma das três estratégias posicionais

146 COMO COMPETEM OS NEGÓCIOS INTELIGENTES

existe no vácuo. As três posições dependem da importância das redes na economia de hoje e, em última análise, são construídas com base em aspectos diferentes dos mesmos efeitos de rede.

Considere outra vez a Ruhan e as *web celebs*, que inicialmente exploraram a infraestrutura e os recursos de comércio eletrônico do Taobao. No nível mais simples, elas escolheram o Taobao porque essa plataforma (ao contrário do Tmall e de outras plataformas de comércio eletrônico) não cobra por transação, uma bênção para marcas on-line de crescimento rápido. Mas a razão mais profunda reflete uma opção estratégica deliberada por parte das *web celebs*. Big-E depende profundamente do Weibo para o marketing em mídias sociais; o Alibaba é investidor da Sina, empresa mãe do Weibo. Em 2014, quando o fenômeno das *web celebs* estava apenas começando, a infraestrutura de comércio eletrônico do Taobao e a infraestrutura de mídia social do Weibo funcionavam praticamente de forma independente. No entanto, o investimento do Alibaba na empresa de mídia social deu aos vendedores razões para esperar mais sinergia entre as plataformas.

E, sem dúvida, em 2016 o Taobao e o Weibo integraram totalmente suas plataformas tecnológicas, permitindo a inserção fácil de links, o compartilhamento de dados e transações para vendedores. Esse trabalho complicado de engenharia beneficiou especialmente as *web celebs*, que puderam executar com mais eficiência as vendas-relâmpago, além de analisar melhor os dados e as métricas nas diversas plataformas. A aposta no futuro crescimento do Taobao deu certo.

Para o vendedor, a escolha entre vender no Taobao/Tmall ou nos concorrentes JD.com e Amazon não é apenas uma questão de qual plataforma oferece melhor cobertura de consumidores. Os vendedores também têm de considerar que plano oferece acesso mais barato aos participantes-pontos, sejam esses pontos fornecedores, sejam provedores de tecnologia ou parceiros de serviço. Até hoje, os vendedores do Taobao têm acesso a mais análises de dados e soluções de software de terceiros do que em todas as outras plataformas de comércio eletrônico da China. (Muitas dessas soluções são oferecidas por participantes-pontos que acessam os dados pela API do Taobao.) Como linha, a Ruhan entende que o Taobao faz um esforço significativo para expandir seus serviços e soluções para os comerciantes. O Taobao também entende que seu serviço é capacitar construtores de marcas como Big-E a crescer depressa.

Pontos, linhas e planos são interdependentes; eles evoluem em conjunto. Os planos funcionam apoiando cada vez mais linhas com eficiência crescente. As linhas funcionam procurando os melhores pontos e combinando-os em serviços que minimizem o custo de transação enquanto obtêm qualidade e economia de escala. Os pontos funcionam encontrando o melhor plano, que, por sua vez, os ajuda a achar a melhor linha. Essa evolução conjunta representa o pensamento comercial em dimensões mais elevadas.

Princípios Estratégicos: Novas Fontes de Vantagem Competitiva

Num mundo cada vez mais dominado por redes inteligentes, pôr os efeitos de rede para trabalhar é a primeira prioridade estratégica dos três tipos de participante. A história do WhatsApp destaca a importância dos efeitos de rede. Foram necessárias somente cinquenta pessoas com poucos recursos físicos e financeiros para construir essa empresa de mensagens em dispositivos móveis, avaliada em 16 bilhões de dólares quando foi comprada pelo Facebook em 2014. O WhatsApp, o Instagram (compartilhamento de fotos) e o Zynga (jogos sociais) cresceram tão depressa porque mobilizaram recursos em redes como a computação em nuvem da Amazon Web Services, a API do Facebook e a busca e publicidade do Google. Com esses planos disponíveis, essas três empresas novas de rede social puderam crescer, apesar dos recursos internos limitadíssimos. Por outro lado, o Facebook adquiriu o WhatsApp e o Instagram porque essas duas empresas poderiam se tornar planos concorrentes.[6]

Num mundo de empresas inteligentes, empreendedores e estrategistas precisam avaliar a rede inteira para decidir como se posicionar e criar valor. Como nos capítulos anteriores sobre dados vivos e C2B, as estratégias de pontos, linhas e planos vão diferir entre os setores e até entre os mercados. Aqui, apresentarei quatro princípios básicos para o posicionamento estratégico.

As posições estratégicas básicas são interdependentes

Corro o risco de exagerar na ênfase, mas quero reforçar que a estratégia e a vantagem competitiva não são mais a única procedência de sua empre-

148 COMO COMPETEM OS NEGÓCIOS INTELIGENTES

sa e suas decisões. Num mundo de empresas inteligentes, não é possível construir modelos de negócio competitivos por conta própria; eles serão superados por concorrentes que aproveitem com mais eficácia os recursos das redes.

Quando considerar sua própria posição, leve em conta, além de suas funcionalidades como organização, quais participantes podem lhe trazer oportunidades a curto prazo e potencial de crescimento a longo prazo. Essa consideração é importante para as empresas-linhas e mais ainda para os participantes-pontos, que geralmente só precisam se conectar ao plano certo. A plataforma os ajudará a fazer o resto.

Como já descrito, o ecossistema é uma rede inteligente composta de pontos, linhas e planos. Cada um desses três participantes tem um papel único e indispensável. Tenha clareza ao diagnosticar as posições presentes e futuras dentro de seu setor e, a partir daí, determine as oportunidades e riscos das diversas escolhas estratégicas no presente.

Seja muito claro sobre quem é seu concorrente

Um dos maiores erros estratégicos cometidos por empresas, principalmente pelas que não estão na internet, é diagnosticar erradamente seu relacionamento competitivo com outras empresas da rede. No arcabouço deste capítulo, as empresas localizadas em dimensões diferentes (ponto, linha ou plano) não concorrem diretamente entre si. É claro que os interesses divergem e surgem atritos, principalmente entre linhas e planos. Mas, em termos estritos, a empresa só compete com o mesmo tipo de participante.

O Alibaba compete com outras plataformas de comércio eletrônico, não com marcas como Big-E e muito menos com participantes-pontos como a Baozun ou qualquer outra fábrica individualmente. As marcas do Taobao concorrem entre si pelo coração e mente dos consumidores, não com o Taobao, que não cria produtos nem serviços.

Embora essa questão pareça simples, na prática é fácil sofrer "escorregões dimensionais", principalmente em linhas com aspiração de virar plataforma. Há muitos exemplos de marcas ou empresas de conteúdo que tentam criar mercados próprios ou portais de mídia na internet. Não é impossível concorrer com participantes de outra dimensão, mas, para isso, a empresa precisa adquirir completamente as funcionalidades da nova dimensão na qual quer operar (veja a Tabela 6-1). Na prática, obter essas funcionalidades costuma exigir investimento significativo, contratações, cirurgias organizacionais e compromisso de tempo.

Seja criativo na construção de novas linhas

Embora as empresas de plataforma sejam complicadas, as estratégias para incubá-las estão ficando relativamente claras. Do mesmo modo, os participantes-pontos raramente precisam recorrer a estratégias intrinsecamente complicadas. Basta aproveitar na hora certa as oportunidades de crescimento. No entanto, a estratégia e as formas organizacionais das empresas-linhas ainda permanecem bastante abertas a discussão e definição, principalmente nas próximas duas décadas de disrupção contínua dos negócios.

No entanto, dois princípios estão ficando claros. Primeiro, as linhas têm as vantagens básicas de serem voltadas para o cliente; são exemplos de C2B. Segundo, por serem voltadas para o cliente, as empresas C2B têm probabilidade de estar embutidas num plano; podem acessar o vasto suprimento de participantes-pontos, muito diferentes mas eficientes, e construir uma rede de coordenação flexível. Estamos assistindo a transformações imensas com o surgimento de novas marcas. Com essas grandes mudanças, as empresas-linhas precisam manter a mente aberta e criativa para sobreviver.

Os planos têm de gerenciar um ecossistema de valor superior

Muitos detalhes das estratégias das empresas de plataforma, ou planos, estão além do alcance deste livro, mas vale a pena destacar uma lição básica. A principal questão estratégica para saber se um plano possui verdadeira vantagem competitiva é se o ecossistema inteiro oferece muito mais valor ao cliente do que as soluções existentes. Essa é uma questão vital, porque muitos planos não competem meramente com outras plataformas. É comum eles competirem diretamente com setores maduros.

Sem valor atraente, revolucionário e extremamente concentrado para o cliente, o plano não sobreviverá ao período longo e difícil de incubação. Como detalha o Apêndice B, o Taobao passou cinco anos inteiros antes de realmente pôr o pé no setor. (Muitos funcionários não acreditavam que o Taobao sobreviveria como empresa até 2008.) O valor extraordinário para o cliente talvez pareça uma meta altíssima a atingir para um plano novo, mas descobri que esse é o principal previsor de sucesso em longo prazo de uma plataforma.

Os planos criam valor incubando empresas-linhas que sejam muito mais eficientes do que seu equivalente tradicional. Em média, o plano (ou, estritamente falando, um ecossistema composto de pontos, linhas e um plano) decola devagar porque precisa assegurar a coordenação fluida entre múltiplos participantes do ecossistema. Todos os participantes do modelo de negócio do plano precisam aprender a trabalhar juntos, o que exige paciência e muitos ajustes. Leva tempo para formar novas linhas lucrativas e tempo para que novos pontos entrem na rede. Isso sem falar do tempo necessário para criar a tecnologia e os mecanismos que estão por trás do mercado. Um ecossistema viável e coerente exige coordenação em rede e inteligência de dados, além de uma mentalidade C2B eficaz. Se estiver decidido a aguentar o longo período de incubação de sua empresa-plano, mantenha-se concentradíssimo em construir as funcionalidades centrais da empresa inteligente.

Consequências do Novo Posicionamento

Um novo arcabouço de posicionamento exige uma mentalidade completamente diferente quanto à estratégia. A nova estratégia de mobilizar recursos disponíveis na rede em vez de possuí-los é imensamente poderosa, mas não pode ser empregada sem uma análise do ecossistema e da posição e da alavancagem da empresa dentro dele. Hoje, todas as empresas, mesmo as que estão completamente off-line, atuam num mundo definido por redes, dados, aprendizado de máquina e algoritmos. Se você ainda não opera num ecossistema, com o tempo operará, e provavelmente muito mais rápido do que pensa.

Até este ponto do livro, discuti as muitas mudanças de estratégia causadas pela empresa inteligente. Mas as empresas não precisam só reorientar suas estratégias. As próprias empresas precisam se transformar e também se tornar inteligentes. Em seguida, tratarei das consequências para as empresas.

PARTE III

COMO FUNCIONAM OS NEGÓCIOS INTELIGENTES

Consequências Organizacionais

Nas duas primeiras partes do livro, discuti o surgimento do que chamo de empresa inteligente e as consequências estratégicas de se tornar uma delas. Para as empresas inteligentes, agora o jogo é de coordenação entre participantes interligados, na qual a inteligência de dados torna todos os participantes mais inteligentes. Nesse ambiente estratégico, as abordagens tradicionais do posicionamento, da tomada de decisões, do planejamento e da satisfação das necessidades do cliente são viradas de cabeça para baixo.

Na Parte III, volto-me para as consequências organizacionais do novo ambiente estratégico. Baseados em meu trabalho e de meus colegas no Alibaba, além de incontáveis conversas com empresários e líderes de empresas grandes e pequenas, esses capítulos mostram que operar como empresa inteligente exige um processo diferente para formular e executar a estratégia. Essas mudanças, por sua vez, exigem um tipo diferente de organização, com diferentes processos, sistemas e papéis da gerência.

CAPÍTULO 7

AUTOAJUSTE

Como Tornar Inteligentes os Processos Estratégicos

Um dos processos organizacionais mais importantes que a empresa inteligente precisa mudar é o modo de formular e implementar a estratégia.[1] Estratégia não significa mais planejamento em longo prazo. Não é nem planejamento em curto prazo. Não é planejamento.

Em termos fundamentais, criar estratégias hoje é um processo fluido e dinâmico, próximo do aprendizado. A abordagem clássica de analisar, planejar e executar é lenta e inflexível demais para o ambiente de hoje. Em vez de planejamento formal, a formulação de estratégias é a iteração rápida e constante entre visão e ação. A experimentação constante cria feedback, que leva a ajustes da visão, que, por sua vez, guia novos experimentos. A estratégia é constantemente atualizada nesse processo iterativo. Com a infraestrutura e a liderança certas, esse processo de experimentação estratégica se torna o centro da empresa inteligente ágil e inovadora.

No planejamento estratégico tradicional, a administração faz concessões entre a exploração como investigação e a exploração como aproveitamento: ambas têm custos que precisam ser geridos. Nos ambientes mais complexos e dinâmicos, as duas formas de exploração têm de acontecer em paralelo e continuamente, sem interrupção para avaliações. Por meio da experimentação estratégica, a empresa tem de absorver constantemente novas informações e testar ideias e processos para ajustar sua estratégia à nova realidade e às novas oportunidades. Felizmente, com tecnologia

156 COMO FUNCIONAM OS NEGÓCIOS INTELIGENTES

e infraestrutura novas, o custo da experimentação baixou drasticamente. Mas é preciso ter a empresa e a estratégia certas para experimentar em grande escala. Sua empresa precisa ser capaz de se ajustar constantemente a novas ideias e mudanças do ambiente em vez de simplesmente administrá-las da maneira tradicional.

Faz muito tempo que aprendizagem e inovação são ideais do desenvolvimento das empresas. Na verdade, a própria expressão "aprendizagem organizacional" existe há cerca de três décadas. Mas, assim como o foco no cliente, a aprendizagem organizacional foi mais exceção do que regra. Os incentivos e limitações inerentes ao modelo da era industrial funcionam contra a aprendizagem. É dificílimo decretar uma cultura de aprendizagem organizacional numa estrutura organizacional hierárquica tradicional, centrada na execução e em minimizar os custos de transação. As forças armadas americanas, por exemplo, entenderam há muito tempo essa limitação e a incapacidade de absorver e atuar com base em conhecimento local e tem se esforçado de várias maneiras para remediar esse problema.[2]

Apesar das novas tecnologias que baixaram drasticamente o custo de coordenação, tornaram imediata a transferência de informações e automatizaram alguns regimes de teste, o planejamento estratégico permaneceu praticamente o mesmo. Os departamentos de planejamento estratégico oferecem opções estratégicas e planos de execução que se baseiam em análise estática, e aí a administração escolhe a estratégia. Esse processo é mal adaptado ao ambiente de hoje. Além de lento e inflexível, o planejamento estratégico tradicional faz pouco uso dos recursos de dados e de aprendizado de máquina dentro e fora da empresa. Essas funcionalidades podem acelerar e amplificar os efeitos da estratégia. Quando datifica todos os aspectos das interações com clientes e das atividades de parceiros, a empresa pode ver em tempo real o resultado de sua experimentação, como nos testes A/B. Em seguida, os algoritmos de aprendizado de máquina podem fazer ajustes automáticos que aumentam a eficiência em todo o sistema, tornando eficiente e até semiautomático o aproveitamento de uma experiência estratégica bem-sucedida.

Os departamentos de planejamento estratégico ou seus sucessores podem agora concentrar seu esforço no desenvolvimento de protótipos criativos de produtos ou processos — o processo de investigação — que alimentará novos experimentos. Chamo esse ciclo estratégico experimental de "autoajuste", numa homenagem explícita ao pensamento do pro-

Autoajuste 157

jeto de algoritmos do Capítulo 3. Aplicar o pensamento do autoajuste à estratégia e até à empresa não é tarefa fácil. Este capítulo mostra como o Alibaba vem fazendo essa transição.

Estratégia Dinâmica: Ajuste Estratégico em Tempo Real

Em 2008, o Alibaba identificou sua estratégia para os próximos dez anos como "promover o desenvolvimento de um ecossistema aberto, colaborativo e próspero de comércio eletrônico". Mas só nos últimos anos começamos a perceber que, ao reagir às mudanças do ambiente externo, a própria empresa teve de evoluir. Não sabíamos o suficiente sobre como seria o futuro dali a alguns anos para planejar para ele. O Alibaba precisou se ajustar e se reajustar constantemente ao ambiente em tempo real, sem que a administração tradicional atrapalhasse.

O autoajuste faz a aprendizagem se tornar o foco central da empresa. O processo de criar a estratégia é gerar, coordenar e modificar experimentos — uma operação extremamente diferente do planejamento tradicional em longo prazo. A empresa busca uma visão coerente do futuro, tanto em metas quanto em execução. Ela implementa essa estratégia fazendo experiências com base nessa visão em toda a empresa. Quando há interseção da visão e do experimento, o sucesso é iminente. No Alibaba, fizemos muito esforço nessa direção, inclusive estudando o que outros pioneiros da internet fizeram. Nossas várias empresas e o crescimento contínuo confirmam nosso sucesso nesses primeiros estágios de experimentação, embora ainda haja muito a ser feito.

O circuito de aprendizagem do autoajuste

Os algoritmos de aprendizado de máquina são uma analogia produtiva para uma empresa que se autoajusta; eles incorporam circuitos de aprendizagem que provocam o autoajuste. No Capítulo 3, discuti de que modo a datificação, os algoritmos iterativos e os produtos inteligentes se combinam nas funcionalidades da inteligência de dados. Graças à inteligência de dados, os produtos de crédito do MYbank aprendem com o comportamento dos tomadores, e a empresa aprimora continuamente suas decisões sobre empréstimos. Os algoritmos da empresa atualizam sem parar

158 COMO FUNCIONAM OS NEGÓCIOS INTELIGENTES

as taxas dos empréstimos de acordo com o feedback sob a forma de dados, como empréstimos aceitos e prazo de pagamento. Os algoritmos do MYbank aprimoram as recomendações com o tempo; a meta é reduzir a taxa total de inadimplência da plataforma como um todo. (Na ciência dos computadores, a meta de otimização de um algoritmo é chamada de "função objetiva".) No Capítulo 3, analisei o produto do MYbank com foco no modo como o trabalho com empréstimos desenvolveu a inteligência de dados. Agora, estenderei a mentalidade básica por trás da inteligência de dados num circuito de feedback maior que as empresas como um todo possam aplicar à formulação estratégica.

Ajustar-se pela experimentação

Os algoritmos de aprendizado de máquina são projetados para gerar, testar e amplificar os resultados favoráveis. Eles peneiram exaustivamente uma série de opções possíveis; no caso do MYbank, essas opções englobam todas as variáveis possíveis que possam afetar o pagamento pelo tomador. Todos esses resultados possíveis representam hipóteses. A taxa de inadimplência estará ligada à hora do dia em que o empréstimo é feito? Esse lote de usuários deixará de pagar? Os algoritmos de aprendizado de máquina realizam experimentos com conjuntos de dados enormes, testando ideias novas e registrando o resultado. Com o crescimento da empresa, a datificação continua e gera mais informações, com as quais os algoritmos podem gerar ainda mais opções e experimentos.

A experimentação não ocorre ao acaso. Os engenheiros projetam os algoritmos para testar economicamente várias opções, minimizando o tempo de busca e o custo da computação. Uma das principais técnicas para economizar experimentação é amplificar o que deu certo no passado e substituir opções menos preferidas por outras diferentes. O nível de experimentação é moderado depois que os sistemas de aprendizado de máquina aprendem cada vez mais sobre os usuários com a interação constante. Os algoritmos do MYbank aprimoram a tolerância de risco do tomador a cada iteração, baixando a taxa de recomendações de produtos gerados aleatoriamente. Então, os algoritmos podem aplicar essas informações a outros experimentos para amplificar o que deu certo.

Quando a experimentação começa a convergir para um resultado, a experiência do cliente começa a melhorar quando o produto adaptável se ajusta. Os serviços de empréstimo do MYbank ficam melhores e mais responsivos conforme crescem. Não é exagero dizer que os sistemas de algoritmos configuram, até certo ponto, a experiência e até o comportamento do usuário, no caso de produtos de inteligência de dados mais complicados, como os sistemas de recomendação do aplicativo do Taobao. Boa parte do prazer do usuário com os sistemas de recomendação vem de encontrar novos produtos e conteúdo que não encontraria de outra maneira. Ser dirigido para uma nova categoria de produtos tanto descobre quanto configura o que o usuário acha interessante e o que procurará em visitas futuras ao mercado.

Visto como um todo, o processo de experimentação dos algoritmos de aprendizado de máquina pode ser chamado de "autoajuste". Essa funcionalidade está embutida no próprio algoritmo. Nenhum analista ou programador precisa interpretar individualmente o feedback do usuário, ajustar manualmente a taxa de investigação, encomendar uma análise ou deliberar qual é a melhor maneira de guiar os usuários para um comportamento ótimo. A inteligência de dados cuida de boa parte do trabalho duro e ajuda as empresas a se ajustarem de forma independente a uma grande variedade de ambientes, principalmente os que mudam o tempo todo. Os serviços de inteligência de dados mais desenvolvidos podem realizar experimentos e fazer ajustes para cada usuário de maneira rápida, maciça e paralela.

Aplicar à Estratégia os Princípios do Autoajuste

Os produtos construídos com base na inteligência de dados são autoajustáveis e se orientam com mínima interferência humana pela paisagem complexa, incerta e em rápida mudança dos desejos e exigências do usuário. Mas esses produtos também anunciam uma nova tendência muitas vezes deixada de lado até pelos que mais conhecem a inteligência artificial. As maiores empresas de internet do mundo, como Facebook, Amazon e, é claro, o Alibaba, estão levando um passo além a mentalidade do autoajuste por trás da inteligência de dados e experimentam de que modo os princípios do autoajuste podem ser aplicados à empresa inteira.

Para imaginar de que modo administrar a empresa como um algoritmo, recorde que os algoritmos de computador não programam a si mesmos. Os seres humanos têm de decidir sua função objetiva, a meta mais importante do algoritmo, e ajustar o modo como o algoritmo prioriza direções diferentes rumo a essa meta. (Por exemplo, a função objetiva do produto do *feed* de notícias do Facebook é uma combinação de receita de publicidade e envolvimento do usuário, medida por métricas como o número de comentários publicados. Ao mudar o peso relativo dessas duas métricas, o Facebook pode fazer compensações eficazes entre renda e experiência do usuário. Retornarei à métrica de metas do Facebook no próximo capítulo.)

Numa empresa, o análogo da função objetiva é a visão: conforme ela mudar com o tempo, o modelo de negócio evoluirá. Como explica o resto deste capítulo, a característica de autoajuste dos algoritmos pode lançar luz sobre o modo de estruturar e administrar empresas inteiras num ambiente de negócio cada vez mais complexo e em rápida mudança. Enquanto monitora coletivamente o ambiente competitivo, o envolvimento do consumidor e os resultados do sistema inteiro, a empresa intervém quando necessário, ajustando infraestrutura, metas e visão para dar forma a um negócio saudável e produtivo. Uma organização assim é construída para a mudança e enfatiza planejamento e experimentação, não a finalização dos planos.

O Ponto de Partida: uma Visão do Futuro

Na maioria das empresas, a visão e o modelo de negócio são eixos fixos em torno dos quais a empresa inteira gira. Eles são elaborados pelo fundador ou fundadores e, quando se mostram bem-sucedidos, raramente mudam. A empresa, em essência, se concentra em concretizar essa visão fixa executando, otimizando e aumentando o modelo de negócio fundador.

Na economia industrial tradicional, a visão ou missão e o modelo de negócio costumavam ser a mesma coisa: construir carros baratos para as massas, interligar o país com ferrovias, fornecer eletricidade etc. A visão ou missão era menos importante quando o futuro era mais previsível. A visão da empresa se tornou cada vez mais importante com a transição para a economia do conhecimento e conforme a mudança econômica e tecnológica se acelerou. A alta administração precisava de um modo de guiar as ações dos funcionários, transmitir metas aos investidores e aplicar o conhecimento institucional a mais mercados e produtos. Portanto, começou-se a elaborar uma visão. Então, foram geradas ideias novas para melhorar as ofertas atuais ou criar novas, enquanto a empresa ainda estava firmemente situada no arcabouço do modelo de negócio e da visão existentes.

Essa abordagem tradicional é claramente autolimitante, não só num mundo de mudança rápida das ofertas e preferências do consumidor como também de vida reduzida das empresas e de envelhecimento acelerado das estratégias e modelos de negócio. Hoje, a visão é o âmago da estratégia da empresa. Ela tem de ser entendida com clareza, descrita com perspicácia e atualizada regularmente para montar uma rede de fornecedores, produtores, parceiros e clientes. A visão determina a direção da evolução da rede inteira. Como o consumidor em primeiro lugar, a visão mudou de algo que é bom ter para algo que, operacionalmente, é obrigatório ter. Ela é a função objetiva da empresa e da rede.

Discutirei missão e visão com mais detalhes no próximo capítulo, mas, por enquanto, é importante explicar a diferença entre os dois termos do modo como o Alibaba os entende. No nível mais alto, visão é o entendimento de como será o mundo no futuro. Ela descreve em que direção as empresas vão evoluir em resposta ao progresso social, econômico e tecnológico. Só com base nesse entendimento, numa paisagem de mudança, a empresa consegue articular sua direção e suas ambições. Portanto, em termos estritos, a visão descreve o que a empresa busca atingir e define o âmbito da investigação. Ela define onde a empresa se encaixa no futuro.

A missão da empresa, por sua vez, é a mudança que a empresa é impelida a provocar no mundo. É a razão de existir da empresa e o toque de clarim com o qual ela atrai talentos e recursos para seu lado. Missão e visão (assim como os valores, que discutirei no próximo capítulo) estão intimamente ligadas e influenciam uma à outra; a visão de como o mundo mudará afetará, necessariamente, de que modo você pode mudar o mundo. Em algumas empresas, missão e visão são tratadas como se fossem a mesma coisa. No entanto, defendo separar as duas para obter um equilíbrio entre uma razão de ser relativamente fixa (missão) e uma noção mutável e improvável do futuro (visão). Em termos práticos, a empresa de sucesso não faz iterações em sua missão do mesmo modo que defendo as iterações entre visão e ação neste capítulo. (A missão do Alibaba, como descreverei no próximo capítulo, permaneceu basicamente constante durante toda a vida da empresa: "facilitar os negócios em qualquer lugar".)

Este capítulo se concentrará na visão e em como melhorá-la constantemente por meio da experimentação. Hoje, como descrevi neste livro, as empresas são apenas um dos participantes de uma rede interligada, inteligente e em evolução. Quem tiver visão do futuro atrairá participantes

162 COMO FUNCIONAM OS NEGÓCIOS INTELIGENTES

para sua rede — os parceiros, fornecedores e consumidores. Quanto mais conexões a visão inspirar, mais recursos o visionário poderá mobilizar. É a única maneira de configurar o futuro à sua volta.

Por que os visionários dominam

Jack Ma, Steve Jobs, Elon Musk e Mark Zuckerberg são todos conhecidos como visionários. Eles têm de inspirar seus funcionários, parceiros e clientes para mobilizar a rede e concretizar sua visão. São evangelistas extrovertidos, como os líderes da GE, da Toyota e da Merck nunca foram. A diferença de comportamento desses dois grupos não é coincidência.

Os líderes empresariais tradicionais não configuram o futuro; eles administram uma máquina. Quando damos aulas na Escola de Empreendedorismo do Alibaba, mostramos um *slide* com dez líderes empresariais e pedimos aos alunos que os identifiquem.[3] Eles identificam facilmente Ma, Musk e Jobs. Transmitir uma visão a muita gente confere um tipo de celebridade e costuma exigir um conjunto de valores e uma missão extremamente individualizados. Mas praticamente ninguém consegue identificar o presidente do Citibank, da Toyota ou da General Electric. Essas empresas não precisam de visionários. Elas precisam de executivos que possam administrar operações. Esses líderes são muito mais intercambiáveis.

Em 2015, John Zimmer, fundador e presidente executivo da Lyft, me explicou que, ao iniciar o serviço de compartilhamento de caronas da empresa, ele se preocupava com sua capacidade de ganhar força. Ao contrário de outros serviços semelhantes, esse tentava interligar vários caroneiros para minimizar o uso dos carros e ser mais ecológico. Mas, sem um monte de caroneiros, os primeiros participantes teriam viagens muito mais longas e poupariam pouco dinheiro. Zimmer ficou chocado com a rapidez com que o serviço cresceu. Muitos clientes tinham a mesma visão que ele e se dispuseram a fazer sacrifícios a curto prazo para que ela se concretizasse. À moda clássica da soma zero, quando o número de clientes aumentou, o serviço ficou mais eficiente e útil.

As *web celebs* descritas na Parte II são construtoras de marcas extremamente bem-sucedidas. Essas empreendedoras demonstram continuamente novas visões de si, de sua aparência e do ambiente. O mais importante é que, apesar de serem apenas indivíduos, as *web celebs* como Big-E

Autoajuste   163

têm uma vasta rede de apoio. Empresas como a Ruhan são visionárias dentro da rede maior e configuram o futuro para si e para suas parceiras, enquanto o setor de vestuário se reorganiza em torno delas.

Reajustar a visão

Uma visão clara configura o futuro e direciona a evolução da rede, mas essa visão precisa incorporar feedback continuamente e evoluir dentro do ambiente maior. Mais do que uma visão estática, a empresa precisa de um processo de visionamento. Com o passar do tempo, a visão tem de ser conferida com a realidade e atualizada.

Numa rede, a fronteira entre organização interna e externa é indistinta. O mais importante, como descrevi no Capítulo 6, é que as estratégias das diversas empresas são interdependentes, principalmente nas plataformas. As informações do ambiente têm de ser absorvidas para reajustar a visão da plataforma. Nesse processo dinâmico, os líderes precisam reconfigurar continuamente seu entendimento do futuro, influenciando assim a forma futura do sistema. Steve Jobs usou os lançamentos de produtos da Apple, sempre eventos espetaculares com um teatro meio constrangido, para exprimir sua visão revisada. É por isso que se chama Macworld; o evento era um modo essencial, mas muitas vezes desdenhado, de Jobs "administrar" o ecossistema da Apple.

O Alibaba exemplifica essa abordagem de revisão. Quando a empresa começou em 1999, a internet chegava a menos de 1% dos mais de um bilhão de cidadãos da China. Embora muitos esperassem que a penetração crescesse, os observadores não podiam prever a natureza exata desse crescimento. Em resposta a essa incerteza, o Alibaba aplicou uma abordagem experimental a nossa visão. Em vez de tratá-la como fato dado, a empresa postulou uma visão fazendo as melhores suposições de trabalho sobre o futuro e usando todas as informações disponíveis. Permanecemos transparentes quanto a essa abordagem. Enquanto o mercado evoluía e novas realidades surgiam, a administração reavaliou regular e profundamente sua visão, conferindo a intuição com a realidade e modificando as metas da empresa quando adequado.

Nos primeiros anos, o Alibaba voltou seus esforços para se tornar, nas palavras da empresa, "uma empresa de comércio eletrônico a serviço das pequenas empresas exportadoras da China". Esse objetivo levou

164 COMO FUNCIONAM OS NEGÓCIOS INTELIGENTES

ao foco inicial no Alibaba.com, que criou uma plataforma para fabricantes chineses venderem no mercado internacional. No entanto, o mercado continuava a evoluir, e o mesmo aconteceu com a visão da empresa. Com o crescimento explosivo do consumo doméstico chinês, Jack Ma viu a oportunidade de expandir nossas ofertas de comércio eletrônico além das empresas exportadoras da China para incluir os consumidores do país. O resultado foi o lançamento do Taobao em 2003. No entanto, o Alibaba logo percebeu que os consumidores chineses precisavam de mais do que apenas um mercado para comprar e vender. Eles precisavam de mais confiança nas compras pela internet e a garantia de que seus pagamentos eram seguros. Na época, não havia cartões de crédito na China. Em consequência, em 2004 o Taobao expandiu seu alcance com o Alipay, que se tornou um sucesso desenfreado e apressou muitíssimo a penetração do comércio eletrônico em todo o país.

Nós, no Alibaba, não fomos os únicos a criar serviços para facilitar o mercado. Como descrito no Capítulo 2, outras empresas de prestação de serviços, como as modelos e os construtores de lojas virtuais, entraram no mercado crescente. Com base nessa evolução, o Alibaba expandiu sua visão em 2008: "Promover o desenvolvimento de um ecossistema de comércio eletrônico aberto, colaborativo e próspero." A empresa começou a oferecer mais serviços de infraestrutura, como computação em nuvem, finanças e logística. Com o surgimento rápido da internet móvel, o Alibaba fez nossa visão evoluir ainda mais para a versão atual: "Visamos a construir a futura infraestrutura do comércio. Prevemos que nossos clientes se encontrarão, trabalharão e viverão no Alibaba e que seremos uma empresa para durar pelo menos 102 anos." Observe que abandonamos deliberadamente o "eletrônico" do comércio para refletir a crença de Jack Ma de que todos os negócios se tornarão negócios eletrônicos. (Veja muito mais detalhes sobre as escolhas estratégicas da história do Taobao nos Apêndices A e B.)

Muita gente de fora vê nossas declarações de visão como exercícios de relações públicas que ajudam o mundo a entender a empresa e não como descrições reais de nosso modelo de negócio. Nada estaria mais longe da verdade. Em evolução, a visão do Alibaba reflete o entendimento de nossa alta administração sobre o futuro do comércio e o lugar da empresa na construção desse futuro. Só com a visão atual articulada nossa empresa e a rede inteira podem começar a se mover rumo a esse futuro.

Estratégia dinâmica: planejamento, não planos

Assim como o substantivo estático *visão* se flexiona no verbo ativo *visionar*, o processo estratégico deve enfatizar a dinâmica. A questão é o planejamento, não a elaboração do plano.

Em muitas empresas, planos fixos e detalhados formam o centro da estratégia. No caso do Alibaba, as mudanças rápidas da tecnologia, a mudança das expectativas do consumidor na China e no exterior e a incerteza regulatória tornam dificílimo prever ou planejar para o futuro. Em resposta, passamos o foco convencional dos planos para um processo contínuo de planejamento. Em vez de um plano elaborado e executado meticulosamente, o Alibaba reajusta o tempo todo a estratégia de acordo com a mudança das circunstâncias, de maneira muito descentralizada.

Dentro da empresa, há um ciclo anual normal de planejamento, com algumas iterações entre líderes de unidades de negócio e a equipe da alta administração no terceiro e quarto trimestres de cada ano. No entanto, os líderes reconhecem e esperam que essa direção seja apenas um ponto de partida e que mudará. Em meu papel de guiar a equipe de estratégia há quase uma década, nunca escrevi um plano estratégico formal para a empresa. Mas, todo ano, temos uma apresentação de dez páginas que resume os pontos principais de nosso entendimento estratégico. Essa apresentação costuma ser revista e alterada, se necessário, sempre que discutimos questões empresariais importantes.

Lembro-me de uma discussão animada numa reunião da alta administração em certo dia de abril de 2012. Chegamos a um consenso sobre a importância dos dados no futuro e concordamos que o Alibaba deveria de tornar a principal plataforma de compartilhamento de dados. Naquele mesmo dia, havia uma reunião marcada com gerentes intermediários do Alibaba. Jack Ma me pediu que resumisse a discussão da manhã durante o almoço e apresentasse as novas ideias como nosso novo "plano" a todo o grupo naquela mesma tarde. Para as empresas acostumadas a passar vários meses criando um plano de três ou cinco anos, essa mentalidade pode parecer um tanto heterodoxo. Para nós, é normal e esperada.

Além disso, essas iterações rápidas de estratégia acontecem em todos os níveis da empresa. Sempre que vê uma mudança importante ou uma nova oportunidade no mercado, qualquer líder pode iniciar o que chamamos, internamente, de reunião de cocriação (*gong chuang*). Chama-se co-

166 COMO FUNCIONAM OS NEGÓCIOS INTELIGENTES

criação porque os funcionários do Alibaba, inclusive os líderes mais altos da empresa e os principais implementadores, desenvolvem em conjunto novas direções com os clientes.

Cocriação

A cocriação, iniciada tipicamente com um dia inteiro de trabalho no Alibaba, envolve quatro passos. Primeiro, estabelecemos a "verdade básica": identificamos e delineamos sinais de mudança baseados em dados do mercado ou ideias dos clientes ou dos funcionários. Além disso, asseguramos que as pessoas certas estejam na reunião e tenham a dinâmica apropriada para trabalharem juntas rumo a uma solução.

Segundo, tentamos conhecer o usuário e sua situação atual com o máximo de profundidade possível. Nesse passo, os participantes mergulham fundo no ponto de vista do comerciante ou consumidor para entender a evolução de suas necessidades ou de seus descontentamentos e encontrar possíveis soluções. Por exemplo, numa reunião recente de cocriação de uma unidade de negócio, o Alibaba escolheu cinco consumidores para participarem da reunião e dividiu o pessoal em equipes menores para que cada uma trabalhasse com um consumidor para entender seus pontos de insatisfação. As equipes, então, apresentaram relatórios para o grupo maior duas vezes — uma com o usuário presente, para garantir que as questões tinham sido compreendidas corretamente, e outra sem o usuário para avançar num nível mais profundo de análise e desenvolvimento de soluções.

Terceiro, baseamos um plano de ação no resultado das discussões. Os planos de ação têm de identificar um líder que possa defender a questão ou a oportunidade, a equipe ou as equipes de apoio que porão as ações em andamento e o mecanismo para fazer o trabalho. O mecanismo envolve, no mínimo, os processos de comunicação, a métrica para avaliar o progresso e o cronograma de execução, para que a equipe possa alinhar seus esforços. Com frequência, esse terceiro passo exige mais tempo e esforço, porque os planos de ação são realmente fundamentais para assegurar que as ideias se traduzam em realidade. Descobrir quem é o encarregado de fazer o plano de ação acontecer é um processo complicado e turbulento, mas as equipes precisam fazer o trabalho duro para obter resultados.

O quarto e último passo da cocriação é o feedback dos usuários. As equipes devem embutir feedbacks regulares em seus processos de desenvolvimento. Em avaliações mensais ou bimestrais no Alibaba, as equipes apresentam as reações dos usuários a projetos, protótipos ou conceitos em evolução para assegurar que a execução atenda à expectativa do mercado.

Em conjunto, os passos da cocriação destacam a dimensão iterativa e distribuída do autoajuste. As unidades de negócio podem iniciar sessões de cocriação quando veem um estímulo relevante no mercado, sem nenhuma ordem nem supervisão central. Ao criar um fórum para a troca regular com clientes e interessados dentro da empresa, o Alibaba evolui com o mercado e faz uso ótimo do conhecimento local. Com efeito, a alta administração abre mão de um certo grau de controle para permitir que a empresa se adapte organicamente ao ambiente externo. Dessa maneira, as empresas autoajustadas deixam mais espaço para produtos e até modelos de negócio sejam puxados pelo mercado, em vez de empurrados por decisões tomadas de cima para baixo. Todo esse esforço também contribui para a atualização contínua da visão ou estratégia no nível superior enquanto a tomada de decisões e suas repercussões vão "pingando para cima" dentro da empresa.

Em resumo, há três pontos principais no processo de formação de estratégia das empresas inteligentes. Primeiro, a visão é fundamental. Segundo, as empresas inteligentes reajustam constantemente suas visões. Terceiro, nas empresas inteligentes, a formulação de estratégias é dinâmica; trata-se de planejamento e não de planos estáticos. O que substitui a formulação tradicional de estratégias na empresa inteligente é a iteração por meio da experimentação.

Aplicar os Princípios do Autoajuste aos Modelos de Negócio

Quando a visão e os planos estratégicos não são mais pontos fixos, mas processos dinâmicos, o modelo de negócio também se torna um deles. Na verdade, o modelo de negócio como um todo é a arena de experimentação mais importante.

Fazer experiências com o modelo de negócio

Os capítulos anteriores discutiram muitos exemplos que mostram por que o ecossistema do Alibaba é muito mais do que varejo no sentido tradicional e inclui desde plataformas de comércio eletrônico (Taobao, Tmall) até

168 COMO FUNCIONAM OS NEGÓCIOS INTELIGENTES

pagamentos e finanças (Ant Financial), computação em nuvem (Alibaba Cloud) e logística (Cainiao Network). (Ver no Apêndice A mais detalhes sobre essas empresas.)

Para obter tanto fôlego e profundidade, tivemos de nos comprometer desde o princípio com a experimentação no modelo de negócio. A decisão, em 2003, de nos aventurarmos além do negócio central B2B e criar o Taobao — quatro anos apenas depois da fundação da empresa — foi acirradamente debatida internamente. O eBay, um rival formidável, já entrara no mercado chinês com muita fanfarra, mas, para a equipe de líderes, a empresa de sede americana parecia operar, em vários aspectos, fora do compasso do mercado chinês. No entanto, o Alibaba não abriu mão de explorar nosso florescente negócio B2B. Para minimizar a drenagem a jusante, a administração criou uma empresa nova com financiamento separado. (Na verdade, o Taobao era uma *joint venture* meio a meio entre o Alibaba e o Softbank.) A equipe do Taobao passou seus primeiros dias num apartamento, totalmente separada dos escritórios do Alibaba, e experimentou o quanto quis. Ao isolar o novo empreendimento e seus funcionários, Jack foi mais fundo na experimentação.

Em cada conjuntura de seu crescimento e evolução, o Alibaba gerou novas opções de modelo de negócio e testou as possibilidades deixando-as funcionar como unidades separadas. As mais promissoras então cresciam. Em 2006, ao ver o desenvolvimento de duas novas tendências, B2C e SaaS (*software-as-a-service* ou software como serviço), abrimos duas novas unidades de negócio para fazer experiências nesses espaços. O Taobao Mall, que, depois de algumas iterações do modelo de negócio, se tornou Tmall, hoje é uma parte importante do portfólio do grupo. Por outro lado, a Ali-Soft, que tentou surfar na onda SaaS, entrou no mercado cedo demais e não conseguiu encontrar um aplicativo definitivo com clientes suficientes. A empresa foi fechada em 2009.

Concentrar-se na investigação

Outro motor do sucesso do Alibaba tem sido a opção deliberada de continuar fazendo experiências com o modelo de negócio em resposta ao ambiente. Em vez de se contentar em passar ao aproveitamento depois que o modelo de negócio amadurecesse, o Alibaba continua a se dedicar à investigação conforme surgem novas condições.

Por exemplo, o Taobao atingiu mais de 80% de participação no comércio eletrônico da China apenas quatro anos depois de criado e se tornou um fenômeno nacional em 2011. Muitos veriam essa posição de liderança como sinal de validação do mercado e se concentrariam em otimizar e defender o modelo de sucesso. Em vez disso, vimos o crescimento ainda incessante da população chinesa na internet e a sofisticação cada vez maior de consumidores e varejistas como sinal de maior incerteza do mercado e de risco para nosso modelo atual. É aí que entra o juízo humano. Decidir quanto continuar investigando e quando passar para o puro aproveitamento definirá a cultura e o sucesso de muitas empresas.

Para o Alibaba, os líderes tendiam a realizar mais experimentos e correr mais riscos. Mais uma vez, houve um acirrado debate interno sobre a direção a tomar e que modelo de negócio construir. Em vez de tomar uma decisão simples de cima para baixo, fizemos um experimento ousado: deixar o mercado escolher os futuros vencedores. Em 2011, a Alibaba dividiu a bem-sucedida empresa Taobao em três unidades de negócio independentes e concorrentes. Efetivamente, cada unidade faria uma aposta diferente no futuro do comércio eletrônico na China. O Taobao se concentraria em marcas menores e no mercado de consumidor para consumidor (C2C); o Tmall, nas marcas maiores e no mercado B2C; e o Etao, uma nova unidade de negócio, se concentraria na busca de produtos, agregando informações de diversos mercados e plataformas.

Aumentar a experimentação no ápice do sucesso vai contra a sabedoria administrativa estabelecida, mas, para o Alibaba, era um passo necessário para evitar a rigidez e criar continuamente opções num mercado de comércio eletrônico em rápida evolução. No início de 2013, o Tmall conquistou a liderança na concorrência feroz do mercado B2C — um experimento de sucesso. O Taobao mantém sua posição dominante no mercado C2C e deu origem a empresas C2B inovadoras, como as *web celebs* — outro experimento de sucesso. A busca de produtos, por outro lado, mostrou que não era o futuro, e o Etao se tornou um produto de nicho.

É óbvio que essa experimentação tem um custo financeiro e organizacional elevado. Lembro-me da tremenda pressão que enfrentamos quando dividimos o Taobao em três unidades. Foi dificílimo dizer aos funcionários que, embora concorressem entre si no mercado, eles também pertenciam à mesma empresa. Mas ser claro e direto sobre o que fazíamos também era muito importante. Os funcionários precisavam saber que

170 COMO FUNCIONAM OS NEGÓCIOS INTELIGENTES

o experimento estava ocorrendo e o que tentávamos aprender. Discernir os motores reais do desenvolvimento de cada empresa também é muito difícil. O tempo gasto criando, comunicando e deixando as empresas saírem no tapa pode ter sido pouco eficiente, mas o custo valeu a pena. Num ambiente em rápida mudança, obter a visão certa do futuro e assegurar o bom encaixe entre sua estratégia e o ambiente em evolução são os objetivos mais importantes. O significativo investimento em experimentação realmente compensa o custo e o risco. Para o Alibaba, nossos experimentos deixaram clara a direção do comércio eletrônico na China e continuaram oferecendo os recursos que alimentaram o crescimento do Taobao e do Tmall, como exemplificado por nosso sucesso estonteante no Dia dos Solteiros.

De volta à visão

Por meio da experimentação com modelos de negócio, o Alibaba não chegou apenas a uma visão mais clara do ambiente dinâmico em que operamos. Nossa visão configurou profundamente a evolução desse ambiente.

Nas empresas inteligentes, a liderança e a empresa como um todo deveriam ser estruturadas para experimentar e relatar resultados, mesmo os malsucedidos ou com consequências imprevistas. A empresa deve estar minuciosamente afinada com sua rede e seu mercado. A visão, a função objetiva do "algoritmo" que é a empresa, talvez precise ser recalibrada, melhorada ou completamente alterada. As visões, assim como os algoritmos, precisam ser guiadas e modificadas por inquirições humanas constantes para assegurar que tanto os clientes quanto o ecossistema como um todo evoluam de modo saudável. Recorde que, no Capítulo 4, o Alibaba continuou ajustando seus algoritmos de busca para promover um mercado equilibrado e robusto para compradores e vendedores, e que nosso produto de recomendação mudou depois da transição para os dispositivos móveis em 2013.

Conforme nossa visão de futuro mudava, nossas plataformas estabeleceram a direção do setor de comércio eletrônico da China. De um mercado com padrão mais alto no Taobao, o Tmall evoluiu para o ponto de entrada na China das marcas globais do mundo, por meio do Tmall Global. O Taobao avançou muito desde sua origem de brechó digital; hoje, ele permite que os consumidores comprem coisas inimagináveis e incuba empresas extremamente inovadoras, como as *web celebs*. Ao mesmo tempo, os modelos de capacitação de negócios do Alibaba, como a Ant Financial nas finanças e a Cainiao Network na logística, estabeleceram novas expectativas de segurança e computação on-line e off-line. Hoje, nossa dominância resulta da melhora constante de nossa visão e de ousar permitir que nossas empresas capitalizem uma visão nova e aprimorada do futuro.

O Fundamento como Cultura de Busca de Mudanças

Diante de disrupção e flutuações do mercado que reconfiguram regularmente a paisagem, a empresa com uma estratégia de autoajuste deixa de lado a ideia de visão e modelo de negócio fixos. Em vez disso, ela recalibra regularmente todos os seus componentes de acordo com o ambiente, experimentando de forma contínua na empresa toda. A meta é que a visão comece a convergir por meio de um processo de ação e recalibragem — em outras palavras, autoajuste. Portanto, o autoajuste significa que a empresa está sempre aprendendo e inovando. Em consequência, a mudança é o resultado natural e uma característica essencial da empresa.

Estabelecer expectativas desde o começo

Com todo esse reajuste e experimentação, é fundamental uma cultura que, além de facilitar, até incentive a mudança. As reações à mudança dependem muito da mentalidade da empresa. No Alibaba, a adoção da mudança está embutida no DNA. A empresa criou uma linguagem e uma expectativa de mudança em seus seis valores básicos, um deles sendo, exatamente, "abraçar a mudança". Jack Ma enfatiza regularmente esse tema em sua comunicação com os funcionários, assim como o resto da equipe de liderança. Os líderes são absolutamente abertos com os funcionários a respeito de prever mudanças e adaptações em todos os níveis, desde o dia em que os funcionários novos entram na empresa.

Com a criação da expectativa de mudança, os funcionários do Alibaba passaram a vê-la como parte comum dos negócios. "Se não mudou de chefe cinco vezes por ano, você não sabe o que é mudança de verdade", diz um adágio bem conhecido. O cliente em primeiro lugar é o primeiro dos seis valores centrais do Alibaba. Como as necessidades do cliente são um alvo em movimento, é preciso mudar para satisfazê-las. Senão, você será simplesmente varrido pela concorrência. "Estar preparado para a mudança", enfatiza Jack Ma, "é o melhor plano". É preciso evoluir com o

172   COMO FUNCIONAM OS NEGÓCIOS INTELIGENTES

ambiente externo, por mais depressa que tenha de ser, e a mudança deve estar embutida na cultura da empresa.

Para construir essa cultura, você precisa das pessoas certas. Uma consideração fundamental nas decisões de contratação do Alibaba é a disposição de mudar do candidato. A experiência mostrou que apenas a habilidade técnica não é uma métrica suficiente para identificar o talento certo. Em vez disso, ao avaliar os candidatos, os entrevistadores perguntam regularmente qual a maior mudança que o candidato vivenciou e como lidou com ela. Dessa maneira, o Alibaba só traz a bordo novos funcionários que se disponham a mudar e sejam capazes disso. Tratarei dessa questão com detalhes no capítulo seguinte.

Institucionalizar a mudança

A mudança organizacional tem de ser institucionalizada e normalizada. Para ser boa na mudança, a empresa tem de praticá-la com regularidade. Tradicionalmente, a mudança organizacional se realiza com transformações grandes, mas infrequentes. No entanto, quando se ajusta regularmente ao ambiente externo, a empresa tem menos necessidade de reformas arriscadas feitas todas de uma vez.

Um exemplo extremo ocorreu em 2010, quando o Alibaba experimentou um programa de rodízio de seus vinte e dois principais gerentes de alto nível na empresa inteira. Embora os programas de rodízio não sejam incomuns nos níveis inferiores, o Alibaba concentrou seu programa nos níveis mais elevados de cada unidade de negócio (isto é, trocou de cargo todos os líderes, com exceção da presidência e da alta diretoria). Houve alguma preocupação com o potencial do programa de pôr em risco a continuidade das operações. No entanto, o programa teve bastante sucesso, porque exigiu dos gerentes que institucionalizassem e transferissem conhecimento aos colegas em transição, prevenindo a formação de silos e o pensamento provinciano. Além de ajudar a desenvolver ainda mais as habilidades dos mais talentosos, o programa também demonstrou, em toda a empresa, o compromisso dos líderes com a flexibilidade organizacional. Hoje, todo ano o Alibaba faz um programa regular de rodízio de uma parte dos líderes mais importantes.

O Alibaba se concentra continuamente no desenvolvimento e na manutenção de uma flexibilidade organizacional que acompanha o ambiente, ainda mais porque a empresa continua a crescer. Como Ma explicou muitas vezes em reuniões internas, "estratégia e organização andam de mãos dadas. Todo ano, mudamos a estrutura organizacional em conjunto com as mudanças de estratégia."

Mencionei acima que, em 2011, o Taobao foi dividido em três unidades de negócio. Dois meses depois, o grupo inteiro foi dividido primeiro em sete unidades de negócio e depois, nos sessenta dias seguintes, em vinte e cinco unidades de negócio. O objetivo era tornar a empresa como um todo o mais ágil possível, para que cada unidade de negócio pudesse se mover depressa por conta própria. Extraordinariamente, depois de três grandes reorganizações, cada unidade de negócio terminou em três meses sua estratégia, seu planejamento anual e seu processo orçamentário. Então, no fim de 2013, o Alibaba lançou uma iniciativa "tudo no celular" para se tornar uma empresa *mobile first*, ou seja, que dá prioridade aos dispositivos móveis. Além da reorganização normal, a empresa convocou 5% dos engenheiros de todas as unidades de negócio — em geral, os melhores — e os transferiu para a iniciativa móvel. Embora houvesse dores de crescimento, a maioria dos funcionários entendeu que essas mudanças representavam um esforço consciente por parte da empresa de se adaptar ao ambiente e se preparar para o futuro. Tudo isso seria impossível sem uma cultura que adotasse a mudança.

Muita gente fala de experimentação, inovação e mudança organizacional, mas o custo é simplesmente proibitivo. Empresas da internet como o Alibaba podem fazer isso porque construíram a cultura e a infraestrutura certas. Vou tratar da cultura e da infraestrutura no próximo capítulo.

A Empresa Flexível

Em conjunto, a cultura transparente de mudança e a estrutura organizacional flexível têm papel importante na configuração da percepção dos funcionários de como deveria ser a empresa. A ideia predominante de que as empresas deveriam ser estruturas estáveis e fixas, com linhas de responsabilidade claras, é produto de um ambiente estável e previsível. Por enfrentar uma paisagem muito mais dinâmica e incerta, o Alibaba se preparou para evoluir rapidamente: fez da mudança uma parte normal da empresa para os funcionários e deu clareza e infraestrutura para apoiá-la.

174 COMO FUNCIONAM OS NEGÓCIOS INTELIGENTES

Portanto, nossa empresa adotou aos poucos o *ethos* do autoajuste. Trabalhamos para aplicar uma abordagem evolutiva a todos os níveis da empresa. A visão, o modelo de negócio e até nossa estrutura organizacional são regularmente recalibrados de acordo com o ambiente por meio da experimentação. Em termos mais fundamentais, nosso processo de aprendizagem não ocorre numa cadeia deliberativa de cima para baixo. Ele se espalha por toda a empresa e se autodirige. A empresa não é mais vista como um meio de amplificar e transmitir em cascata as intenções dos líderes. As informações, sejam contribuições dos usuários, mudanças ambientais ou respostas eficazes ou ineficazes, fluem livremente pela empresa e cada participante pode responder. Com a visão articulada pelos líderes servindo de polo magnético, a empresa se move de forma orgânica.

Em conjunto, o foco na investigação, na experimentação e na iteração em toda a empresa obriga que organização e administração sejam reconceituadas. A empresa se torna uma máquina coletiva de iteração contínua, como um enorme algoritmo cuja função objetiva sejam as necessidades do cliente. A máquina se envolve com seu ambiente, seus parceiros e seus clientes e obtém rico feedback, que usa para azeitar ainda mais as engrenagens e funcionar com mais eficácia. A administração não diz à máquina o que fazer; ela meramente garante que tudo funcione suavemente.

Se os administradores não dirigem nem controlam mais e a empresa se autoajusta, qual é o papel da administração numa empresa inteligente? Como a empresa deveria ser e como os administradores deveriam projetar sua organização? Trataremos desses tópicos no próximo capítulo.

CAPÍTULO 8

DA GESTÃO À CAPACITAÇÃO

Como Reorganizar a Empresa

Quando os computadores conseguem, melhor do que os seres humanos, fazer o trabalho de obtenção de conhecimento, rotineiro mas com uso intensivo de energia, e a rede pode coordenar as repostas eficazes às exigências do consumidor, o que fazem as empresas? É claro que a empresa inteligente — suas operações, algoritmos e produtos — tem de ser projetada por seres humanos. Mas, assim que esses elementos estiverem funcionando, as máquinas podem fazer o trabalho pesado. No entanto, os computadores não podem criar novos produtos e serviços, muito menos se envolver na experimentação visionária do capítulo anterior. Inovação e criatividade são as contribuições humanas fundamentais que mantêm a empresa crescendo e prosperando. As empresas do futuro se concentração na inovação contínua. Elas irão além dos cálculos de computador para intuir as necessidades do cliente. Em resposta à nova tecnologia, as pessoas da empresa criam produtos e serviços originais ou reimaginam as ofertas existentes que serão ainda mais eficazes para seres humanos.

Na era industrial, as empresas visavam a melhorar a eficiência da utilização de recursos. Na era do conhecimento, elas otimizaram o uso e a gestão desse conhecimento. Agora, na nova era da empresa inteligente, a meta é melhorar a eficiência da inovação baseada nas ideias e na criatividade humanas. O novo jogo é o nível de sucesso da inovação em si.

176 COMO FUNCIONAM OS NEGÓCIOS INTELIGENTES

Pense nisso um minuto. Há algum tempo, as empresas vêm falando de se tornarem mais inovadoras. No entanto, hoje enfrentamos um imperativo de inovação que exige das empresas que criem inovações vencedoras de forma rápida, coerente e contínua. Para atender a esse imperativo, a empresa tem de se afastar acentuadamente da teoria e da prática tradicionais da administração.

Desde Frederick Winslow Taylor e da ideia da administração científica, o serviço dos administradores era saber exatamente o que os trabalhadores deveriam fazer. Os gerentes precisavam preparar e motivar os trabalhadores e assegurar que fizessem o serviço com a máxima eficiência possível. Tudo era planejamento e controle. Não mais.

Em 2013, quando o Alibaba percebeu que tinha de se transformar numa empresa de internet móvel — a decisão "tudo ou nada" descrita no Capítulo 4 —, a transformação foi uma tarefa imensa que não poderia ser planejada nem controlada. Não era apenas o desafio da reengenharia de software para operar os serviços do Alibaba em dispositivos móveis. A empresa inteira teve de ser reinventada. O que funcionava num site da internet talvez não se adequasse ao mercado móvel; o software baseado em sites certamente não aproveitava as novas oportunidades oferecidas pelos dispositivos móveis. Embora pudessem ver os contornos do futuro, os líderes da empresa não conseguiriam prever com facilidade e exatidão seus detalhes nem direcionar seu desenvolvimento. Eles enfrentaram a tarefa difícil, mas essencial de mobilizar a empresa inteira para inovar rapidamente e descobrir o que os mercados queriam.

Faltava aos líderes do Alibaba o mapa para chegar ao sucesso no ambiente móvel. No entanto, a experiência de nossa empresa na criação de um setor de varejo on-line e, mais tarde, a operação de logística indicaram um caminho. Nesses casos, criamos uma plataforma e ferramentas que os outros usaram para construir seus negócios como preferissem. Eles inovaram e transacionaram; alguns ganharam dinheiro, outros fecharam. Agora tínhamos de fazer isso internamente. Quando o Alibaba passou para os dispositivos móveis, tivemos de fazer nossas equipes inovarem e experimentarem em ritmo furioso para aprendermos o que o mercado recompensava. Tivemos de criar as plataformas internas, as ferramentas e os métodos para assegurar que as reações do mercado afetassem imediatamente a alocação de recursos e nossa atividade interna.

Foi um processo de aprendizagem, e não saímos correndo do nada. No entanto, armados com visão, oportunidade e arcabouços e ferramentas cada vez mais relevantes e poderosos, como os descritos neste capítulo, nossas equipes móveis explodiram de energia. Equipes e mais equipes criaram novas formas de anunciar — faixas, transmissão ao vivo, vídeos. Criaram aplicativos ou recursos que ajudaram os usuários a aprender novos temas, encontrar produtos e se reunir em comunidades de espectadores com mentalidade semelhante para trocar conselhos. Os membros da equipe observaram o que outras empresas de rede social ou de aplicativos para celular do mundo inteiro estavam fazendo e tentaram levar tudo isso a um nível mais alto no aplicativo do Taobao. Algumas coisas deram certo, outras não, mas a criatividade e a agitação foram tremendas.

Esse tipo de iniciativa, independência e inovação não é o que se espera de um funcionário típico e não pode ser gerido do jeito tradicional. Muitos funcionários gostam, ou são treinados para gostar, de ir trabalhar, executar ordens ou políticas e voltar para casa com o salário no bolso. (Isso ainda parece um estereótipo enganoso do trabalhador chinês típico.) Eles se concentram no aproveitamento, isto é, tentam melhorar o que fizeram para ser mais eficientes. Mas não examinam o horizonte (interna ou externamente) atrás de ideias novas ou inseminação cruzada e não experimentam ansiosos para ver o que dá certo. Cada vez mais, as empresas de hoje precisam infundir em seu trabalho exatamente esse tipo de iniciativa, independência e inovação. Agora, o trabalho da administração é capacitar essas qualidades.

Como Capacitar a Empresa

A abordagem da inovação não é diferente do caminho pelo qual a empresa se torna inteligente, facilitando a coordenação em rede e aproveitando a inteligência de dados. Internamente, a empresa interliga funcionários com especialização em disciplinas diferentes e relevantes para a necessidade do cliente. Ao mesmo tempo, usando a inteligência de dados, a empresa tem de oferecer plataformas internas e recursos de dados para tornar o fluxo de trabalho mais inteligente. Por exemplo, a empresa deve organizar de forma abrangente o desenvolvimento de produtos e institucionalizar deliberadamente a memória organizacional. É preciso criar métricas inteligentes para o desempenho de produtos e funcionários. Na

178 COMO FUNCIONAM OS NEGÓCIOS INTELIGENTES

prática, fazer qualquer dessas coisas exige que os fluxos de trabalho internos ocorram on-line, sejam softwarizados e se baseiem em dados vivos.

Como descrito no capítulo anterior, a empresa não é mais um conduto para transmitir ordens vindas de cima. Ela é um aspirador que suga informações sobre o ambiente e depois gera e coordena respostas eficazes. O serviço dos líderes não é administrar esse experimento, mas possibilitá-lo e aumentar seu nível de sucesso. Esses novos métodos estão em contraste direto com as técnicas e a filosofia tradicionais da administração. Dentro do Alibaba, uso a palavra "capacitação" (*fu neng*) para me referir aos métodos organizacionais de gerir a experimentação. (Os leitores interessados em mais informações sobre a capacitação podem consultar o Apêndice C.)

"Capacitação" é um termo técnico dentro do Alibaba porque determina o trabalho técnico. Uma empresa capacitadora passa pela tarefa complexa de criar as condições, o ambiente e as ferramentas para que as pessoas dentro da empresa possam atingir suas metas com mais facilidade. Com mecanismos de capacitação, a administração oferece as condições necessárias para atacar os problemas da empresa por meio da inovação, em vez da execução de procedimentos testados e comprovados. Isso significa que agora os gestores têm de se concentrar em coisas como articular a missão e oferecer o ambiente que atraia os colaboradores certos, fornecendo-lhes as ferramentas para experimentar e ampliar ideias de sucesso e propiciando-lhes um mercado que avalie o sucesso da inovação. Em vez de microgerenciar a empresa, a administração cria a arquitetura para que a empresa funcione por conta própria.

A prática da capacitação, uma abordagem muito concreta das empresas, exige valores específicos e infraestrutura técnica. Observe que capacitar não é um estímulo sentimental dos funcionários. É dificílimo, e o custo geral de administrar as empresas durante várias práticas de capacitação já impediu a aplicação dessas técnicas em grande escala às empresas. As técnicas têm semelhança com aquelas tradicionalmente usadas nas artes, no cinema — o modelo de Hollywood — ou no jornalismo. A tecnologia baixou esse custo, de modo que as empresas podem experimentar esse novo paradigma voltado à inovação. Embora até agora ninguém tenha encontrado as respostas certas, as empresas inteligentes estão fazendo um progresso constante nessa direção.

Este capítulo examinará o que os gestores do negócio inteligente fazem de forma diferente em três dimensões: pessoas, infraestrutura e mecanismos. Mostrarei como é a capacitação e como fazê-la. Se você for um gestor, agora a maior parte de seu serviço será entender o tipo de gente que a empresa precisa, atraí-lo e projetar a arquitetura para a interação entre grupos de criadores e seu trabalho, tudo para tornar a inovação mais eficaz.

Pessoas: de quem Você precisa e o que Fazer

As empresas inteligentes exigem pessoas que combinem criatividade com comodidade tecnológica e perícia nos negócios. Empresas e missões diferentes terão exigências específicas, mas, quando a automação pode fazer grande parte do trabalho mecânico e rotineiro, os funcionários ou colaboradores precisam fazer a missão geral avançar ou investir na técnica de sua atividade. Eles aproveitam seu treinamento e recursos internos e buscam inspiração, ideias e apoio onde puderem encontrá-los. Os funcionários podem buscar conselhos e informações, mas não direção. Com sua iniciativa na linha de fogo, têm de ver o resultado de sua contribuição.[1]

A primeira função dos gestores é encontrar as pessoas certas para a empresa. Isso exige sistemas de recrutamento, avaliação e incentivo diferentes dos que a maioria das empresas usa hoje. Calcular recompensas financeiras para quem tem alto desempenho é necessário, mas não suficiente. Uma missão envolvente, um ambiente empoderador e uma cultura distinta também são necessários para o sucesso. Cada um deles já é bastante difícil para os líderes da empresa.

Comece com missão e visão

No capítulo anterior, discuti que uma empresa deveria formular sua visão e, em menor amplitude, sua missão. Depois de formuladas, as empresas devem usar a visão e a missão para se motivar. No mundo empresarial chinês, o Alibaba é famoso por ser uma empresa incomumente concentrada na missão (ver o quadro "Missão, visão e valores do Alibaba"). Quase desde o primeiro dia, a missão do Alibaba foi "facilitar os negócios em qualquer lugar". Essa frase não é um mero *slogan*. É uma crença genuína dos fundadores e afetou profundamente quase todas as decisões importantes que a empresa tomou.

180 COMO FUNCIONAM OS NEGÓCIOS INTELIGENTES

MISSÃO, VISÃO E VALORES DO ALIBABA

Nossa missão

"Facilitar os negócios em qualquer lugar."

Nossos fundadores abriram a empresa para defender as empresas menores, na crença de que a internet nivelaria o campo de jogo e permitiria que pequenas empresas usassem a inovação e a tecnologia para crescer e competir com mais eficácia na economia nacional e global.

Acreditamos que nos concentrar nas necessidades do cliente — sejam consumidores, sejam comerciantes — e na solução de seus problemas levará, em última análise, ao melhor resultado para nossa empresa. Desenvolvemos um grande ecossistema para o comércio on-line e móvel que permite aos participantes criarem e compartilharem valor em nossas plataformas. Nossa missão em longo prazo, e não a busca de ganhos em curto prazo, guia nossas decisões sobre o ecossistema.

Nossa visão

Visamos a construir a futura infraestrutura do comércio. Prevemos que nossos clientes se encontrarão, trabalharão e viverão no Alibaba, e que seremos uma empresa para durar pelo menos 102 anos.

Encontre-se no Alibaba

Facilitamos centenas de milhões de interações sociais e comerciais entre nossos usuários, entre consumidores e comerciantes e entre empresas, todos os dias.

Trabalhe no Alibaba

Empoderamos nossos clientes com infraestrutura comercial e tecnologia de dados para que possam construir empresas e criar valor para o bem de todos.

Viva no Alibaba

Nós nos empenhamos para expandir nossos produtos e serviços para nos tornarmos fundamentais na vida cotidiana de nossos clientes.

102 anos: construída para o longo prazo

Fomos fundados em 1999. Durar 102 anos significa que teremos coberto três séculos, uma realização que indica que teremos suportado a prova do tempo. Construímos nossa cultura, nossa organização, nossos sistemas e modelos de negócio para a sustentabilidade no longo prazo.

Nossos valores

Nossos seis valores são fundamentais para o modo como operamos e recrutamos, avaliamos e remuneramos nosso pessoal:

O cliente em primeiro lugar: Os interesses de nossa comunidade de consumidores e comerciantes têm de ser nossa prioridade.

Trabalho em equipe: Acreditamos que o trabalho em equipe capacita pessoas comuns a realizarem coisas extraordinárias.

Adoção da mudança: Neste mundo que muda rapidamente, temos de ser flexíveis, inovadores e dispostos a nos adaptar a novas condições empresariais para sobreviver.

Integridade: Esperamos que nosso pessoal defenda os mais elevados padrões de honestidade e que cumpra seus compromissos.

Paixão: Esperamos que nosso pessoal aborde tudo com fogo nas veias e nunca desista de fazer o que acha certo.

Compromisso: Os funcionários que demonstram perseverança e excelência são ricamente recompensados. Não pode haver leviandade quando incentivamos nosso pessoal a "trabalhar com alegria e viver com seriedade".

Considere a formulação da declaração de missão precedente. Por definição, para a missão ser cumprida os negócios têm de ser fáceis para todos; os negócios não podem ser fáceis apenas para os clientes mais convenientes ou lucrativos. Nos primeiros anos da plataforma atacadista do Alibaba, nossa empresa B2B se concentrava em servir às pequenas e médias empresas (PME) da China. Esse foco diferenciava o Alibaba da concorrência, mas a decisão dos líderes de se concentrar em PME não se baseou num cálculo feito para atrair investidores. Sua missão exigia que servissem à maioria dos clientes.

Para isso, precisavam de um modelo de negócio que pudesse ser ampliado rapidamente para ajudar todo mundo a fazer negócios em qualquer lugar. Essa missão continuou na época do Taobao, quando a empresa cresceu para incluir não só o varejo, mas também dezenas de funções correlatas. Se os negócios são fáceis em qualquer lugar, então os negócios para PSI, modelos e fotógrafos têm, por definição, de serem fáceis também.

182 COMO FUNCIONAM OS NEGÓCIOS INTELIGENTES

Quando olhamos para trás, vemos que nossa missão plantou a semente da coordenação em rede: sem coordenação em grande escala, seria praticamente impossível tornar fáceis todos os negócios. E os dados criados pela coordenação em rede em grande escala também lançaram as bases da inteligência de dados.

Depois de muitos anos trabalhando intimamente com Jack Ma, tenho de enfatizar sempre que a missão e a visão do Alibaba não são *slogans* escritos para acionistas. São crenças genuínas que afetam toda a formação da empresa. São o padrão para medir nossas decisões estratégicas. No contexto deste capítulo, a missão e a visão de nossa empresa atraem pessoas que vibram na mesma frequência de nossos valores. Essa vibração é uma das principais funções de uma missão e uma visão expressas de forma genuína.

Muita gente não fica completamente satisfeita com incentivos materiais. Querem que suas paixões pessoais se liguem à missão da empresa. Para o tipo de gente que as empresas inteligentes querem atrair, a motivação vem das realizações pessoais e do impacto social de sua criação. Elas são automotivadas. As recompensas monetárias ainda são importantes, mas na guerra de hoje pelos talentos desse tipo, com certeza dinheiro não basta. Algo mais intrinsecamente inspirador é necessário. Quando lhe pediram que explicasse por que abriu a empresa de transporte espacial SpaceX, Elon Musk explicou que faz parte da natureza humana sonhar com viagens espaciais e que ele achou que nascer na Terra e planejar morrer em Marte, apesar do impacto, era uma grande ideia.[2]

Todos os líderes empresariais importantes das últimas duas décadas enfatizaram a importância de missão, visão e valores, bem mais do que os grandes executivos do passado. Sempre que fala do Alibaba, por exemplo, Ma começa dizendo que o Alibaba é uma empresa movida a missão, visão e valores.

Uma missão e uma visão boas, além de estimular o apoio de parceiros na rede, também ajudam a construir a reputação da empresa como recrutadora e aumentam o apoio interno. Os funcionários se orgulham muito das mudanças profundas que o Alibaba está causando nas *startups*, nas PME e nos consumidores da China. Principalmente depois de lançarmos nossa iniciativa Taobao Rural, muitos funcionários criados em regiões rurais aproveitaram a oportunidade de sair de seus confortáveis cargos urbanos no Taobao para ir para a nova unidade de negócios rurais. Pro-

Da Gestão à Capacitação 183

mover o desenvolvimento econômico da terra natal é uma força poderosíssima que impulsiona funcionários e associados da empresa. Do mesmo modo, o lendário lema "Não seja mau", do Google, e o famoso "Quebre coisas", do Facebook, têm grande ressonância entre os funcionários.

A compensação monetária, inclusive opções de compra de ações, enfatiza as recompensas depois que o trabalho foi feito. Mas a prática de capacitar está mais interessada em estimular interesse e paixão com os desafios certos. Só a paixão por meio de interesses internos, e não as instruções dos superiores, pode superar a frustração contínua inerente a qualquer esforço inovador. Com paixão, o inovador consegue aceitar um incerto lado bom (mas possivelmente muito grande) do trabalho empresarial. Portanto, uma função central da empresa não é mais distribuir serviço e monitorar o progresso, mas combinar o interesse e a competência da equipe às necessidades do cliente. A empresa precisa ser ágil a ponto de identificar e envolver as necessidades do cliente e depois mobilizar os funcionários que ficariam mais empolgados com o problema para abordá-lo juntos. Combinada a recompensas coerentes com a excelência do desempenho, essa estratégia energiza melhor os trabalhadores criativos do que simplesmente lhes dar um salário imponente.

Um dos propósitos dos 20% do tempo do Google, nos quais os engenheiros podem passar 20% de seu tempo em qualquer projeto à escolha, é monitorar o interesse da equipe e descobrir onde isso poderia ser aplicado aos clientes. Na verdade, o Google admitiu que essa prática não é uma política formal, mas uma atitude motivacional dos líderes da empresa, que incentivam a equipe a ser criativa e fazer o que acha importante.

Cultura: assegurar um bom encaixe

A missão e a visão fortes do Alibaba também deram origem a uma cultura verdadeiramente inigualável e sedutora para possíveis funcionários, ainda mais nos primeiros anos do Taobao. O Taobao começou como um lugar de grande imaginação onde os trabalhadores se envolviam todo dia em vislumbrar o futuro do comércio on-line da China. Portanto, a empresa adotou uma página dos livros favoritos de Ma quando menino: os romances de artes marciais chineses de Jin Yong.[3]

Cada funcionário escolheu um apelido tirado desses romances, assumindo um *alter ego* super-heroico enquanto viajava pela paisagem mítica

184 COMO FUNCIONAM OS NEGÓCIOS INTELIGENTES

que era o Taobao. (Seria como se cada funcionário do Google escolhesse um nome nos quadrinhos Marvel, de modo que os e-mails oficiais de trabalho começassem com "Cara Míriam Lane" ou "Caro Wolverine".) A prática de escolher apelidos continua até hoje. Todos os novos funcionários, ao entrar na empresa, têm de escolher um apelido, usado na maioria das comunicações internas, mesmo com o RH e o pessoal administrativo. Muitos funcionários não sabem o nome verdadeiro dos colegas mais próximos no escritório.[4]

A cultura excêntrica e até fofinha do Taobao persiste hoje dentro da empresa. Crenças fortes sobre igualdade impregnam a empresa, e muitos termos hierárquicos comuns para gerentes dentro das empresas chinesas tradicionais não são usados no Alibaba. Por exemplo, num local de trabalho chinês típico, os funcionários de nível mais baixo costumam se referir aos executivos do nível de vice-presidente ou vice-presidente sênior pelo último sobrenome com a palavra chinesa que significa "presidente". Seria impensavelmente descortês usar o nome completo do executivo, e muito pior usar só o primeiro nome. No Alibaba, sempre só houve um "presidente": o presidente Ma. E, mesmo nos últimos anos, Ma advertiu os funcionários para não usarem o termo. Ele prefere ser chamado de "professor Ma", que lembra sua linha de trabalho original.

Por definição, uma cultura forte não atrai todo mundo. Qualquer antropólogo lhe dirá que a cultura funciona tanto para segregar quanto para reunir as pessoas, e o Alibaba não é diferente. A empresa tem uma classe especial de funcionários de RH que, aleatoriamente, recebem a missão de entrevistar candidatos a emprego. Eles são informalmente apelidados de "diretores olfativos" (em chinês, *wen wei guan*). Seu serviço é "farejar" o encaixe entre os candidatos e a forte cultura corporativa. Quando os membros da equipe discordam sobre um candidato, os diretores olfativos podem ter influência significativa sobre a decisão final de contratação.

As empresas podem sustentar uma noção forte de comunidade com um processo rígido de recrutamento e avaliação. A Zappos virou notícia faz tempo com sua política de pagar dois mil dólares para as pessoas saírem da empresa depois de quinze dias de treinamento pago se a empresa não for um bom encaixe para elas. O Google tem um processo longo e complexo de avaliar candidatos para assegurar não só que sejam tecnicamente qualificados, mas também se encaixem na cultura e interajam bem com a equipe. Durante muitos anos, Larry Page, um dos fundadores,

Da Gestão à Capacitação 185

insistiu em ter a palavra final sobre cada candidato. A equipe de RH do Alibaba continua firme em seu serviço de farejar novos funcionários, mesmo que as equipes da empresa exerçam cada vez mais pressão sobre o RH para apressar a contratação e "evitar custos desnecessários", porque a contratação é a coisa mais importante que a empresa pode fazer para preservar sua cultura.

As empresas capacitadoras de hoje se baseiam mais na cultura do que as empresas tradicionais. Mas a ideia de cultura é complexa. Em termos amplos, a cultura é o conjunto de comportamentos e entendimentos em comum que interliga e perpetua um grupo, formando a base de como ele se orienta no ambiente. No passado, as empresas viam sua cultura do mesmo modo que viam o mantra "o cliente em primeiro lugar": uma ótima meta, é óbvio, mas uma questão que não supera a preocupação com o balanço. Segundo a tradição, a remuneração era claramente o sistema de incentivo mais importante para os funcionários. A cultura organizacional era uma alavanca de segunda linha que os gestores podiam usar para incentivar ou desestimular alguns tipos de comportamento ou que ajudaria a impulsionar o esforço de marketing interno e externo.

Mas no negócio inteligente a cultura é fundamental. O que a empresa se compromete a fazer e o modo como faz é, verdadeiramente, o ponto de partida. As pessoas entram no grupo e na cultura pela qual sentem afinidade. E uma parte enorme da capacidade de atração da empresa é ser um integrante daquela cultura e trabalhar com pessoas que pensem do mesmo jeito.

A atenção à cultura é muito visível no Alibaba. A empresa avança depressa, exige maturidade social e emocional, e o sucesso individual costuma depender da capacidade de falar diretamente com os colegas e os executivos no poder. Alguns diriam que é preciso ser capaz de argumentar para sobreviver no Alibaba. (O senso de humor é um belo patrimônio também.) Para pessoas cuja sensibilidade seja diferente da de nossos funcionários, a experiência pode ser difícil. Mas as pessoas que se encaixam no grupo adoram trabalhar na empresa.

A cultura sempre foi uma vantagem competitiva entre empresas, mas ela é ainda mais importante quando a maior parte do trabalho é criativa. O trabalho inovador é incerto e exigente, mas, com a cultura certa, pode se tornar empolgante e divertido para as pessoas certas. Para as empresas que querem capacitar funcionários criativos, promover a cultura interna é

186 COMO FUNCIONAM OS NEGÓCIOS INTELIGENTES

um desafio comercial tão importante quanto o desenvolvimento de produtos, as vendas e o marketing. Elas precisam deixar a cultura explícita para que atraia pessoas com visão semelhante. Em última análise, uma cultura eficaz em comum recompensa quem a considera uma boa maneira de cumprir metas.

Na verdade, o próprio clima da empresa pode ser a melhor recompensa. Os funcionários criativos levam a cultura muito mais a sério e se dispõem a fazer sacrifícios por uma missão, uma visão e os valores em que acreditam.

Construção da Infraestrutura Certa

O clima da empresa não surge do nada; ele vem de um projeto organizacional deliberado. Para capacitar em vez de gerenciar pessoas, as empresas precisam construir os serviços de infraestrutura certos que consigam sustentar a inovação em vez de recorrer a gestores para planejar, dirigir e controlar recursos.

Os papéis e serviços tradicionais da administração, como RH, folha de pagamento, contabilidade e gestão da logística, precisam estar disponíveis numa plataforma da empresa inteira, para que sejam acessados por todos. As empresas típicas da internet têm camadas horizontais de plataformas de serviço, que vão de ferramentas sólidas que melhoram a codificação e a eficiência do desenvolvimento a vários serviços de RH disponíveis para a empresa toda. A função desses muitos serviços é oferecer, dentro da empresa, funcionalidades de coordenação em rede e inteligência de dados. Refiro-me coletivamente a esses serviços como infraestrutura. Nossa experiência no Alibaba nos mostrou que é imperativo que as empresas ofereçam a seus funcionários esses serviços sob demanda.[5]

As pessoas criativas querem ver suas ideias virarem realidade. Qualquer coisa que facilite essa transformação ou poupe as pessoas do que consideram distração é valiosa. Tornar esses serviços de infraestrutura disponíveis a todos não é diferente de disponibilizar comida e lavanderia aos funcionários, como se sabe que muitas empresas da internet fazem.

Mas o RH, a contabilidade, a logística e assemelhados são somente a ponta do iceberg administrativo. Muito trabalho tradicional da administração vertical também está se transformando em serviços internos fáceis de acessar pela rede interna da empresa. Isso é muito mais extenso do que simplesmente ser capaz de baixar e preencher fichas de novos funcionários e poupar uma ida ao setor de RH e inclui atividades administrativas significativas, como alocação de recursos e avaliação, que discutirei mais adiante na seção sobre métricas deste capítulo.

Uma infraestrutura tecnológica em comum

No Alibaba, aprendemos com a experiência como era importante uma infraestrutura tecnológica em comum. A primeira subsidiária B2B do Grupo Alibaba ficou conhecida por ter uma cultura mais tradicional e ser menos inovadora do que sua ramificação, o Taobao. O modelo de negócio — um catálogo digital no qual as empresas pudessem pagar para inserir suas listagens de produtos — tinha se fixado desde o princípio. Todas as iniciativas para construir novos negócios ou fontes de receita sobre essa base tinham definhado. Em 2012, quando a alta liderança girou, Jeff Zhang, vice-presidente de produto e engenharia do Taobao, foi transferido para comandar a unidade de negócio B2B mais antiga.[6]

Quase de imediato, Zhang percebeu que a infraestrutura tecnológica da unidade B2B fora construída como a de uma empresa industrial tradicional, ao contrário do Taobao. Era verticalmente integrada, com pouco compartilhamento ou polinização cruzada entre produtos ou equipes. Havia a tecnologia que sustentava a listagem do tipo páginas amarelas, outro silo tecnológico que buscava novas empresas e um terceiro que lidava com o apoio ao setor de compras. Nenhuma plataforma unia todas as operações da unidade. Muitas equipes técnicas eram incapazes de criar produtos que interagissem ou se comunicassem entre si devido às barreiras organizacionais.

Para piorar, toda vez que alguém na empresa B2B queria tentar uma nova ideia, teria de construí-la do nada. Não poderia simplesmente acessar a tecnologia existente e acrescentar novas funções. Tentar qualquer coisa nova exigia tempo e recursos imensos e, por isso, precisava de aprovação de cima. O custo da experimentação, que também significava o custo do fracasso, era proibitivo.

Zhang decidiu desmontar toda a infraestrutura técnica da empresa e reconstruí-la como plataforma horizontal. Essa mudança provocou custos e disrupção significativos. Mas ter a estrutura e a plataforma tecnológica certas fez uma diferença enorme. As pessoas puderam começar a experimentar

188 COMO FUNCIONAM OS NEGÓCIOS INTELIGENTES

novas ideias com facilidade, aproveitando o conhecimento, as ferramentas e o código existentes. Logo, muito mais inovação começou a fervilhar.

Uma plataforma e infraestrutura tecnológica em comum nas quais a aprendizagem e a experimentação possam ser tentadas, aplicadas e ajustadas no sistema inteiro é um primeiro passo essencial. A plataforma tecnológica em comum se tornou um princípio organizacional importante no Alibaba. Nos últimos anos, com rodadas e mais rodadas de muito trabalho, o Alibaba transferiu todo o serviço de computação de qualquer uma de suas empresas para a mesma infraestrutura de computação em nuvem. Essa realização, além de poupar milhões em custo anual de capital, também torna muito mais fácil apoiar o lançamento de novas empresas. Agora, os sistemas, software e conhecimentos da empresa podem ser prontamente compartilhados. Outro grande projeto recente foi consolidar na mesma plataforma todo o trabalho de codificação e desenvolvimento dos vários departamentos e empresas adquiridas. Essa plataforma, chamada Aone, será examinada mais adiante neste capítulo.

Consolidar o código é só o começo. As empresas ambiciosas podem embutir diretamente na infraestrutura muitos deveres da administração tradicional. A gestão de RH, a alocação de recursos, a coordenação de projetos, o orçamento e outros aspectos da gestão financeira se tornam, todos, serviços oferecidos pela plataforma. Esses serviços são acessíveis a pessoas e unidades sem supervisão direta. O mais importante deles é a alocação de recursos; com as regras corretas, a alocação de recursos se torna quase automática. Há pouca discussão sobre o orçamento. Se um protótipo decolar no mercado e precisar de mais recursos para crescer, tanto de pessoal quanto de dinheiro, eles serão oferecidos praticamente de forma automática. Conforme a empresa constrói a infraestrutura e cada vez mais conhecimento se torna amplamente disponível pelas API e outras ferramentas de compartilhamento, os colaboradores da rede interna da empresa veem suas ideias competirem por recursos tanto no mercado interno quanto no externo.

Métricas unificadas

Do ponto de vista organizacional, uma parte fundamental da infraestrutura descrita acima é a versão inteligente do sistema de indicadores-chave de desempenho (*key performance indicator*, KPI). Os KPI são um dos mé-

Da Gestão à Capacitação 189

todos mais importantes da administração tradicional. Um KPI descreve o que é esperado e recompensado, como o grupo executivo determinar, e é executado pelos níveis hierárquicos. Muitas empresas de tecnologia desenvolveram versões de um sistema de avaliação em tempo real, on-line, objetivo e centrado no usuário, mais afinado com as metas, em contraste com o sistema tradicional de KPI. Para simplificar, vou chamá-lo de sistema de avaliação de métricas, embora haja muitas versões no setor.

O sistema de avaliação de métricas mede, monitora e avalia quantitativamente um produto ou um resultado desejado. Essa avaliação é constantemente comparada com objetivos de valor e otimização bem definidos, que, embora determinados pela administração superior, são avaliados de forma transparente e em termos de desempenho de mercado. Em geral, o sistema tem três componentes principais: pesquisa de métricas, sistema de monitoramento on-line e sistema para projetar e executar testes A/B.

As pessoas que trabalham com pesquisa de métricas tentam assegurar que os alvos estratégicos das diversas equipes sejam coerentes com a missão suprema da empresa e definir essas metas em termos matemáticos. As metas, então, são traduzidas em medições computadorizadas, como taxa de conversão de cliques ou envolvimento do usuário.

O sistema de monitoramento, em geral sob a forma de um quadro ou painel de indicadores, apresenta a situação e as mudanças em tempo real de um produto em várias dimensões. Nas principais empresas da internet, esse produto pode ser grande como a empresa inteira ou pequeno como as funções de um algoritmo ou aplicativo móvel. Conforme o produto vai evoluindo, o resultado do monitoramento faz ajustes instantâneos de parâmetros, altera o projeto ou toma outras decisões. Por exemplo, monitorar o tráfego de um botão específico do Taobao móvel traz uma indicação clara de como é o desempenho da categoria ou das unidades de estoque acessadas por meio desse botão no decorrer do tempo.

Os engenheiros usam o sistema de testes A/B para projetar experimentos científicos que testem e avaliem "recursos" diferentes que correspondem a versões ou funções de uma oferta. Um produto ou recurso só será posto no mercado quando os testes científicos confirmarem a melhora do desempenho da oferta junto aos usuários. Os testes A/B tornam o desenvolvimento de produtos mais rápido e objetivo. Num cenário no qual a base de usuários seja grande ou as interações sejam frequentes, algo que supere o desempenho estatístico pode ser identificado em minutos, e

190 COMO FUNCIONAM OS NEGÓCIOS INTELIGENTES

muitas alternativas podem ser tentadas em paralelo. Em todo o setor, os testes A/B são um modo revolucionário, rápido e contínuo de facilitar a experimentação. Ainda me lembro do choque que tive em 2006 quando soube que o Google testava de forma incansável cada aspecto de sua página de resultados de busca.

Nas métricas, o monitoramento, a avaliação e a governança da empresa podem ser feitos de forma semiautomática, em tempo real e de maneira transparente e objetiva. A avaliação clara e imparcial é o mesmo princípio por trás das organizações que se autoajustam, discutidas no capítulo anterior. Por exemplo, o *feed* de notícias do Facebook usa duas métricas principais de meta — envolvimento do usuário e receita de publicidade — para interagir com mais de um bilhão de usuários ativos no mundo inteiro. Essas duas métricas causam impacto em todas as partes da plataforma ligadas ao *feed* e em milhares de pontos de coleta de dados relacionados. Cada ponto de coleta captura as decisões tomadas pelas equipes pertinentes de operação, projeto ou computação. Os membros da equipe podem comparar suas próprias ações (capturadas em forma datificada) com a métrica abrangente da meta em tempo real. Quando veem que não estão atingindo uma meta ou que a métrica vai no sentido errado, os membros da equipe modificam o projeto ou algoritmo. Portanto, a relevância granular de todas as ações da empresa e dos funcionários fica clara no contexto das metas organizacionais maiores.

Por exemplo, se quiser melhorar a experiência do usuário, uma equipe do Taobao sabe que essa métrica pode ter relação com a melhora da exatidão da escolha dos anúncios, a redução da exposição a anúncios ou ao aprimoramento do processo de interação. A equipe pode experimentar essas três dimensões ao mesmo tempo para determinar qual delas tem melhor desempenho. O software de recomendação personalizada do Tmall oferece infraestrutura semelhante para a experimentação em larga escala. No festival de compras do Dia dos Solteiros, o sistema que otimizou cada interação fazia iterações constantes para assegurar que as melhores combinações acontecessem o dia inteiro. A métrica da meta de otimização chegou a variar em horas diferentes do dia para atingir o melhor resultado operacional geral.

Os sistemas de avaliação de métricas melhoram de forma fundamental a avaliação de gestão e desempenho praticada pelas empresas tradicionais. Cada aprimoramento de produto, cada contribuição de equipe, cada tentativa de inovação podem ser cientificamente testadas e medidas com exatidão de modo instantâneo e transparente. São KPI que ficaram inteligentes, exibindo os recursos disponíveis e o resultado do trabalho. Os sistemas de avaliação de métricas oferecem um novo painel para o presidente executivo, que pode ver a contribuição de cada equipe e mudar os parâmetros quando necessário para otimizar o sistema como um todo. A contabilidade fica clara.

O uso de métricas também explica o enfraquecimento da estrutura hierárquica e dos sistemas de administração em empresas pioneiras como Google e Facebook. Os sistemas de avaliação de métricas podem calcular, de forma instantânea e abrangente, a influência de uma pequena inovação sobre o sistema como um todo e suas partes constituintes, para coordenar recursos entre inovações similares ou conflitantes e obter otimização global. As empresas podem tomar decisões com base em evidências e escolher entre diversos caminhos evolutivos.

Quando a métrica quantitativa não conta a história inteira, a revisão por pares e as informações de comitês de colegas neutros e experientes podem oferecer informações complementares para avaliar o desempenho. Às vezes, o sistema quantitativo automático não consegue avaliar com eficácia as contribuições, por exemplo, de uma equipe pequena cujas interações com os usuários não são fáceis de quantificar. O mesmo pode ser verdade no caso de algumas inovações cujo valor se espalhe por toda a plataforma ou empresa ou de inovações com grande efeito a longo prazo, como a infraestrutura técnica fundamental.

De certo modo, a métrica torna a gestão mais fácil; esse sistema incentiva a experimentação, pode incorporar efeitos sobre todo o sistema e oferece resultados e feedback em tempo real. É claro que tudo isso pressupõe que montemos o sistema direito. Mas obter as métricas certas é dificílimo, e por isso a pesquisa de métricas é uma função muito importante. Conforme o sistema inteiro começa a refletir a empresa com granularidade crescente, a gestão fica cada vez mais concentrada na construção da arquitetura em vez da administração efetiva de tarefas individuais.

Integrar a infraestrutura tecnológica e o sistema de avaliação de métricas

Na experiência do Alibaba, o ganho de produtividade do desenvolvimento de uma infraestrutura tecnológica comum é imenso quando comparado

192 COMO FUNCIONAM OS NEGÓCIOS INTELIGENTES

à pratica administrativa tradicional. Mas, se a meta é a inovação, as empresas terão de mudar o modo como são construídas. A arquitetura da empresa tem de ser revista com métricas de KPI inteligentes, como discutido acima, e com uma infraestrutura tecnológica que capture o conhecimento organizacional e ofereça ferramentas para mais aprendizado e inovação. Esses dois elementos, o sistema de avaliação de métricas e a infraestrutura tecnológica, têm de ser interligados.

Por exemplo, como empresa movida a dados, o Alibaba tem uma infraestrutura multinível que inclui uma plataforma de armazenamento e processamento de dados oferecida pelo Alibaba Cloud. Para citar alguns, a plataforma de inteligência artificial e aprendizado de máquina do Alibaba Cloud contém o PAI, uma plataforma colaborativa de código, algoritmos e modelos; Aone (discutida mais adiante), que inclui software de gestão de projetos e processos; e outras plataformas e ferramentas específicas das diversas unidades de negócio que oferecem acesso a análises comerciais, pesquisa de usuários e funcionalidades de design. A infraestrutura do Alibaba também contém sistemas de padrões, protocolos e especificações que ajudam a coordenar as conexões e o compartilhamento fora da empresa.

A infraestrutura abrangente pode minimizar o custo e o tempo da inovação e fazê-la crescer com eficiência. Todo dia, no Google, no Facebook ou no Alibaba, um pequeno aprimoramento do algoritmo pode trazer milhões e até bilhões de dólares em receita. Ao arrumar e agregar componentes de software existente usando uma infraestrutura bem azeitada, os desenvolvedores podem testar e utilizar rapidamente uma ideia inovadora como se brincassem com pecinhas de Lego.

Portanto, a plataforma de inovação de uma empresa capacitadora do futuro não é uma plataforma separada ou independente construída e mantida por terceiros, mas um alicerce comum criado e enriquecido por todos os participantes. Assim como o modelo de organização descrito no capítulo anterior, a plataforma se autoajusta. Ela evolui com o tempo.

Construção do Mecanismo Interno que Capacita a Inovação em Rede

Progressos recentes da sociologia e da teoria das redes enfatizaram a importância das redes para sustentar a inovação. As redes promovem ideias com eficiência, permitem amplo compartilhamento e geram feedback per-

Da Gestão à Capacitação   193

sistente. As empresas que quiserem incentivar a inovação precisam transformar em redes suas estruturas voltadas para a hierarquia. Portanto, a melhor maneira de aumentar a colaboração é projetar uma empresa horizontal em rede. Nessa arquitetura, todos podem interagir num campo de jogo produtivo e nivelado.

A necessidade de mecanismos de colaboração ficou especialmente visível nos vários anos de crescimento rápido do Alibaba. Desde a expansão das API do Taobao e de grandes eventos de marketing como o Dia dos Solteiros, a empresa expandiu-se rapidamente e englobou muitas equipes e participantes externos. Por exemplo, em 2016, as equipes técnicas da Cainiao Network tiveram de coordenar mais de duzentos projetos, só para se preparar para o Dia dos Solteiros daquele ano. Com tantos projetos, os gestores tiveram de dividir o trabalho em cinco camadas de prioridade. Os projetos envolveram centenas de funcionários e incontáveis parceiros externos.

Criar software e produtos de internet que possam reagir com agilidade é um desafio tecnológico estarrecedor, mesmo que o trabalho do Alibaba não se espalhasse por uma mistura incomumente diversificada de setores e unidades de negócio. Para resolver esses problemas complexos de coordenação, o Alibaba criou uma plataforma interna de codificação e gestão de projetos chamada Aone (Alibaba One Engineering System ou sistema único de engenharia do Alibaba). A Aone oferece uma suíte completa de ferramentas para dar apoio a todo o fluxo de engenharia e ciclo de vida dos produtos, desde a gestão de projetos até a construção do código, o controle de qualidade e o lançamento do software. No ambiente de codificação estável e transparente da Aone, todos os colegas envolvidos num projeto podem acompanhar seu progresso e se assegurar de que nenhum detalhe foi esquecido.

Antes da Aone, as pessoas que testavam o código atrás de falhas e *bugs* enfrentavam uma tarefa de deixar os nervos à flor da pele. A equipe de controle de qualidade tinha de confirmar manualmente uma enxurrada de detalhes, verificando tudo repetidamente com os engenheiros só para ter certeza de que o código estava pronto para o lançamento. Agora, com a Aone, toda a codificação e os testes acontecem na nuvem. O código é atualizado e compartilhado constantemente com todos os funcionários pertinentes. É fácil acessar e comparar o código e os projetos passados com os projetos atuais. Administrar as mudanças de código numa plataforma

194 COMO FUNCIONAM OS NEGÓCIOS INTELIGENTES

aberta, acessível e coordenada facilita a comunicação entre as equipes e reduz drasticamente o tempo e o custo da construção de programas.

A plataforma Aone aumenta a eficiência da codificação e serve de registro abrangente das atividades, das reuniões e do produto do trabalho dos funcionários — um registro armazenado e acessível por toda a empresa. Mais de vinte mil funcionários no mundo inteiro usam a Aone diariamente; em dezenas de unidades de negócio, pelo menos metade de todos os funcionários acessa a plataforma todos os dias. Cada semana, mais de 1,5 milhão de linhas de código são examinadas, e cerca de cem produtos e funções novos são testados para verificar os bugs e a integridade. Essa infraestrutura permite que pessoas com perícia diferente colaborem com eficiência e se concentrem na tarefa mais importante: a criatividade.

Com o passar do tempo, toda a base de conhecimento da empresa — seu pensamento coletivo — será implantado nessa plataforma e banco de dados interno. Se um funcionário quiser saber por que um produto foi projetado de um jeito específico cinco anos atrás, é possível encontrar o registro histórico, ler as discussões passadas e ver a mudança do código. Se enfrentarem algum problema e tiverem de fazer alguma codificação, os funcionários podem vasculhar o banco de dados, e é bem provável que encontrem um trecho de código que possa ser modificado para seu uso. O conhecimento, as competências, as mudanças históricas e outros recursos podem ser infinitamente reciclados, reinventados e expandidos. As pessoas da empresa toda podem ver o que os outros estão fazendo e extrair oportunidades para construir com base no trabalho deles. A organização interna não está mais numa matriz; não é isolada por função ou unidade de negócio. A experiência e outras ferramentas de pessoas e unidades da empresa inteira agora estão disponíveis a todos.

Interações baseadas na internet

Plataformas como a Aone são úteis para construir software e consolidar as respostas dos usuários sob a forma de dados ou feedback direto. Manter essas informações num só lugar acessível durante a codificação e a gestão de projetos reduz muito o tempo e o esforço envolvidos no aprimoramento e na iteração de recursos dos produtos. Essa comunicação e esse feedback podem facilmente se estender para fora da empresa.

Da Gestão à Capacitação 195

Um bom exemplo desse compartilhamento externo é o AutoNavi, empresa de mapeamento digital do Alibaba. (Veja mais sobre o AutoNavi no Apêndice A.) O AutoNavi é um dos maiores prestadores de serviço de orientação e mapeamento digitais da China. Além do aplicativo móvel voltado para os consumidores, ele também integra as funcionalidades de mapeamento a aplicativos da China inteira e às montadoras de automóveis. A coordenação envolvida na criação do software de mapeamento pode ser complicada e exige comunicação íntima com as montadoras para assegurar o sucesso da incorporação da tecnologia ao *hardware* do veículo.

Como a maioria das empresas, a princípio o AutoNavi usava uma suíte de soluções e ambientes de engenharia separados. Essa situação reduzia a produtividade da equipe. Quando o AutoNavi teve de trabalhar com várias montadoras, cada uma delas usando soluções de engenharia próprias, o fluxo de trabalho se desacelerou até quase parar devido à verificação manual constante durante todo o ciclo do projeto. O AutoNavi tinha de coletar os relatórios de bugs (geralmente enviados sob a forma de planilhas do Excel, cujo formato variava entre os parceiros) e logs de programação (enviados por e-mail ou pen drive) de vários parceiros, inclusive montadoras, integradores de sistemas e fornecedores de software embutido de reconhecimento de fala. Então, a equipe do AutoNavi tinha de, regularmente, reformatar, coligir todas as informações e enviá-las manualmente para o sistema Aone durante o desenvolvimento do software. Para piorar a situação, depois a equipe tinha de comunicar o resultado do trabalho individualmente a cada um desses parceiros. A situação era insustentável.

A solução da Aone foi criar um canal comum para os parceiros enviarem diretamente seus relatórios de bugs e logs de programação. A plataforma Aone impôs uma formatação padronizada dos dados numa única interface e transmitia automaticamente os relatórios de bugs aos fluxos de trabalho de engenharia associados. Todos os parceiros sabiam de que modo estruturar e enviar seus dados, e as informações fluíram sem empecilhos. As equipes do AutoNavi puderam continuar trabalhando regularmente dentro da Aone; todos os dados de que a equipe precisava eram atualizados automaticamente, sem apoio manual. Ao criar uma interface para os parceiros externos, a Aone reduziu bastante o custo de comunicação e engenharia e lançou as bases da coordenação em rede. Essa abordagem reflete o princípio da softwarização que discuti no Capítulo 4. O

196 COMO FUNCIONAM OS NEGÓCIOS INTELIGENTES

segredo é racionalizar o feedback e assegurar que todas as ações e reações sejam continuamente registradas on-line.

Mesmo dentro da empresa, o Alibaba está se afastando do software tradicional de gestão ERP e desenvolvendo ferramentas próprias na internet para as pessoas interagirem e oferecerem feedback on-line com facilidade. Por exemplo, nas avaliações de funcionários do RH, o feedback 360° é um processo caro na gestão tradicional. Capacitado com ferramentas internas na internet, é possível dar feedback de forma muito mais fácil. É possível enviar instantaneamente, por um dispositivo móvel, suas impressões ao interagir com qualquer um na empresa.

Para se tornar inteligente, a empresa tem de substituir a estrutura de TI por uma infraestrutura aberta baseada na internet, muito similar a um ambiente de código aberto, como o Linux. A infraestrutura deve ter padrões comuns, API e um reservatório pesquisável de informações acumuladas. Como discutido, as API são fundamentais porque, como interfaces, elas permitem um tipo de *plug and play* ao assegurar que qualquer codificação nova ou alterada será compatível com tudo o mais na plataforma.

Todas as ferramentas necessárias para tudo o que a empresa faz têm de estar disponíveis e transparentes para todos internamente. As mudanças de código ou software são marcadas da mesma maneira que se marcam mudanças num documento editado cujos comentários e revisões estejam habilitados. Sucessos, erros e fracassos são visíveis. Essa plataforma comum a toda a empresa e até a todo o ecossistema incorpora seus conhecimentos e competências coletivos.

Transparência

Como discutido no capítulo anterior, o Alibaba opera por meio de experimentação constante. Essa experimentação exige o compromisso com a transparência, compromisso que anda de mãos dadas com as soluções infraestruturais discutidas neste capítulo. Para tomar boas decisões que levem em conta o contexto maior e a visão da empresa, todos precisam ter as informações necessárias para se manterem atualizados com o mercado e reagir de acordo.

O compromisso da empresa com a transparência deve se estender a todos os níveis, para facilitar a melhor polinização cruzada das ideias. Além disso, todos os níveis e áreas de negócio podem oferecer ideias pró-

Da Gestão à Capacitação 197

prias sobre como o ambiente está evoluindo. Se as informações ou resultados forem escondidos ou guardados, a empresa pode deixar de perceber mudanças sutis do mercado e não se ajustar de acordo.

A transparência em toda a empresa também contribui bastante para a coordenação em toda a rede. Quando o código básico de software é disponibilizado a todos os usuários e padronizado para funcionar com todos os outros softwares da empresa, as pessoas podem pegar os pedaços que quiserem, alterá-los para atender a seus objetivos e disponibilizá-los para seus clientes, sabendo que o software vai interagir sem problemas com a infraestrutura técnica. Quando os próprios fluxos de trabalho ocorrem on--line, as pessoas podem avaliar as contribuições com o mínimo de política.

Por ser fácil compartilhar dados, código e metadados num ambiente transparente, o trabalho e, portanto, a inovação são facilitados. Quando a contribuição de todos é visível, seu trabalho pode ser reconhecido e respeitado, e o ambiente estimula a competição saudável. Uma plataforma aberta faz parte da cultura interna colaborativa da empresa. Só uma plataforma dessas pode refletir, de forma justa e constante, as contribuições de todos e aumentar o aprendizado e a colaboração.

Nos primeiros dias do Google, Larry Page realizava reuniões frequentes com todos para revisar cada projeto em que as pessoas estivessem trabalhando e classificar sua importância. Essa prática deixava todos saberem o que acontecia e incentivava as pessoas a contribuir (e competir) com os projetos então considerados com mais potencial de impacto para a empresa. O capítulo anterior descreveu as reuniões de cocriação do Taobao, um processo intensivo no qual as equipes da empresa projetam protótipos, se reúnem com usuários e medem sua reação.

Mas a transparência soa muito mais uniformemente positiva, o que pode ser na experiência do dia a dia. Quando apresentamos um fórum público on-line no Alibaba, ficamos espantados com toda a negatividade que surgiu. De repente, as pessoas nos disseram o que pensavam, o que fizemos de um jeito burro, quem era sobrevalorizado ou que ideias dos líderes eram inúteis. Num episódio famoso, quando Jack Ma anunciou a nomeação de um novo diretor de tecnologia (alguém que iniciara o projeto do Alibaba Cloud com muita controvérsia), seguiu-se uma ladainha de críticas públicas. Ma escreveu uma longa carta respondendo às reclamações, e até essa carta recebeu muitas resenhas negativas. Diante disso, essas tentativas de abertura parecem só remexer a roupa suja e deixar a

198 COMO FUNCIONAM OS NEGÓCIOS INTELIGENTES

sala inteira fedendo. Mas, na verdade, descobrimos que esse tipo de comunicação aberta sobre questões importantes torna a equipe confiante na empresa e em sua tomada de decisões.

A maioria dos funcionários criativos gosta do debate intelectual e tem opiniões arraigadas sobre as questões. Os líderes têm de fazer o serviço difícil, mas necessário de aprender a lidar com opiniões variadas e assegurar às pessoas que elas podem falar livremente. Com o tempo, aprendemos a avaliar quais questões são significativas e estão fora das reclamações costumeiras. Nem tudo o que é mencionado em nosso fórum é um verdadeiro problema. Mas, em retrospecto, quase todos os principais problemas da história da empresa realmente surgiram em algum canto de nosso fórum na internet. O desafio não é meramente achar as mensagens no meio do ruído. É manter a humildade e a mente aberta para realmente escutar e refletir quando surgirem problemas graves.

Embora as pessoas de qualquer organização dada sejam diferentes, a quantidade de conversa e negatividade que fica transparente representa uma mudança significativa em relação às hierarquias tradicionais. É importante pensar cuidadosamente em mecanismos que amorteçam as conversas destrutivas e estimulem a discussão saudável. Nosso fórum on-line tem um sistema de sementes de "sésamo" — somos Alibaba, afinal de contas — que recompensa postagens significativas e estimula a socialização genuína. O RH e os gestores do Alibaba aprenderam a não se comportar como burocratas: uma resposta impessoal a um problema de alto nível dentro da empresa pode provocar centenas de deduções de sésamos de funcionários indignados.[7]

No geral, os benefícios da transparência são maiores do que todos os riscos desconfortáveis. No nível mais básico, a transparência incentiva a inovação colaborativa e a construção com base em esforços anteriores. Cada nova informação, seja uma realização ou um fracasso, pode ser acumulada na plataforma e enriquecida com iterações. Esse conhecimento cumulativo estabelece barreiras aos concorrentes e define a empresa.

O Futuro da Empresa

Se as empresas inteligentes funcionam com autoajuste e poucos gestores e esses gestores não dirigem nem controlam, então é justo perguntar: qual é o futuro da empresa?

Na era da inovação, as empresas tradicionais baseadas na gestão darão lugar às empresas do futuro, caracterizadas pelo valor central de capacitar seus funcionários criativos (ver a Tabela 8-1). O princípio da capacitação redefinirá as empresas e sua operação. Os gestores oferecerão infraestrutura, mecanismos e uma cultura apropriada à situação para coordenar funcionários criativos e ligados em rede. Esses funcionários inovarão com mais eficácia a serviço de seus clientes, e com isso realizarão seus sonhos e valores. Como administradores de ecossistemas empresariais, as empresas capacitadoras deflagrarão e acelerarão a inovação até externamente.

A principal função da empresa não é mais internalizar e utilizar recursos nem mesmo otimizar a eficiência administrativa. As empresas inteligentes aumentam a eficiência da inovação facilitando a colaboração interna e externa. Embora a forma dessas empresas futuras ainda esteja no estágio de incubação, a Tabela 8-1 resume algumas de suas características nascentes. No mínimo, uma lição de todas essas mudanças organizacionais é clara: a inovação e a experimentação serão o teste da sobrevivência de qualquer empresa. E, num mundo que valoriza a inovação, a criatividade humana e os dados se tornarão os principais fatores da produção para o futuro.

Os dois capítulos anteriores descreveram de que modo os elementos principais do negócio inteligente, a coordenação em rede e a inteligência de dados, devem ser usados internamente. De um ponto de vista, autoajustar-se com a inteligência de dados dá uma carga extra ao aproveitamento, permite que boas ideias cresçam e libera recursos preciosos para a investigação. Capacitar por meio da coordenação em rede expande o alcance da experimentação e oferece condições para o trabalho criativo eficaz. De outro ângulo, a coordenação em rede e a inteligência de dados podem funcionar juntas para datificar a empresa com um sistema de avaliação de métricas no qual todas as partes da empresa sejam interligadas, registradas e otimizadas digitalmente em tempo real. Como vimos várias e várias vezes no decorrer deste livro, o *yin* e o *yang* da empresa inteligente trabalham juntos para transformar as práticas empresariais e a empresa como um todo.

Avançamos muito desde o Dia dos Solteiros de 2017, no começo deste livro, delineando as consequências da empresa inteligente na estratégia, nas operações e na organização. No próximo e último capítulo, resumirei as muitas lições da experiência do Alibaba e discutirei o que o negócio inteligente significa para você como indivíduo.

200 COMO FUNCIONAM OS NEGÓCIOS INTELIGENTES

TABELA 8.1

Comparação entre empresas tradicionais centradas na gestão e empresas capacitadoras

	Empresa tradicional (centrada na gestão)	Empresa inteligente (centrada na capacitação)
Estrutura	Árvore ou hierarquia	Plataforma, em rede
Movimento de informações (interno)	Integrado de baixo para cima e difuso de cima para baixo	Totalmente conectado, sincronizado e coordenado em tempo real
Movimento de informações (externo)	Um único canal dedicado de comunicação	Totalmente conectado, sincronizado e coordenado em tempo real
Processo decisório	Centralizado, executado de cima para baixo	Coordenação centralizada por um sistema global de avaliação de métricas, autoadaptativo localmente
Apropriação de recursos	Divisão e alocação centralizadas e hierárquicas	Elástica, autossuficiente de forma local, baseada no ambiente externo, fornecida pela infraestrutura em comum
Mecanismo de colaboração	Definição específica dos cargos, colaboração difícil entre departamentos, compartilhamento ineficiente de informações	Redes colaborativas auto-organizadas, baseadas numa plataforma, transparentes e compartilháveis, competição colaborativa, otimizada globalmente para funcionar em toda a rede, iterativa e em evolução
Orientação dos valores	Voltada para o lucro	Voltada para a inovação, centrada no crescimento
Percepção dos riscos	Centrada em minimizar riscos e evitar erros; informações e dados estritamente controlados e não compartilhados	Centrada na transparência, eficiência e liberdade das inovações; abordagem de tentativa e erro; a incapacidade de inovar é o maior risco

CAPÍTULO 9

O FUTURO DO NEGÓCIO INTELIGENTE

O Que Isso Significa para Você

A abordagem do Alibaba diante dos negócios parece anti-intuitiva, mas compreenda-a e chegará a uma ideia valiosa do futuro da estratégia. No decorrer deste livro, espero que você tenha entendido o que torna o Alibaba inigualável e por que nossa empresa oferece lições definitivas para o futuro. Neste último capítulo, resumirei e relacionarei todos os conceitos dos capítulos anteriores e o ajudarei a ver como as ideias se aplicam a você, como líder e como indivíduo num mundo em mudança.

Cada capítulo deste livro apresentou e discutiu conceitos para pôr em prática no futuro da estratégia empresarial. Na Parte I, discuti de que modo a lógica central da empresa está mudando para refletir os dois novos motores da criação de valor: a coordenação em rede e a inteligência de dados. Na Parte II, detalhei como as empresas que operam com esses dois motores fazem mudanças profundas em suas operações e no pensamento estratégico, desde a tomada de decisões automatizada e o realinhamento C2B até o posicionamento dentro de um ecossistema empresarial. Na Parte III, demorei-me mais sobre o que a transição para a empresa inteligente implica para o planejamento estratégico e a organização. Especificamente, a estratégia inteligente é experimental e autoajustável, e a empresa inteligente adota uma estrutura organizacional capacitadora. Cada uma dessas novas facetas do negócio inteligente exprime um aspecto diferente e relacionado da mesma grande mudança fundamental.

O mundo dos negócios está num período de transição interessantíssimo. De um lado, a revolução digital vem acontecendo há tanto tempo que, parafraseando um ditado comum do Vale do Silício, o horizonte é claro mas a distância é incalculável. No entanto, a clareza desse horizonte está distribuída de maneira muito irregular. A maioria não consegue vê-lo. Neste livro, não prevejo o futuro. Digo simplesmente o que está acontecendo agora na vanguarda das empresas da internet e na China, o mais rico meio de cultura do mundo para a inovação. Reconheço essas mudanças como o fim do começo.

Para resumir as mudanças, primeiro retornarei à metáfora da espiral dupla que descreve o valor liberado quando redes e dados são reunidos ao mesmo tempo. Então, refarei nossos passos pelo livro, entretecendo os vários conceitos num todo coeso e oferecendo algumas observações sobre o quadro maior, com temas estratégicos importantes presentes em todo o livro. Finalmente, aconselharei os leitores a explorar a grande promessa desta época empolgante.

Yin e *yang*: o Poder da Coordenação em Rede e da Inteligência de Dados Combinadas

Apesar do caminho evolutivo sem igual do Alibaba, já deve estar claro que o novo modelo de negócio que desenvolvemos tem consequências globais muito mais amplas. Para parafrasear Schumpeter, a revolução costuma vir da periferia, sem ser atrapalhada pelo custo da mudança nem por fardos herdados e além dos faróis das grandes do mercado.[1] Realmente, a China veio de trás muito depressa, e o Grupo Alibaba está na vanguarda. Os líderes atuais do mundo dos negócios já obtiveram sucesso com essas estratégias, e os líderes do futuro estão começando a implementar a caixa de ferramentas do negócio inteligente.

A coordenação em rede e a inteligência de dados são forças econômicas fundamentais que configuram o futuro dos negócios. As empresas podem e devem implementar esses mecanismos e estratégias como fontes de vantagem competitiva em produtos, serviços e organização. Em boa parte deste livro, descrevi essas duas forças isoladamente. Mas, embora a força numa área baste para criar uma empresa forte e até muito valiosa, as empresas com mais vantagem competitiva aproveitarão tanto a coordenação em rede quanto a inteligência de dados.

Como já descrito, a rede é o *yang* do *yin* dos dados. As duas forças estão interligadas e são mutuamente dependentes. Como as redes e os dados impulsionam o crescimento um do outro, o ciclo de valor que os dois criam em conjunto oferece cada vez mais vantagem competitiva. Com redes ou dados, você pode superar a concorrência. Com ambos, além de superar, sua vantagem competitiva também se constrói constantemente. A sinergia entre redes e dados é o que torna tão poderosa a empresa inteligente e, de várias maneiras, tão perigosa para a concorrência.

Combinar o *yin* e o *yang* da empresa inteligente gera um novo arcabouço para a criação e a captura de valor no futuro. Como essas forças fundamentais não vão sumir, as tecnologias, estratégias e formas organizacionais geradas pela coordenação em rede e pela inteligência de dados também vieram para ficar. Os estrategistas mais perspicazes logo perceberão a lógica subjacente e a aplicarão a suas empresas. Inovações recentes, desde os avanços da inteligência artificial às novidades da tecnologia de coordenação, como a *blockchain*, provavelmente vão se disseminar e reforçar os princípios apresentados neste livro.

Por ser do Oriente, posso ver todo o quadro de *yin* e *yang*. O ponto de vista chinês ilumina uma fronteira dos negócios em parte obscurecida no Ocidente, mas as novas regras do futuro estão surgindo. Os fundamentos já estão embutidos no código genético das principais empresas da internet: os filamentos gêmeos do DNA da coordenação em rede e da inteligência de dados, a espiral dupla da empresa inteligente. As empresas chinesas que usam coordenação em rede generalizada e as empresas ocidentais que vêm desenvolvendo a inteligência de dados competem e cooperam no mundo inteiro. Como os líderes aprendem uns com os outros, Oriente e Ocidente se fundirão para definir o futuro dos negócios.

Os Circuitos de Feedback do Negócio Inteligente

Yin e *yang*. A espiral dupla. O negócio inteligente se reforça, crescendo até a grande altura da vantagem competitiva por meio de circuitos e mais circuitos de feedback. Vamos agora unir todos os conceitos deste livro num ciclo de autorreforço na criação de valor.

Os circuitos de feedback apareceram em todo este livro em diversas encarnações, do financiamento inteligente do MYbank até a tomada de decisões automatizada no aplicativo do Taobao, as prévias e vendas-

204 COMO FUNCIONAM OS NEGÓCIOS INTELIGENTES

-relâmpago de Big-E e a estratégia e a dinâmica organizacional do Alibaba. O feedback é um requisito da aprendizagem, e circuitos rápidos de feedback apressam o aprendizado. Os circuitos de feedback automatizados em tempo real, como os usados na inteligência de dados, aceleram a aprendizagem e criam uma vantagem sem precedentes. Os algoritmos e a inteligência de dados passam a refletir continuamente a empresa e suas operações. Mais amplamente, num mundo de empresas inteligentes, os circuitos de feedback operam em todas as ações e relações da rede por meio da inteligência de dados e dos dados vivos. Quanto mais a empresa utilizar circuitos de feedback, mais inteligente ficará.

A ideia do circuito de feedback traz uma enxurrada de consequências prescritivas. Quando a coordenação em rede e a inteligência de dados começam a afetar o modo como a empresa funciona, algumas coisas mudam. Como vimos no Capítulo 5, a promoção de conexões diretas com os clientes impõe que a criação de produtos e serviços passe a fazer parte do mesmo circuito de feedback. Essa é a essência do C2B. Mas, depois que uma parte da empresa começa a operar usando uma mentalidade C2B, todas as outras funções da empresa também têm de funcionar de um modo C2B e sob demanda. Os circuitos de feedback precisam operar entre o cliente (ou, pelo menos, o produto e o serviço projetados para o cliente) e todas as outras funções da empresa. Senão, a empresa não se manterá ágil e capaz de se adaptar. Ela será incapaz de servir ao cliente com eficácia e, provavelmente, será superada por empresas mais capazes de aproveitar a coordenação em rede, a inteligência de dados e os circuitos de feedback.

No entanto, na coordenação em rede as operações e os recursos da empresa não se limitam à própria empresa. Como descreveu o Capítulo 6, a empresa inteligente existe numa rede e tem de determinar seu posicionamento em relação aos outros participantes e a seu potencial de crescimento futuro. A interdependência na rede é ampliada pelos circuitos de feedback entre empresas por meio de tecnologias como as API. Esses circuitos de feedback ilustram por que a metáfora do ecossistema é tão importante. O projeto e a estrutura dos circuitos de feedback dentro de uma empresa específica são inextricáveis das relações da empresa com seus parceiros e plataformas. Como descrito no Capítulo 5, o software Layercake da Ruhan coordenou o feedback das plataformas de mídias sociais, das fábricas parceiras e da análise do comércio eletrônico para assegurar

O *Futuro do Negócio Inteligente* **205**

a modelagem e a produção rápida e exata de roupas. A Ruhan funciona por meio de circuitos de feedback em cima de mais circuitos de feedback.

Esses circuitos, onipresentes em todo o ecossistema, têm consequências ainda mais profundas para a empresa. Como descrevi no Capítulo 8, ao criar plataformas e infraestrutura internas para compartilhar conhecimento e funcionalidades, as empresas podem aumentar o alcance e o sucesso da inovação. Os sistemas internos de avaliação de métricas incentivam a experimentação por oferecer resultados e feedback em tempo real. O papel da empresa não é administrar seus trabalhadores, mas criar as ferramentas e condições que capacitem os trabalhadores a combinar rapidamente produtos e serviço experimentais, testar o mercado e ampliar as ideias que provoquem reação positiva. Todas essas melhorias organizacionais fortalecem o circuito central de feedback das reações do usuário às ações e decisões da empresa.

Sob outro ponto de vista, a abordagem organizacional da otimização da inovação não difere da maneira como a empresa se torna inteligente. A organização visa a facilitar internamente a coordenação em rede entre funcionários de funções e equipes diferentes, alinhando pessoas e funcionalidades em torno dos problemas do usuário. Ao mesmo tempo, ela deve aproveitar a inteligência de dados para melhorar o fluxo de trabalho com a criação de um banco de dados acessível de memória organizacional e o desenvolvimento de métricas inteligentes. Na prática, essa acessibilidade exige que os fluxos de trabalho internos ocorram on-line, sejam softwarizados e se baseiem em dados vivos. A empresa tem de se tornar inteligente no sentido exato que usei em todo este livro.

Além de capacitar a inovação, os líderes devem ajustar continuamente sua visão com experimentos, como descrito no Capítulo 7 — criando, mais uma vez, outro circuito de feedback. Em segundo lugar, usando o arcabouço de pontos, linhas e planos (Capítulo 6), os líderes devem entender com clareza onde as funcionalidades e a proposta de valor da empresa se encaixam nessa visão. A empresa cujo pessoal mantém clara a visão entenderá seu papel na criação desse futuro. As tecnologias, mentalidades e estratégias da empresa inteligente lhe trarão cada vez mais sucesso, mas exigirão imensa experimentação e trabalho para aprender como as funcionalidades centrais da rede e dos dados podem ser utilizadas da melhor maneira em situações diferentes.

206 COMO FUNCIONAM OS NEGÓCIOS INTELIGENTES

O Ecossistema e Sua Estratégia

Com a experiência do Alibaba, mostrei que as estruturas organizacionais e os modelos operacionais em rede causam muitas mudanças sutis e não intuitivas da percepção tradicional de como fazer negócios. Uma das maiores mudanças com consequências tanto para a empresa quanto para o indivíduo é a mentalidade de ecossistema.

No Capítulo 6, defini ecossistema como uma rede inteligente que evolui para resolver problemas complicados do cliente por meio da combinação de três papéis das empresas que o constituem: ponto, linha e plano. Embora a palavra "ecossistema" tenha sido usada em excesso nas últimas décadas, sob o ponto de vista estratégico essa metáfora ecológica ainda é muito útil para insistir que a estratégia para plataformas e indivíduos é reativa e não planejada, interligada e não isolada. Ela evolui pela interação de empresas-pontos, empresas-linhas e empresas-planos, pela combinação de coordenação em rede com inteligência de dados.

A história do Taobao mostra claramente o que quero dizer com "evoluir" e com a propriedade da metáfora do ecossistema. O Taobao não começou no primeiro dia com a visão de criar uma economia on-line composta por todos os participantes envolvidos no setor de varejo. Em vez disso, uma série de pequenas decisões de apoiar o trabalho dos outros foi crescendo aos poucos até se tornar uma estratégia de ecossistema. As empresas de plataforma devem se dedicar à construção da infraestrutura para o sucesso de outras empresas no ecossistema. O mais importante é que se disponham a experimentar, fazer iterações e, como explicado no Capítulo 2, deixar os papéis se desenvolverem e evoluírem em vez de sistematizar depressa demais seu crescimento.[2]

Embora os ecossistemas empresariais ainda sejam raros no mundo, eles vão proliferar rapidamente, tornar-se a parte mais importante da economia e afetar quase todos os leitores deste livro. As empresas mais inovadoras do futuro formarão novos ecossistemas para atacar desafios empresariais antes insolúveis, de modo semelhante ao modo como o Taobao criou uma economia on-line abrangente num país que não tinha nenhum setor nacional de varejo. Os inovadores construirão novos ecossistemas criando novas formas de coordenação eficiente e generalizada, alimentadas por sistemas de dados inteligentes que combinem e ampliem o esforço de muitos tipos de participantes da rede. Esses inovadores e todos os participantes da rede impulsionarão a nova economia.

O Que se Pode Fazer

Então, o que todas essas grandes mudanças significam para você? Mesmo que não seja um empreendedor ambicioso nem o presidente executivo de uma grande empresa, você e todo mundo terão de ajustar seu papel dentro das empresas e na sociedade em geral para prosperar ou mesmo só para sobreviver. Quero deixar aos leitores três pequenas pérolas de sabedoria tiradas de meus anos tentando entender as mudanças provocadas pela tecnologia e como os indivíduos deveriam se adaptar a essa época nova e às vezes desorientadora:

1. Hoje, as decisões corretas se baseiam em sua visão do futuro.
2. A criatividade será a única fonte de criação de valor.
3. Hoje, o indivíduo é mais poderoso do que nunca.

Para agir com eficácia hoje, você precisa de uma visão do amanhã.

Vivemos num mundo de mudança rápida e expansiva. O senso comum nos diz que, quanto mais depressa mudam as coisas, mais difícil é prever o futuro. Mas minha experiência me ensinou que é exatamente nas épocas de mudanças drásticas que os indivíduos precisam pensar claramente sobre o futuro. Quem tiver a visão mais clara do futuro apostará corretamente e terá o potencial de ganhar muito, enquanto aqueles sem essa visão, obviamente, errarão o passo. E, como a mudança vem tão depressa, um passo errado hoje pode tornar dificílima a recuperação amanhã.

Como o sucesso de hoje exige uma visão de futuro, é preciso que você faça o possível para chegar a uma imagem mais clara de onde seu setor estará daqui a cinco ou dez anos. Minha visão do futuro, apresentada neste livro, consiste na coordenação em rede e da inteligência de dados, mas é preciso vislumbrar como essas novas forças afetarão sua empresa e o ecossistema no qual ela opera. Essa difícil tarefa exige esforço substancial e atenção ao meio ambiente. Mas encontrar seu lugar no futuro é o trabalho mais importante que você pode fazer.

208 COMO FUNCIONAM OS NEGÓCIOS INTELIGENTES

Acredito que a visão — ou visionamento, como descrevi no Capítulo 7 — é uma habilidade e não um talento inato. Para melhorar, é preciso se esforçar para ficar na vanguarda da ciência e do setor, integrando continuamente informações novas e, mais importante, experimentando de forma incansável. Nos dois últimos capítulos, discuti a importância das iterações entre visão e ação. Usar ações para testar a visão é a melhor maneira de verificar e aumentar a qualidade dessa visão. Se continuar trabalhando com sua capacidade de visionar, você logo terá uma imensa vantagem sobre os outros.

Ter uma visão não significa que você tenha de ser um visionário como Steve Jobs, Elon Musk ou Jack Ma. Todo mundo pode aprender a perceber o futuro, não importa qual seja seu trabalho. Quando tiver uma visão do amanhã, você será capaz de imaginar onde se encaixa nesse futuro. A partir daí, pode determinar que ação executar hoje e como incorporar o feedback pertinente que o force a se autoajustar.

Para criar valor, é preciso ser criativo.

Em 1969, o incomparável Peter Drucker cunhou a expressão "trabalhador do conhecimento", prevendo que o trabalho dos gestores consistiria em medir e planejar e antevendo o modo como as empresas administrariam o conhecimento para desenvolver os talentos e competências da força de trabalho. Impulsionado pelas modernas disciplinas científicas, o conhecimento passou de bem privado a bem público. Na terminologia de Drucker, os negócios vivenciavam uma revolução do conhecimento, a terceira depois da revolução industrial do século XIX e da revolução administrativa no início do século XX. O principal fator (de produção) para o trabalhador como indivíduo criar valor dentro da empresa era usar seu conhecimento no trabalho.

No Alibaba, vemos uma quarta revolução se formando: a revolução da criatividade.[3] Nessa revolução, inovação e criatividade humana se tornarão a funcionalidade principal para produzir valor na economia futura. Deixei essa questão bastante clara no Capítulo 8. Há um debate imenso e acalorado no setor e nos círculos políticos sobre o impacto da inteligência artificial sobre os empregos e a força de trabalho. O debate indica que o trabalho rotineiro, até mesmo os cálculos e o processamento de informações, terá seu valor reduzido. Mas e o trabalho que não se pode repetir,

O _Futuro do Negócio Inteligente_ **209**

que exige conhecimento e raciocínio complexos ou cria algo completamente novo? Esse trabalho criativo terá valor crescente.

Num mundo onde a vantagem competitiva gira em torno de redes e dados, os caminhos para os seres humanos criarem valor mudarão. Sem criatividade, as pessoas não podem projetar novos modelos de negócio baseados em novos mecanismos de coordenação e cooperação. A inteligência de dados também exige uma quantidade enorme de criatividade humana, não só no projeto de algoritmos e produtos inteligentes, mas também na aplicação das tecnologias de aprendizado de máquina a questões empresariais complicadas e à implementação generalizada dessas tecnologias por meio de redes internas e externas. A pura execução de metodologias provadas e comprovadas criará cada vez menos valor num mundo movido a empresas inteligentes e C2B. Portanto, seja criativo.

No futuro em rede, onde mercados on-line poderosos e inteligentes estruturam a atividade econômica, quem tiver valor inigualável para contribuir encontrará um jeito de aplicar esse valor a serviço de si e dos outros. O mais importante é que agora o impacto da criatividade pode ser rapidamente amplificado pelas redes com a tecnologia de dados. Essa observação me leva a meu último conselho.

O indivíduo é mais poderoso do que nunca.

Na economia industrial tradicional, as empresas funcionavam como máquinas bem azeitadas, e o lugar da pessoa como engrenagem individual era mais ou menos fixo. Conforme as linhas de montagem proliferaram no local de trabalho, o lugar do indivíduo na sociedade diminuiu. Havia pouco espaço para desenvolvimento ou mudança. A criatividade operava num nível local e estreito.

As tecnologias de rede, como a internet, mudaram tudo isso. Este livro mostrou que as grandes plataformas só prosperam porque capacitam melhor os pontos ou indivíduos a crescer e ter sucesso. No outro sentido, os indivíduos podem acessar e utilizar cada vez mais funcionalidades e outros recursos que não lhes pertencem, desde que esses recursos estejam disponíveis dentro da rede e sejam habilitados por plataformas. A _web celeb_ Big-E é um excelente exemplo. Em menos de uma década, a modelo interna regular de uma grande loja, com pouca liberdade e poder de ganho limitado, se metamorfoseou primeiro numa modelo autônoma que

210 COMO FUNCIONAM OS NEGÓCIOS INTELIGENTES

cobrava caro no mercado aberto do Taobao e, finalmente, na dona de uma marca que ganha uma bela fortuna como *web celeb*. Essa transformação não teria acontecido na época empresarial anterior às plataformas, aos ecossistemas e às empresas inteligentes.

O segredo para maximizar o potencial individual é o posicionamento correto, como descrito no Capítulo 6. Quer decida ser um ponto, quer prefira ser uma linha ou um plano, você pode se aproveitar das funcionalidades e dos efeitos de rede para crescer numa velocidade que seria inimaginável sozinho. Em termos gerais, os princípios da empresa inteligente se aplicam tanto a indivíduos quanto a empresas. Seja flexível. Pense meticulosamente em seu posicionamento dentro de qualquer empresa ou rede e explore o modo como as tecnologias de dados podem maximizar sua contribuição. Escolha o papel e os parceiros que lhe derem mais alavancagem e tragam mais potencial para o futuro.

Essa é uma época empolgante para viver. De forma anti-intuitiva, o indivíduo tem mais potencial, talvez, do que em qualquer outra época da história. No momento em que parecem assumir o controle do mundo, as tecnologias avançadas estão se reunindo para emancipar a criatividade individual dos grilhões das organizações estáticas. Não tenha medo das tecnologias que definem a era atual. Elas não precisam engolir o indivíduo e podem impeli-lo à frente rumo a grandes alturas.

Há muito mais para vir

Nasci em 1970, numa cidade chinesa de terceiro nível. A China ainda estava no meio da Revolução Cultural, e eu mal tinha comida suficiente. Por sorte de minha geração, crescemos enquanto a China iniciava as reformas econômicas que começaram em 1978, quando o país se abriu para o mundo maior. Pude fazer meu PhD nos Estados Unidos em 1991 graças a uma bolsa oferecida pelo campus de Binghamton da Universidade do Estado de Nova York. Ainda me lembro vivamente de como fiquei chocado quando entrei pela primeira vez num supermercado de Binghamton: era o paraíso na Terra.

Pouco sabia eu que, quinze anos depois, entraria no Alibaba e participaria de uma jornada que transformou o setor global de varejo. No início dos anos 2000, a China tinha pouquíssimas lojas de departamentos grandes. A logística para o consumidor era inexistente. As pessoas ainda

O Futuro do Negócio Inteligente **211**

pagavam tudo em dinheiro e eram cautelosas ao comprar até mesmo os produtos que podiam ver e tocar. Devido ao Alibaba e a outras empresas chinesas da internet, a situação mudou completamente em menos de vinte anos. Agora, as compras por celular, a entrega no mesmo dia e a confiança entre desconhecidos se tornaram a norma para a nova geração de jovens chineses. A velocidade da mudança me espanta até hoje.

É muita mudança em breves duas décadas, mas muito mais está por vir nos próximos anos. Google, Facebook, Amazon, Alibaba e Tencent foram todas criadas há poucas décadas, e agora todas figuram entre as dez maiores empresas do mundo em valor de mercado. Especulo regularmente com colegas sobre qual será a primeira empresa de um trilhão de dólares.

Vivemos numa época de mudanças exponenciais. Tudo o que descrevi neste livro logo será senso comum. A mudança será disruptiva. Mas também trará oportunidades imensas.

Espero sinceramente que o arcabouço apresentado neste livro ajude a guiar nossas ações para o grande sucesso. Como diz o ditado, a melhor maneira de prever o futuro é criá-lo. Estou empolgado para ver o futuro que os líderes das empresas de amanhã criarão.

APÊNDICE A

O ALIBABA E SUAS FILIADAS

A fundação do Alibaba

O Alibaba foi lançado ao palco mundial quando abriu explosivamente seu capital em 2014, mais de uma década depois de Jack Ma fundar a empresa. (Ver na Tabela A-1 a história resumida do Alibaba.) Considerando que a China hoje é a segunda maior economia do mundo, os observadores podem ter dificuldade para recordar quanto e com que rapidez o país avançou desde as reformas econômicas da década de 1970. Antes, o governo da China planejava centralmente a economia socialista do país, orquestrando o trabalho de milhões de comunas no vasto campo chinês. Com as reformas de mercado de Deng Xiaoping, a China deu meia-volta e adotou com fervor o mercado de capitais e a livre empresa. Mas só na década de 1990 o setor privado começou verdadeiramente a surgir como força motriz da sociedade e se tornou um destino atraente para trabalhadores acostumados ao mesmo local de trabalho do berço ao túmulo e aos benefícios socialistas vitalícios. Só em 1992, 120.000 funcionários públicos abandonaram a segurança de seus confortáveis postos no governo para pular no mar do empreendedorismo do livre mercado.

Naquela época, os Estados Unidos já vivenciavam as primeiras ondas empolgantes da expansão das empresas ponto.com: o navegador Mosaic foi lançado em 1993, e David Yang e Jerry Filo abriram o site na internet que, no ano seguinte, viraria o Yahoo!

Em 1994, desde sua formatura na universidade da cidade natal, Hangzhou, antes capital da Dinastia Song e, em 1994, uma cidade pequena com 2,5 milhões de habitantes, Ma trabalhava como professor de inglês. (Depois, Hangzhou inchou até mais de oito milhões de habitantes e, hoje, é a segunda cidade mais importante depois de Xangai, na zona econômica

214 ALIBABA

do delta do Yang-Tsé.) Naquele ano, quando visitou os Estados Unidos trabalhando como intérprete, ele encontrou a internet pela primeira vez. Ma recorda que começou a procurar cerveja on-line e encontrou cerveja americana, japonesa e alemã. Só quando percebeu que não vinha nenhum resultado para a cerveja chinesa ele teve um vislumbre passageiro de uma enorme oportunidade de negócios.

Quando voltou à China, Ma fundou em Hangzhou sua primeira empresa, a China Yellow Pages (Páginas Amarelas chinesas), mas depois não teve opção senão vender a empresa para a China Telecom. Quando aprendeu mais sobre a internet, Ma percebeu que essa nova tecnologia tinha o potencial de abrir e expandir o comércio chinês para o mundo exterior e levar o país à superautoestrada das informações. Mas, em geral, a China parecia não se interessar. Embora ele ajudasse a criar o portal na internet do Ministério de Comércio Exterior, em Pequim, as grandes ideias de Ma foram recebidas com frio desinteresse pela maioria das autoridades comerciais.

Ma voltou para Hangzhou e, em 1999, juntou uma dúzia de amigos para fundarem um novo site de comércio eletrônico voltado para pequenas e médias empresas (PME) exportadoras. Ele chamou o site de Alibaba, da história das Mil e Uma Noites. Na época, o comércio chinês estava realmente crescendo, mas a maior parte do volume das mercadorias exportadas tinha de passar pelos canais oficiais, numa prática exemplificada pela Feira de Cantão. Realizada duas vezes por ano, era a maior e mais antiga feira comercial da China, realizada em conjunto pelo Ministério do Comércio Exterior e pelo governo da província de Guangdong. Para as empresas que conseguiam entrar na feira, os negócios eram excepcionais. Mas, na infinidade de PME do país inteiro que batiam à porta, Ma viu uma imensa oportunidade. O Alibaba foi o abre--te sésamo das PME.

Como muitos outros empreendedores da época, Ma tinha sonhos de se tornar outro Yahoo! ou alguma das ponto.com que vinham surgindo no Vale do Silício, mas tinha pouco para sustentar essa aspiração. Depois de rejeitado por 37 capitalistas de risco, Ma conheceu Joseph Tsai, um canadense originário de Taiwan que na época trabalhava numa empresa de investimentos sueca. Ma convenceu Tsai do potencial do Alibaba e, com sua ajuda, obteve em outubro de 1999 um total arredondado de cinco milhões de dólares, encabeçado pelo Goldman Sachs. No início do ano seguinte, o

Softbank do Japão fez mais um investimento de vinte milhões de dólares. Tsai entrou no Alibaba como um de seus primeiros funcionários.

Mas, em dezoito meses, a bolha das empresas ponto.com explodiu. Por já ter usado quase todo o dinheiro, o Alibaba eliminou todos os projetos de negócio secundários e se concentrou no produto central, deixando as PME exportadoras pagarem pela posição premium em seu mercado B2B. Esse produto, o chamado Gold Suppliers (fornecedores--ouro), combinado a uma força de trabalho incansável de venda direta que recrutou milhares, manteve o Alibaba à tona. Em 2002, a empresa começou a ter lucro. Mas a história verdadeiramente revolucionária do Alibaba ainda estava começando. (Veja na Tabela A-1 um resumo dos marcos do Alibaba.)

TABELA A-1

Cronograma do Alibaba

Ano	Marco	Usuários chineses da internet (milhões)
1999	Fundação do Alibaba.com	9
2003	Lançamento do Taobao	80
2004	Lançamento de Wangwang e Alipay	94
2007	Lançamento de Alimama; Alibaba.com registrado em Hong Kong	210
2008	Lançamento do Taobao Mall (nome depois alterado para Tmall)	298
2009	Fundação da Alibaba Cloud	384
2010	Lançamento do AliExpress	457
2013	A Cainiao Network e o Small and Micro Financial Services Group (depois, Ant Financial) são criados	618
2014	O Alibaba abre seu capital nos Estados Unidos	649

216   ALIBABA

A oportunidade do varejo na China

Em 2003, Ma iniciou um projeto secreto, um site para o consumidor doméstico que chamou de Taobao ("caça ao tesouro" em chinês). Na época, o setor de varejo da China era quase inexistente.[1] O desafio do Taobao era simplesmente construir do nada todo o setor de varejo.

Muitos leitores conhecem a vitória do Taobao sobre o eBay na China: apenas dois anos depois da fundação do Taobao, a participação da jovem empresa no mercado explodiu e foi de 8% a 59%, enquanto a do eBay despencava de 79% para 36%. Em 2006, o eBay anunciou que, apesar do enorme investimento, sairia da China. Desde então, o Taobao manteve sua posição dominante de maior plataforma de comércio eletrônico do país. Ele ensinou a China a confiar seu dinheiro a desconhecidos e escreveu várias páginas da história mundial dos negócios. Mas muitos observadores deixam de ver o ponto principal da história do Taobao. Por surgir no vácuo, a plataforma teve de recriar todas as camadas dos negócios modernos num ambiente on-line, das vendas ao marketing, das operações à logística, e depois subindo ainda mais pela cadeia de suprimentos.

Essa carência de infraestrutura do varejo da China pode ser vista na baixa penetração dos imóveis comerciais. Na China, o espaço per capita ocupado pelo varejo sempre ficou atrás dos países mais desenvolvidos. Em 2011, a área per capita do varejo nos Estados Unidos era de 4,2 m²; na Austrália, de 2,1 m²; e, na economia extremamente madura do Japão, já chegou a 1,5 m². A China, por sua vez, tinha mero 1,2 m² per capita, do qual "grande parte do estoque atual ficará obsoleta".[2] Devido à extrema diversidade social e geográfica da China, o macronível estatístico só conta uma parte da história, porque a infraestrutura, como os imóveis, se espalha de forma irregular pelo país. Não falta demanda de varejo na China. Na verdade, o país sofre de todo tipo de deficiência infraestrutural, nos transportes, nas comunicações e nas finanças.

Durante a maior parte do período moderno, a China não teve mercado nacional no sentido tradicional da palavra. Como os produtores de bens de consumo não conseguiam atingir nada parecido com um mercado nacional, a maioria das marcas se satisfazia com o alcance local, que normalmente significava uma província ou algumas províncias vizinhas. (O mercado dentro de uma província não é de se desdenhar, já que muitas províncias chinesas são maiores, em área e população, do que muitos países europeus.) A diversidade da China também costuma ser subavaliada. Os costumes e o clima do país variam enormemente de norte a sul, de leste a oeste. São 56 etnias reconhecidas, muitas com idioma próprio, e oito religiões principais. A geografia é variadíssima, e ainda há um abismo imenso entre a área rural e urbana. Potências do consumo como McDonald's, Nike e P&G ou seus equivalentes chineses fazem negócios prósperos, mas as marcas não atingem a influência homogeneizante que têm em muitos países menos diversificados. A maioria dos consumidores da China tem sido muitíssimo mal servida há décadas.

Como resultado natural dessa discrepância, o comércio eletrônico entrou para preencher a lacuna que as empresas tradicionais deixaram. Na China, o comércio eletrônico cresceu muito mais depressa do que o varejo off-line. Novas marcas Tao surgiram no Taobao para ocupar o espaço supramencionado. Como a China não tinha mídia publicitária nacional, o comércio eletrônico a assumiu. Como a China não tinha redes nacionais de distribuição, o comércio eletrônico, mais uma vez, assumiu a liderança. Como a China não tinha serviços nacionais de logística para o consumidor, o comércio eletrônico incubou a rede, e o mesmo processo ocorre atualmente na indústria e no financiamento de PME.

Assim, mesmo que só na superfície, a história do Alibaba é a transformação completa do setor insuficiente do varejo da China. Mas ela não fez como a Amazon; não se tornou um varejista gigantesco, não montou uma frota de logística nem expulsou as pequenas empresas do país inteiro. Em vez disso, desde o primeiro dia o Alibaba começou com a missão de "facilitar os negócios em qualquer lugar" aproveitando a tecnologia da internet. O conceito central do Alibaba como empresa é capacitar os outros a fazerem negócios, começando desde o princípio com uma mentalidade de plataforma. Hoje, o Alibaba opera plataformas nas quais uma infinidade de outros prestadores de serviços oferece recursos e funções, das soluções de software a operação de lojas, logística, marketing, publicidade e pagamentos. A visão estratégica do Alibaba exige colaboração em grande escala e a construção e operação de imensos sistemas de negócios interligados.

No resto deste Apêndice, resumirei cada um dos principais negócios do Alibaba, começando com seus mercados centrais. Nosso negócio principal no comércio compreende plataformas que operam em quatro áreas: comércio varejista na China, comércio atacadista na China, comércio varejista global e transfronteiras e comércio atacadista global e transfrontei-

218 ALIBABA

ras. (A não ser quando citado, as informações e estatísticas deste Apêndice vêm das declarações financeiras do Alibaba à SEC, Securities & Exchange Commission — comissão de títulos e valores mobiliários — dos EUA.)

Varejo na China: Taobao, Tmall e Juhuasuan

Neste livro, usei "Taobao" como termo genérico para as plataformas de varejo do Alibaba. Nossos mercados varejistas se tornaram uma parte importante da vida cotidiana dos consumidores chineses on-line. Nossa elevada taxa de penetração na população que compra on-line na China é evidenciada pelos 443 milhões de compradores ativos por ano que tivemos nos doze meses encerrados em 31 de dezembro de 2016 (entre os 467 milhões de usuários de internet chineses que já fizeram compras on-line), assim como os mais de dez milhões de vendedores ativos por ano e mais de um bilhão de produtos e serviços oferecidos, pelo menos, em 150 categorias.

Embora compartilhem boa parte da mesma infraestrutura técnica, essas plataformas varejistas estão divididas em várias empresas varejistas relacionadas: o mercado Taobao, o Tmall (que inclui o Juhuasuan) e o Taobao Rural.

O mercado Taobao

O Taobao foi lançado em maio de 2003. Pelo site www.taobao.com e pelo aplicativo Taobao, os consumidores vão ao mercado Taobao, uma plataforma social voltada para o comércio, para viver uma experiência de compras envolvente e personalizada, otimizada por nossa análise de *big data*. Com conteúdo extremamente relevante e envolvente e atualizações em tempo real dos comerciantes, os consumidores podem saber de produtos e novas tendências. Também podem interagir entre si e com suas marcas e seus comerciantes favoritos no Taobao.

Os comerciantes do Taobao, primariamente, são indivíduos e pequenas empresas. Eles podem criar lojas virtuais e listar produtos gratuitamente no Taobao. Aos compradores, o Taobao oferece grande variedade, valor e praticidade. É possível que as ofertas do comércio eletrônico do Taobao sejam as mais diversificadas do mundo: de produtos dominantes com ou sem marca do mundo inteiro a marcas exclusivas e artesanais dentro da China, bens de consumo veloz, produtos personalizados, alimentos frescos, serviços locais e cursos educativos, para citar alguns. A plataforma compreende vários canais especiais que atendem à diversidade de consumidores sofisticados da China. Entre eles, há reformas e benfeitorias domésticas, moda de vanguarda, leilões, financiamento coletivo e comércio de segunda mão.

Em números (usuários ativos por mês), o Taobao foi o maior destino do comércio em dispositivos móveis da China em 2015, com mais de 150 milhões de visitantes diários. Os jovens são seus principais constituintes, com cerca de 70% dos compradores nascidos nas décadas de 1980 e 1990; mais de um terço dos vendedores do Taobao nasceu depois de 1990. Além do valor das transações, sua atividade social é profunda e cria cerca de dez milhões de compartilhamentos de produtos e vinte milhões de resenhas por dia.

Tmall

Lançado em abril de 2008 e ampliado para plataforma independente em junho de 2011, o Tmall foi a maior plataforma B2C da China em termos de volume bruto de mercadorias (de acordo com a iResearch). O Tmall atende a consumidores que buscam produtos de marca e uma experiência de compras diferenciada. Numerosas marcas e varejistas internacionais e chineses criaram lojas virtuais no Tmall. Ele se posiciona como plataforma de confiança para consumidores adquirirem produtos de marcas nacionais e internacionais e produtos não disponíveis no varejo tradicional. Em março de 2017, a plataforma oferecia mais de cem mil marcas.

Taobao Rural

No fim de 2016, cerca de 590 milhões de pessoas na China residiam em áreas rurais, de acordo com o escritório nacional de estatísticas do país. O consumo nas áreas rurais é extremamente restrito pela geografia dispersa e pelas limitações infraestruturais, devido ao custo proibitivo da distribuição. Visamos a aumentar o nível de consumo e comércio na China rural com nosso programa Taobao Rural. Até março de 2017, criamos centros de serviço em cerca de 26.500 aldeias para dar aos moradores do campo mais acesso a mercadorias e serviços e capacidade de vender às cidades o que fazem.

220 ALIBABA

Depois que os aldeões fazem seus pedidos nos centros de serviço, as mercadorias (como bens de consumo, aparelhos eletrônicos e suprimentos agrícolas) são entregues às estações de condados e depois levados por transportadoras locais até os centros de serviço das aldeias, onde o consumidor vai buscá-los. Com coordenação da Cainiao Network, quase todos os pacotes podem ser entregues pela estação do condado ao centro de serviço da aldeia no dia seguinte.

Varejo Global e Transfronteiras: AliExpress, Tmall Global e Lazada

AliExpress

O AliExpress é um mercado global voltado para consumidores do mundo inteiro que compram diretamente de fabricantes e distribuidores da China. Além do site global em inglês, o AliExpress opera dezesseis sites em idiomas locais, como russo, espanhol e francês. Os consumidores podem acessar o mercado pelo site ou pelo aplicativo AliExpress. Os mercados consumidores mais populares do AliExpress são Rússia, Estados Unidos, Brasil, Espanha, França e Reino Unido. Nos doze meses encerrados em março de 2017, o AliExpress tinha cerca de sessenta milhões de vendedores ativos por ano e, em volume bruto de mercadorias, gerou 10,1 bilhões de dólares.

Os comerciantes pagam uma comissão ao AliExpress, em geral 5% a 8% do valor da transação. Também geramos receita no AliExpress com comerciantes que participam do programa de afiliados de marketing e com os que compram serviços de marketing pagos pelo desempenho. Nos doze meses encerrados em março de 2017, o AliExpress gerou 7,2 bilhões de dólares em valor de transações.

Tmall Global

Em fevereiro de 2014, o Tmall lançou uma extensão internacional de sua plataforma. Chamada Tmall Global, a plataforma atende à demanda crescente do consumidor chinês de marcas e produtos internacionais. É a plataforma líder para marcas e varejistas estrangeiros atingirem os consumidores chineses, construírem consciência da marca e obter noções valiosas do consumidor para formar sua estratégia geral na China sem a necessidade de operações físicas no país. Por exemplo, Costco, Macy's,

O Alibaba e Suas Filiadas 221

Chemist Warehouse, Victoria's Secret, LG Household & Health Care e Matsumoto Kiyoshi têm lojas virtuais no Tmall Global.

Lazada

Em abril de 2016, adquirimos participação controladora na Lazada, principal operadora de plataformas de comércio eletrônico no sudeste da Ásia. A Lazada opera plataformas de comércio eletrônico na Malásia, nas Filipinas, em Cingapura, na Tailândia e no Vietnã, com sites em idioma local e aplicativos móveis para cada um dos seis mercados. A empresa oferece a comerciantes e marcas de terceiros uma solução de mercado com acesso simples e direto a consumidores desses seis países por meio de um único canal de varejo, além de entrega rápida e confiável. Ela também vende produtos pertencentes a suas operações de varejo. Nos doze meses que se encerraram em março de 2017, a Lazada tinha cerca de 23 milhões de compradores ativos por ano.

Comércio Atacadista na China e Global: 1688.com e Alibaba.com

Operamos na China um mercado atacadista, o 1688.com, que interliga compradores e vendedores em categorias como mercadorias em geral, vestuário, aparelhos eletrônicos, matérias-primas, componentes industriais e produtos químicos e agrícolas. Um número significativo de comerciantes de nossos mercados de varejo na China refaz seus estoques no 1688.com.

Também operamos o Alibaba.com, um mercado atacadista global em inglês fundado em 1999. Suas ofertas cobrem milhares de categorias de produtos em mais de quarenta setores, e, em receita, foi o maior mercado atacadista global da China em 2016, de acordo com a iResearch. Em março de 2017, os compradores do Alibaba.com se localizavam em mais de duzentos países e regiões do mundo inteiro.

O Alibaba.com compreende um conjunto de ferramentas e serviços que permitem aos compradores atacadistas, que são empresas de todos os tamanhos do mundo inteiro, e os fornecedores, em geral PME dedicadas a importação e exportação, a se encontrarem e fazer negócios. Entre esses serviços, há níveis premium de associação para fornecedores, verificação de compradores e vendedores, seguro comercial, serviços de inspeção e

222 ALIBABA

soluções logísticas, tudo embutido numa infraestrutura abrangente de pagamento e financiamento. Compradores e vendedores gozam de um fluxo de trabalho transfronteiras on-line cada vez mais tranquilo e seguro.

Finanças: Ant Financial e Alipay

A Ant Financial Services oferece serviços de pagamento digital e outros serviços financeiros e de valor agregado a consumidores e PME da China e do mundo inteiro. Os serviços incluem pagamentos, gestão de patrimônio, empréstimos, seguros e sistemas de crédito. A Ant Financial Services usa sua tecnologia e ideias dos clientes para ajudar instituições financeiras, PSI e outros parceiros de sua plataforma a aprimorar a experiência do usuário e aumentar suas funcionalidades de gestão de risco. Nos doze meses encerrados em março de 2017, a Ant Financial Services, juntamente com a Paytm (empresa indiana de pagamentos eletrônicos com 40% de participação da Ant) e a Ascend Money (empresa de comércio eletrônico com sede na Tailândia na qual a Ant investe), serviu a mais de 630 milhões de usuários ativos globais por ano.

O Alipay, subsidiária totalmente pertencente à Ant Financial Services, oferece serviços de pagamento e caução a transações no Taobao, no Tmall, no 1688.com, na AliExpress e em algumas de nossas outras plataformas. O Alipay é o principal meio de pagamento dos consumidores nas compras em nossos mercados varejistas na China. Com exceção de transações pagas com produtos como cartões de crédito, nas quais o Alipay cobra do comerciante, nem o Grupo Alibaba nem o Alipay cobram nada dos comerciantes que fazem negócios em nossas plataformas. Em vez disso, o grupo paga ao Alipay uma taxa pelos serviços de pagamento e caução fornecidos em nossos mercados, após um acordo comercial entre a Ant Financial Services e o Alipay.

A Ant Financial Services faz parceria com mais de duzentas instituições financeiras do mundo inteiro. Ela e seus parceiros também oferecem gestão de patrimônio, empréstimos, seguros, sistemas de crédito e outros serviços a comerciantes e consumidores no ecossistema do Alibaba. Entre os serviços, estão empréstimos de capital de giro a PME, empréstimos ao consumidor e seguros de logística para cobrir o custo de mercadorias devolvidas. Hoje, mais de 0,8 milhão de restaurantes, cinquenta mil supermercados, trezentos hospitais e um milhão de táxis aceitam o Alipay como método de pagamento na China. Em 2015, a solução de pagamento no ponto de vendas do Alipay, com base em código de barras, era aceita em mais de setenta mil lojas de varejo no exterior, em setenta países e regiões, e o reembolso de tributos por meio do Alipay é aprovado em 24 países.

Em 29 de setembro de 2014, a Ant Financial recebeu aprovação da Comissão Regulatória dos Bancos da China para abrir um banco privado chamado MYbank (Zhejiang E-Commerce Bank Co. Ltd.), juntamente com a Shanghai Fosun Industrial Technology, pertencente à Fosun International, e a Ningbo Jinrun Asset Management. O MYbank utilizará totalmente a análise on-line e de *big data* para satisfazer as necessidades financeiras de pequenas e microempresas, além de consumidores individuais. O banco iniciou seus negócios em junho de 2015. Até o fim de 2016, o MYbank administrava 61,5 bilhões de RMB em recursos (9,46 bilhões de dólares) e tinha 32,9 bilhões de RMB (5 bilhões de dólares) em empréstimos a vencer. Em dezembro de 2016, o banco, que só opera on-line, servia a quase três milhões de pequenas empresas e lhes emprestou mais de 87 bilhões de RMB (13,4 bilhões de dólares) desde sua fundação. O custo de seus empréstimos equivale ao da maioria dos bancos chineses. Sua margem líquida de operação, de 3% a 5%, é significativamente mais alta, e a taxa de prejuízos, de 1%, é significativamente mais baixa.[3]

Logística: Cainiao Network

A Cainiao Network é uma *joint venture* formada pelo Alibaba em maio de 2013 com outros acionistas envolvidos em logística, varejo e imóveis. Entre esses acionistas há quatro grandes empresas de encomendas expressas da China. A Cainiao Network em si não entrega encomendas. Ela opera uma plataforma de dados logísticos que aproveita a capacidade e as funcionalidades dos parceiros para realizar transações em grande escala entre comerciantes e consumidores.

Por meio da abordagem de plataforma, a Cainiao Network integra os recursos dos prestadores de serviços de transporte para montar o ecossistema de logística. Ela opera com noventa parceiros nacionais e internacionais, inclusive com quinze parceiros de transporte estratégico. Em março de 2017, os quinze parceiros de transporte expresso estratégico da Cainiao Network empregaram mais de 1,8 milhão de pessoas em mais de seiscen-

224 ALIBABA

tas cidades e 31 províncias da China, de acordo com dados fornecidos por esses parceiros. Coletivamente, eles operaram mais de 180.000 centros e estações de triagem.

A Cainiao Network usa tecnologia e ideias vindas de seus dados para aumentar a eficiência da cadeia de valor logístico. A plataforma de dados exclusiva oferece acesso em tempo real aos dados dos comerciantes para gerir melhor o estoque e o armazenamento e para os consumidores acompanharem os pedidos. Além disso, a plataforma de dados ajuda os prestadores de serviços de logística a melhorar seus serviços. Por exemplo, esses prestadores podem usar os dados para otimizar as rotas de entrega usadas pelas empresas de transporte expresso.

Computação em Nuvem: Alibaba Cloud

Fundada em 2009, a Alibaba Cloud visava a disponibilizar a terceiros as tecnologias que evoluíram das necessidades de computação em nuvem do próprio Grupo Alibaba para operar na escala e complexidade imensas de seu principal negócio comercial. Em 2016, expandimos nossos serviços de computação em nuvem para Japão, Coreia, Alemanha, Oriente Médio e Austrália, para oferecer a clientes do mundo inteiro mais acesso a nossas diversas ofertas. Até março de 2017, a Alibaba Cloud tinha, aproximadamente, 874.000 clientes pagantes. Em termos de receita, em 2016 a empresa foi o maior prestador de serviços em nuvem pública da China, de acordo com a empresa global de informações de mercado 1DC.

A Alibaba Cloud oferece um conjunto completo de serviços em nuvem, como computação elástica, armazenamento de dados, rede de entrega de conteúdo, computação em grande escala, segurança, serviços de gestão e aplicação, análise de *big data* e uma plataforma de aprendizado de máquina. Entre os produtos que diferenciam a Alibaba Cloud de seus pares nacionais estão e produtos de segurança exclusiva e *middleware*, serviços de computação em grande escala e funcionalidades analíticas fornecidas por nossa plataforma de *big data*. Esses produtos permitem que os clientes construam rapidamente infraestrutura de TI on-line sem ter de trabalhar no local. No festival de compras do Dia dos Solteiros de 11 de novembro de 2017, a Alibaba Cloud processou com sucesso um pico do volume de transações de 325.000 pedidos por segundo.

O Ecossistema Mais Amplo

Em torno de nossos mercados centrais de comércio eletrônico e dos principais negócios (Ant Financial, Cainiao Network e Alibaba Cloud), há várias empresas e iniciativas novas. Um poderoso efeito de rede e a sinergia entre nossas plataformas principais e essas novas empresas impulsionarão o crescimento futuro da economia on-line do Alibaba, nos aproximando cada vez mais de cumprir nossa missão de facilitar negócios em qualquer lugar. Vejamos algumas dessas novas empresas.

Meios Digitais e Entretenimento: Youku Tudou e UC Browser

Aproveitamos nosso profundo conhecimento do consumidor para atender a seus interesses mais amplos e desenvolvemos um negócio emergente nas mídias digitais e no entretenimento com duas abordagens. Primeiro, desenvolvemos duas plataformas principais de distribuição, Youku Tudou e UC Browser. Depois, criamos diversas plataformas de conteúdo que oferecem dramaturgia televisiva, programas de variedades, noticiários, filmes, música, esportes e eventos ao vivo.

O Youku Tudou, empresa líder de entretenimento e mídia multitelas na China, está entre as marcas de vídeo on-line mais reconhecidas no país. O UC Browser é um dos três principais navegadores para dispositivos móveis do mundo e, em maio de 2017, era o navegador móvel número um na Índia e na Indonésia por participação do mercado de *page views*, de acordo com a StatCounter. Em março de 2017, nossas empresas de entretenimento e mídia digital tinham mais de meio bilhão de usuários ativos mensais em dispositivos móveis, incluindo os usuários no exterior.

Mapeamento e Navegação: AutoNavi

O AutoNavi é uma fonte importante de mapas digitais, navegação e informações sobre o trânsito em tempo real na China. Além de oferecer esses serviços diretamente aos usuários finais, o AutoNavi também opera uma das principais plataformas abertas da China, que abriga muitos aplicativos móveis importantes em diversos setores, como entrega de comida, serviços de carona, táxis e redes sociais com seus serviços baseados em localização. A empresa oferece serviços fundamentais para as maiores plataformas do

226 ALIBABA

ecossistema do Alibaba, inclusive nossos mercados de varejo na China, Cainiao Network e Alipay.

Serviços locais: Koubei e Ele.me

Em 2015, o Alibaba e a Ant Financial Services criaram a *joint venture* Koubei, principal empresa de guia de serviços na China. A Koubei opera serviços *online-to-offline* (O2O) em conjunto com o Alipay, gerando demanda para estabelecimentos locais, como restaurantes, supermercados, lojas de conveniência e outros empreendimentos de estilo de vida fora da internet. O serviço dá aos consumidores uma experiência em circuito fechado, desde a aquisição de informações no celular até encontrar a loja e obter descontos na hora de pagar. Nos três meses encerrados em 31 de março de 2017, o Koubei gerou 74,7 bilhões de RMB (10,9 bilhões de dólares) em valor bruto de mercadorias por meio do Alipay com os comerciantes.

Em março de 2016, o Alibaba investiu, em conjunto com a Ant Financial Services, na Ele.me, principal empresa de entrega de comida da China. Os consumidores que usam o aplicativo da empresa podem pedir refeições, lanches e bebidas pelo dispositivo móvel. Por meio de uma rede de entregas com funcionários e terceirizados, em março de 2017 o serviço da empresa cobria mais de mil e quinhentos distritos e condados da China. Com um acordo de cooperação, o Ele.me atende aos pedidos de comida gerados nos aplicativos do Taobao e do Alipay.

APÊNDICE B

A EVOLUÇÃO DO TAOBAO COMO ECOSSISTEMA INTELIGENTE

As plataformas de varejo do Alibaba contam um caso sem precedentes nos anais da história dos negócios. Em apenas dez anos, surgiu uma economia varejista totalmente funcional num ambiente on-line, com uma série de funções empresariais e participantes independentes associados. Os principais argumentos e estudos de caso deste livro usaram amostras da história do Alibaba e do Taobao. No entanto, os leitores interessados na evolução estratégica maior do mercado talvez queiram examinar a plataforma diacronicamente.

Este Apêndice acompanhará o crescimento dos mercados de comércio eletrônico do Alibaba (exemplificados pelo Taobao, o primeiro e ainda o maior mercado, embora daqui para frente eu vá usar o nome Taobao para incluir plataformas varejistas relacionadas, como o Tmall para marcas maiores e o AliExpress para o mercado internacional). No decorrer do livro, discuti episódios e exemplos da rica experiência operacional do Taobao. Neste Apêndice, reorganizarei esse material cronologicamente e preencherei as lacunas importantes, na esperança de que uma descrição histórica do crescimento do Taobao ajude os leitores a entenderem melhor o arcabouço conceitual do livro e de que modo evolui uma rede de empresas inteligentes. (Para evitar repetições, encaminharei os leitores ao capítulo pertinente quando discutir material já visto no livro.)

Quatro Estágios de Crescimento

O arcabouço analítico central deste livro — a combinação de coordenação em rede e inteligência de dados — veio de anos de observação do crescimento não planejado da plataforma do Taobao. Ela não foi construída passo a passo com base num projeto concebido pela sede. Constantemente, os líderes do Taobao reagiram a aperfeiçoamentos em que usuários de seu mercado foram pioneiros. Dessa maneira, o que começou como um mercado básico cresceu organicamente e se tornou um ecossistema muito complicado.

O Taobao exemplifica a organização empresarial que chamo de ecossistema, uma rede inteligente de participantes empresariais disparatados que evolui para resolver problemas complicados dos clientes. Seu crescimento ocorreu em quatro estágios: construção do mercado on-line, construção da rede coordenada, surgimento da empresa inteligente e crescimento exponencial por meio da empresa inteligente.

O ecossistema de varejo do Taobao e do Alibaba ainda está evoluindo. Seu futuro é uma rede inteligente com coordenação global que Jack Ma chama de "a economia Alibaba". Vejamos esses estágios evolutivos ano a ano.

Construção do mercado on-line
2003 a 2005

Como descrito no Capítulo 2 e no Apêndice A, o Taobao surgiu num vácuo relativo de tecnologia e serviços que capacitaria o varejo on-line. A tarefa inicial do Taobao era simplíssima: fazer mais gente comprar pela internet. Em consequência, a princípio o Taobao se concentrou em pôr na internet os principais constituintes do mercado: produtos, interações entre comerciantes e consumidores, transações. Depois desse esforço, o Taobao se tornou um mercado on-line funcional. Era uma versão muito simples do que, mais tarde, seria entendido como coordenação em rede. O Taobao pôs todas as partes básicas do mercado na internet, onde poderiam interagir por meio de nossa plataforma. Nesse estágio, faltava ao Taobao inteligência de dados, embora o banco de dados mais básico e as categorias simplíssimas de produtos na internet fossem o alicerce para a

A Evolução de Taobao como Ecossistema Inteligente   229

posterior datificação e para mecanismos de mercado que combinariam compradores e vendedores.

Desde o começo, o Taobao tinha um propósito claro: povoar o mercado e estabelecer mecanismos que facilitassem a conexão e a interação diretas entre os usuários. A princípio, o site do Taobao era, em essência, um quadro de avisos on-line. Todos os usuários foram criados iguais: todos iam ali para fazer algum tipo de negócio, quer quisessem revender ou vender no atacado, oferecer bens de sua casa ou apresentar mercadorias de criação própria. Aos poucos, os vendedores começaram a se especializar e a se expandir em várias categorias de produto.

Nossos indicadores internos de desempenho, nos três primeiros anos da empresa, foram o acúmulo de três massas críticas: produtos, comerciantes e compradores. Também trabalhamos para forjar conexões entre os constituintes do mercado. O fórum do Taobao permitia que grupos de consumidores e comerciantes se interligassem e discutissem desafios em comum. Essa comunidade foi utilíssima para disseminar o know-how e ajudar os recém-chegados a aprender o ABC das vendas on-line. O aplicativo de mensagens instantâneas Wangwang ligava consumidores e comerciantes, para que discutissem transações ou ofertas de produtos. E a atribuição de classificação de crédito a vendedores ajudou tremendamente a superar a falta de confiança no ambiente on-line.

Infraestrutura

Nesse estágio inicial, boa parte do esforço da empresa se consumia com a criação das funções mais rudimentares do site: expor informações sobre os produtos, permitir a comunicação central e capacitar todas as facetas do processo de transação on-line, principalmente a transferência de dinheiro. As funções mais importantes da infraestrutura criadas nesse estágio foram as de comunicação e pagamento.

- *Mensagens instantâneas:* O aplicativo Wangwang de mensagens instantâneas interligava consumidores e comerciantes (Capítulo 2).

- *Pagamentos:* A criação do Alipay e de transações com garantia (caução) levaram ao sistema confiança e liquidez, essenciais na construção de um mercado (Capítulo 2).

Construção da rede coordenada
2006 a 2008

Com os ingredientes básicos para o crescimento instalados, o mercado do Taobao começou a atacar os muitos desafios criados pelas transações cada vez mais sofisticadas no site. Ele precisava oferecer mais funcionalidade, que não poderia ser manejada só pela plataforma. Com o surgimento das necessidades, participantes novos ou existentes deram um jeito de satisfazê-las. Participantes individuais começaram a se especializar ou a aproveitar a própria habilidade e se tornaram prestadores de serviço.

Em termos econômicos, conforme mais participantes entravam na rede e as categorias e ofertas de produtos proliferavam, o crescimento das várias funções e categorias começou a promover externalidades à rede que se autofortaleciam. Elas brotaram em todas as superfícies, alimentando o motor de crescimento do mercado. Esse estágio demonstrou o potencial de expansão exponencial do Taobao, pois o valor bruto das mercadorias decuplicou de 10 bilhões para 100 bilhões de RMB (de 1,54 bilhão para 15,4 bilhões de dólares).

Coordenação em rede

Com a infraestrutura básica do Wangwang e do fórum do Taobao como trampolins, os usuários dos muitos negócios do Taobao começaram a fazer suas empresas crescer de maneira não planejada pela plataforma. Parceiros externos migraram para a plataforma, novas funções de suporte surgiram e, aos poucos, outros papéis comerciais se formalizaram. Ao abrir as lojas virtuais para desenvolvimento com software externo, o Taobao estabeleceu um precedente que aumentou o envolvimento de terceiros na plataforma e facilitou a incubação estratégica de novos papéis e submercados. Os seguintes elementos da coordenação em rede fizeram o mercado decolar:

- *Organização inicial:* As novas conexões entre vendedores, tanto on-line quanto off-line, começaram a criar as primeiras externalidades do mercado com o transbordamento dos conhecimentos.

- *Primeiras funções de suporte:* Entre os exemplos, estão os instrutores da Universidade Taobao, vendedores experientes que ensinavam sua vivência e suas melhores práticas, e os primeiros prestadores de serviço independentes. Aos poucos, algumas funções de lojas virtuais individuais se formalizaram, como os agentes de serviço ao cliente do Wangwang (Capítulo 2).

- *Primeiras sub-redes:* Surgiram na plataforma as modelos Tao e os PSI, que, mais tarde, incubariam mercados separados dentro do ecossistema maior do Taobao. O crescimento velocíssimo das funcionalidades de logística impulsionou o crescimento e o investimento em infraestrutura no país inteiro (Capítulo 2).

Infraestrutura

Com a interação central da plataforma funcionando, o Taobao começou a concentrar sua energia em criar a infraestrutura de apoio para o próximo estágio da grande expansão da rede. O mecanismo-chave mais importante criado nesse estágio foi o suporte à logística. Os fornecedores de logística já estavam surgindo, atraídos pela necessidade do mercado crescente. Mas o Taobao começou a dar prioridade a construir a infraestrutura para esses fornecedores fazerem negócios com eficiência e criarem conexões em toda a rede.

Com a explosão das categorias de produtos, o Taobao começou a construir o andaime técnico que permitiria o crescimento flexível. Esse suporte incluía as seguintes ferramentas e mecanismos:

- *Logística:* Os sistemas para rastrear pedidos e remessas melhorou a experiência do cliente e facilitou as operações do comerciante (Capítulo 2).

- *Sistemas de reputação:* A plataforma instituiu produtos e mecanismos para examinar as transações e quantificar o crédito para compradores e vendedores, de modo a assegurar a confiança de todas as partes da transação.

- *Expansão de categorias e datificação:* Datificar produtos novos, como passagens de avião ou bilhetes de loteria, e oferecê-los à venda no Taobao impulsionou o crescimento da plataforma (Capítulo 4).

232 ALIBABA

O surgimento do negócio inteligente
2009 a 2012

Em 2005, o Grupo Alibaba adquiriu o Yahoo! China por meio de seu acordo com o Yahoo!, um dos maiores investidores do Grupo. Com o tempo, equipes e tecnologia do Yahoo! China se integraram à plataforma. Em 2009, começou o estágio que marca o verdadeiro início da empresa inteligente no mercado do Taobao. A rede já complexa foi reforçada com tecnologia de inteligência de dados trazida à rede pelas equipes do Yahoo! China que trabalhavam com busca. Nesses anos fundamentais do crescimento da plataforma, as forças da coordenação em rede e da inteligência de dados começaram a crescer, uma com base na outra.

A rede se expandiu em alcance e profundidade. O Taobao assistiu à expansão fenomenal de categorias e chegou a novos mercados. Ao mesmo tempo, a rede incorporou ainda mais participantes e funções comerciais. Mais comerciantes profissionais, inclusive vendedores de marcas off-line, começaram a operar na plataforma, levando à criação do Taobao Mall, que acabaria se tornando o Tmall. Alimentado pela tecnologia de busca e publicidade, o ecossistema incubou organismos completamente novos, como as marcas Tao. Essas marcas foram lançadas por empreendedores na plataforma, sem confiar em nenhuma presença não virtual. Muitas cresceram e se tornaram marcas nacionais fáceis de reconhecer.

O valor bruto das mercadorias explodiu de duzentos bilhões para um trilhão de RMB (de 32 bilhões para 154 bilhões de dólares). A espiral dupla da empresa inteligente estava completa e formou um motor potentíssimo para o crescimento.

Coordenação em rede

O fluxo de tecnologia publicitária foi um catalisador novo e poderoso do crescimento da rede. A rede publicitária crescente do Taobao trouxe para seu ecossistema tráfego de vários sites externos, grandes e pequenos, cimentando a dominância da plataforma no mercado da China. Três aperfeiçoamentos foram especialmente responsáveis pela dominância crescente do Taobao:

- *Expansão da rede:* A Taobaoke, plataforma afiliada de publicidade e marketing, permitiu ao Alibaba contornar o gigante das buscas

A Evolução de Taobao como Ecossistema Inteligente   233

Baidu pelo controle da busca de produtos (Capítulo 2). Quando incontáveis sites menores começaram a recorrer ao Taobaoke para obter renda, seu tráfego se despejou no Taobao, aumentando rapidamente a rede e alimentando a demanda dos vendedores.

- *Papéis especializados de terceiros:* Essas funções incluem comerciantes afiliados em sites externos, organizados por meio do Taobaoke; recomendadores de produtos (*daogou*), que ganham comissão sobre as vendas em listas selecionadas de produtos de toda a plataforma; e todo tipo de prestador de serviço independente, desde provedores de software de gestão do relacionamento com o cliente a gestão de logística, otimização de buscas e terceirização de *call-centers* (capítulos 2 e 6).

- *Novos organismos:* Entre eles estão as marcas Tao (marcas vendidas apenas on-line, construídas do zero por empreendedores) e parceiros do Taobao ou TP (um tipo especial de PSI que opera lojas virtuais) (Capítulo 6).

Inteligência de dados

As tecnologias de busca e publicidade foram os primeiros sistemas autênticos de inteligência de dados no sistema do Taobao. Conforme a métrica e os produtos de busca melhoravam constantemente, a publicidade ajudou os vendedores a monetizar e encontrar novos clientes. O desenvolvimento da interface de programação de aplicativos (API) do Taobao também permitiu o crescimento de incontáveis prestadores de serviços. Por levar eficiência ao mercado e promover novas conexões, as seguintes novas tecnologias formaram a segunda espiral do DNA, trazendo o primeiro estágio verdadeiro do Taobao como empresa inteligente:

- *Tecnologia publicitária:* A fusão com o Yahoo! China trouxe ao mercado as tecnologias de busca e publicidade. Por permitir que a plataforma alocasse recursos com eficiência, a publicidade revolucionou o ecossistema, tornando-o inteligente, globalmente otimizado e muito lucrativo (capítulo 4).

- *Evolução da busca:* A melhora das métricas e dos incentivos para vendedores, como a inclusão de estatísticas sobre a satisfação dos

234 ALIBABA

clientes, tornou a plataforma inteira mais eficiente e em escala e melhorou a experiência do consumidor (Capítulo 4).

Infraestrutura

Como descrito, a integração e o investimento em tecnologia de busca e publicidade ofereceram uma infraestrutura fundamental para o ecossistema. Mas, além dessa infraestrutura de inteligência de dados, o crescimento da rede e as exigências técnicas da inteligência de dados fizeram o Taobao e o resto do Alibaba sentirem as dores de operar um site tão complexo. Nesse estágio, houve investimento constante em todos os níveis da infraestrutura técnica, principalmente nas seguintes inovações que desenvolveram a infraestrutura inteligente do Taobao:

- *Computação em nuvem:* Esses recursos internos de computação em nuvem, que mais tarde se tornariam a Alibaba Cloud, maior provedora de serviços de computação em nuvem da China, foram desenvolvidos para aliviar a pressão insustentável sobre as finanças do Alibaba causada pelo aumento da carga computacional. Passar os vários negécios do Taobao para a nuvem trouxe eficiência técnica, coordenação e segurança (Capítulo 3).

- *Tecnologia de API:* A API do Taobao (as ferramentas que racionalizam a comunicação entre diversos módulos de software) permitiu que as partes se coordenassem entre si usando dados vivos. Muitos desenvolvedores externos começaram a oferecer aos comerciantes software e serviços voltados a dados. Os parceiros podem cooperar de forma fácil e automática com o protocolo on-line, reduzindo drasticamente o custo da coordenação. Ao mesmo tempo, a API capacitou o fluxo livre de dados na rede, completando o circuito de feedback de dados vivos. Por facilitar tanto a coordenação em rede quanto a inteligência de dados, a API foi fundamental na evolução do Taobao (Capítulo 4).

- *Nuvem operacional Jushita:* Quando os vendedores começaram a se coordenar com um número cada vez maior de parceiros externos, ficou claro que a segurança dos dados era um problema significativo para os clientes e para a plataforma inteira. Para proteger a privacidade e o interesse tanto de comerciantes quanto de consumidores, o Alibaba investiu num ambiente fechado para o processamento e compartilhamento de dados e o chamou de Jushita ("torre de pedras recolhidas"). Com segurança, os comerciantes e PSI podem utilizar software e aplicativos baseados em dados dentro do ambiente em nuvem do Jushita.

Crescimento exponencial como negócio inteligente 2013 a 2017

Como demonstrado pela abundância da oferta de produtos no aplicativo Taobao, o ecossistema do Alibaba ficou cada vez mais forte na era dos dispositivos móveis. A rede coordenada continua a se expandir, criando papéis novos e importantes no comércio social, como os novos criadores de conteúdo. Ao mesmo tempo, a inteligência de dados se espalhou por todos os cantos da rede, ficando mais poderosa e eficaz. Esse crescimento é exemplificado pela transição da busca para a recomendação em toda a plataforma, assim como pelo uso atualizado da tecnologia de inteligência artificial, como na detecção de fraudes, no atendimento ao cliente e na automatização do design.

A combinação dessas duas forçar tornou o aplicativo do Taobao flexível, dinâmico, inteligente e poderoso. O surgimento contínuo de novos participantes e modelos de negócio, principalmente as *web celebs*, confirma a saúde e a vitalidade do ecossistema do Alibaba e a força constante do Taobao na coordenação em rede e na inteligência de dados. Conforme várias redes de varejo, finanças e logísticas ficarem mais inteligentes e mais bem coordenadas, o ecossistema inteiro vai desabrochar em novos níveis de prosperidade.

Coordenação em rede

Desde 2013, as fronteiras do ecossistema ultrapassaram rapidamente a plataforma em si do Taobao para cruzar a internet chinesa, as mídias sociais, os cantos mais rurais do país e até o mundo em geral. Inspirados pelo sucesso do comércio eletrônico e pelos festivais de compras como o Dia dos Solteiros, fabricantes e marcas dentro e fora da China acorreram à plataforma. Comerciantes off-line também começaram a se ligar a pla-

236 ALIBABA

taformas on-line e aos pagamentos por dispositivo móvel. Na China, essa área de coordenação, na qual as redes on-line aumentam as compras em estabelecimentos físicos, como lojas e restaurantes, é chamada de O2O, on-line-to-off-line. Os seguintes aperfeiçoamentos continuam a expandir o alcance do Taobao:

- *Redes de marketing externas:* A rede publicitária e de troca de anúncios Alimama se tornou um novo ecossistema de marketing móvel que alcança quase todos os sites e canais conhecidos pelo *netizen* chinês.

- *Mídias sociais:* A ascensão das mídias sociais impeliu a expansão do comércio social, pois plataformas sociais como o Weibo oferecem oportunidades sem precedentes para a construção de marcas (Capítulo 5).

- *Novos papéis complexos:* Uma segunda onda de PSI, alimentados pelos recursos de dados e computação da Alibaba Cloud, migrou para a plataforma. Soluções fabris como a Tao Factory começam a interligar os comerciantes e os recursos produtivos não aproveitados da China. Além das celebridades da internet, agora novos participantes, como os influenciadores em vídeos ao vivo e os criadores de conteúdo, prosperam no Taobao, ganhando dinheiro ao trabalhar com comerciantes (Capítulo 5).

- *Penetração no campo e no mundo:* A expansão rápida do Tmall e do Taobao Rural apressou a integração entre parceiros da China e do mundo inteiro. Essas duas empresas trouxeram uma infinidade de parceiros para o ecossistema inteligente do Taobao, de revendedores agrícolas, participantes logísticos locais e municipais e operadores em aldeias de toda a China rural às empresas de transporte internacional, aos armazéns alfandegados e a outros parceiros de orientação internacional pelo mundo.

Inteligência de dados

Agora, aprendizado de máquina, computação em grande escala e inteligência de dados operam o tempo todo em toda a rede, melhorando rapidamente a experiência do consumidor, a eficiência da produção e as mar-

A *Evolução de Taobao como Ecossistema Inteligente* **237**

gens dos comerciantes. O mais importante é que a inteligência de dados está se espalhando além dos negócios centrais de comércio eletrônico do Alibaba e indo para as plataformas associadas, como finanças e logística. O Taobao se beneficia quando essas plataformas ficam mais inteligentes e se coordenam melhor. A espiral dupla continua a girar para frente e para cima enquanto os seguintes elementos da inteligência de dados melhoram:

- *Tecnologia abrangente de inteligência artificial:* Uma suíte de tecnologia de inteligência artificial proporciona melhoras na busca e nas recomendações personalizadas, na segurança e na negócios contra fraudes, no serviço ao cliente, na coordenação de negócios e muito mais (Capítulo 3).

- *Finanças:* Desde o setor de microcrédito da Ant Financial até a pontuação de crédito abrangente e o resto da infraestrutura financeira, o ecossistema do Alibaba e o país inteiro estão assistindo a uma explosão de tecnologia financeira impulsionada pela inteligência de dados (Capítulo 3).

- *Logística:* A plataforma de logística movida a dados Cainiao Network, afiliada do Alibaba, trabalha com uma rede de transportadoras parceiras para tornar essas operações cada vez mais inteligentes e eficientes.

Infraestrutura

O avanço infraestrutural mais importante nesse estágio foi o foco persistente do Alibaba nos dispositivos móveis. A partir do fim de 2013, o Taobao reestruturou seu mercado completamente a partir do zero para se encaixar nesse novo mundo. Os aprimoramentos infraestruturais do Taobao nesse estágio podem ser resumidos da seguinte maneira:

- *Dispositivos móveis:* A entrada do Taobao no mundo dos dispositivos móveis exigiu uma infraestrutura nova e robusta para transações e operações nesse meio. Esse investimento em tecnologia móvel promoveu grandes externalidades na rede e trouxe um novo período de intensa competição em todo o setor (Capítulo 4).

238 ALIBABA

- *Tecnologia abrangente de inteligência artificial:* A pilha técnica do Alibaba (os vários aplicativos que coordenam as operações da rede) suporta processamento de dados em hiperescala e tempo real para funções fundamentais do mercado, como busca, recomendações e segurança.

- *Computação em nuvem:* O Alibaba Cloud e seu miniecossistema próprio para desenvolvedores agora oferecem armazenamento e processamento de dados potentes aos vários parceiros da rede, além de um número crescente de setores além do comércio eletrônico.

Agora vejamos cronologicamente como o Taobao cresceu de um pequeno fórum de usuários amadores até a imensa força do varejo on-line que é hoje.

1° Estágio: 2003-2005

O nascimento do Taobao

Em 2003, Jack Ma reuniu um grupo de oito funcionários para começar a trabalhar num novo projeto secreto. O Alibaba funcionava havia quatro anos. Sua plataforma B2B era lucrativa e crescia rapidamente. Mas Ma tinha projetos maiores para o mercado chinês: ele queria reconstruir o varejo antiquado e mal desenvolvido da China.

Em maio daquele ano, nasceu o Taobao. Ele começou como um fórum pequeno, fofo e despretensioso para vender mercadorias. Ma e seus colegas subiram o máximo de itens que puderam de seus próprios apartamentos para povoar rapidamente a plataforma e dar a aparência de atividade. Pouco sabiam eles na época que seu pequeno fórum se tornaria o maior mercado on-line do mundo.

Em seus primeiros anos de vida, o Taobao conseguiu derrotar a invasão no mercado chinês do eBay, maior mercado de comércio eletrônico do mundo na época. Muitos outros livros discutiram a tática do Taobao para vencer o eBay. Aqui, quero discutir a estratégia maior do Taobao para desenvolver uma rede de negócios mais robusta e flexível. Boa parte dessa estratégia só é perceptível *a posteriori*, como resultado cumulativo de uma infinidade de pequenas decisões, muitas delas tomadas para se encaixar nos valores e crenças do Alibaba quanto ao futuro conectado do setor de comércio eletrônico.

A Evolução de Taobao como Ecossistema Inteligente 239

O Taobao começou aproveitando a maior fraqueza do eBay. Os mercados do eBay são rígidos de propósito. A empresa ganha dinheiro com as taxas de inscrição e comissões; se compradores e vendedores entrarem em contato, mas não terminarem suas transações na plataforma, o eBay não ganha nada. Portanto, a lógica central do mercado do eBay é mediar a maior parte da interação entre usuários para impedir que compradores e vendedores estabeleçam ligações livres. As transações precisam ser muito bem controladas, e os vendedores, primariamente, têm de tratar com o próprio eBay. O mercado é uma câmara de compensação de produtos e, principalmente, de mercadorias de consumo à espera de serem transacionadas. Não é uma solução para capacitar atividades comerciais mais complexas.

Na China, compradores e vendedores tinham necessidades que a estrutura rígida do eBay não poderia satisfazer. O país dera origem a um número enorme de pequenos vendedores sem empresa nem acesso aos consumidores. Os compradores não queriam fazer lances para comprar apenas alguns produtos isolados; queriam acesso ao vasto universo de produtos de toda a China. E os vendedores queriam acesso àquela multidão de outros vendedores e à oportunidade de competir em produtos e serviços. O mais importante era que o varejo da China era extremamente subdesenvolvido. Com o crescimento do mercado, os vendedores também precisavam de soluções que melhorassem seus negócios.

A estratégia do Taobao foi construir um movimentado mercado bilateral que atendesse tanto a compradores quanto a vendedores. Em 2003, os funcionários fizeram todo o possível para encher o mercado com o máximo de produtos que encontrassem. No ano seguinte, a meta foi trazer o máximo possível de vendedores. Finalmente, com uma massa crítica de vendedores, o Taobao começou 2005 atraindo compradores para um site que anunciava vender tudo o que se pudesse imaginar. Em retrospecto, essa transformação foi um exercício clássico de construção de uma plataforma por meio de externalidades à rede e usando os dois lados do mercado para que um crescesse baseado no outro. Mais vendedores traziam mais compradores; vendedores melhores traziam compradores melhores.

Encontrar produtos para vender costumava ser um exercício de tédio, pois os funcionários recorriam a qualquer tática em que conseguissem pensar para catalogar o máximo de SKU que existisse na China. A

240 ALIBABA

plataforma atraía os vendedores com a famosa política de Ma de manter o Taobao gratuito. Abrir uma loja virtual era gratuito. Listar produtos era gratuito. Sem barreiras à entrada além do tempo e energia necessários para aprender a usar o site, os vendedores acorreram ao mercado. E, assim que perceberam que o Taobao abrigava todos os produtos na face da Terra, os compradores também vieram aos magotes.

A agitação constante que daí resultou criou um mercado a partir de uma teia densa de interações. Trazer ainda mais participantes para a plataforma e lhes permitir que entrassem em contato e fizessem negócios entre si gerou tecnologia e sistemas de coordenação cada vez mais complicada, facilitados substancialmente pelo Taobao Essa capacidade de coordenação permitiu modelos de negócio cada vez mais avançados.

Do entusiasmo à confiança

Apesar da popularidade crescente, o Taobao não era apenas um fórum. Era um mercado, e os mercados não se sustentam com a mera interação social. Eles exigem meios de troca e outras estruturas e ferramentas para autenticar, salvaguardar e permitir confiança e transações saudáveis. A economia de mercado fora da internet precisou de milhares de anos para se desenvolver — da troca de feijões por couro às transações com cartão de crédito para comprar algo produzido no outro lado do mundo. O Taobao enfrentava os mesmos desafios, só que num ambiente on-line.

Os dois recursos tecnológicos do Taobao que embasaram sua evolução no mercado foram o Alipay, plataforma do Alibaba para pagamentos seguros com caução, e o Wangwang, o recurso de bate-papo do Taobao. Ao convencer os consumidores de que comprar pela internet era seguro, o Alipay ofereceu as bases da confiança que permitiu às transações no Taobao decorrerem com tranquilidade. O Wangwang capacitou os vendedores a construir interações ricas com os compradores e oferecer serviços diferenciados. Alguns vendedores até ficaram famosos pelas conversas humorísticas que tinham com os clientes!

Qualquer discussão sobre os primeiros anos do Taobao seria incompleta sem mencionar o Alipay e os pagamentos com caução. Em 2003, faltava confiança à China em muitíssimos níveis. Não havia contas correntes, os cartões de crédito tinham acabado de ser lançados numa base pequeníssima de usuários e não existia nenhum protocolo confiável de

A Evolução de Taobao como Ecossistema Inteligente 241

retaguarda para pagamentos. As primeiras transações no Taobao eram locais e em pequena escala, geralmente restritas a vendas fora da internet na mesma cidade. Depois de entrar em contato on-line, compradores e vendedores se encontravam pessoalmente, examinavam as mercadorias em questão e pagavam fisicamente em dinheiro. As transações eram lentas e caras. O pior é que esse sistema era uma receita para fraudes e logros. Nos primeiros dias do Taobao, foram muitas as histórias de vendedores que marcaram encontro com o comprador e chegaram com seus produtos, mas, antes que pudessem reagir, o comprador passou por eles à toda na bicicleta, arrancou o produto de suas mãos e saiu pedalando velozmente antes que alguém fizesse alguma coisa. É claro que a troca física direta de dinheiro e mercadoria não era uma receita de comércio seguro, nacional e sem atrito que pudesse levar a um crescimento explosivo.

A solução do pagamento com caução como garantia resolveu esses problemas. Primeiro os compradores depositavam o dinheiro, nos primeiros dias por transferência, para a conta bancária do Alipay. Este, então, guardava o pagamento numa conta segura até o comprador receber a mercadoria e confirmar sua qualidade. Então, o Alipay repassava o valor ao vendedor. Para compradores desconfiados e não familiarizados com o comércio eletrônico, o sistema de caução oferecia a paz de espírito necessária para confiar o dinheirinho suado a um desconhecido, sem importar quem fosse os comerciantes nem onde se localizasse. Para os vendedores, o pagamento com caução aumentou bastante a base de clientes. Agora, em vez de vários milhares de compradores da mesma cidade, os vendedores podiam atingir centenas de milhões de consumidores de todo o país. Construiu-se a confiança que reforçava o mercado, e de repente os portões se escancararam para todos. Depois desse começo humilde, o Alipay construiu uma rede de pagamentos on-line que se conectou a todos os serviços bancários on-line da China e, assim, se tornou o maior portal de pagamentos on-line do país.

Seu crédito, meu crédito

Depois do pagamento com caução, o passo seguinte do Taobao foi estabelecer a classificação de crédito para digitalizar a reputação e, assim, inspirar bom serviço e melhor desempenho. Num ambiente on-line, a reputação é um ativo como qualquer outro, embora invisível e difícil de transfe-

242 ALIBABA

rir. O Taobao não foi, de modo algum, a primeira plataforma de comércio eletrônico a usar sistemas de classificação para quantificar reputações; o eBay foi pioneiro da classificação de crédito nos mercados on-line, com um sistema padronizado de pontos de reputação aplicado da mesma maneira a todos os usuários. Mas os funcionários do Taobao logo perceberam que esse sistema de reputação lançado pelo eBay era insuficiente.

O problema central era que os usuários tanto vendiam quanto compravam. Nos primeiros dias do Taobao, todas as conversas e transações ocorriam num fórum central. Os usuários que quisessem comprar mercadorias encontravam os itens e entravam em contato com outros usuários. Em essência, qualquer usuário poderia comprar ou vender, como quisesse. Quando uma transação se completava, a pontuação de crédito do usuário melhorava. No entanto, esse sistema fazia um usuário que comprava muitos itens, mas não tinha experiência de vendas parecer tão ou mais digno de crédito do que um vendedor experiente. Havia espaço para fraudes; o sinalizador de reputação dentro do mercado era ineficaz.

Para o Taobao se tornar uma grande plataforma de varejo, os vendedores amadores teriam de começar a operar como profissionais. O Taobao decidiu separar a classificação em pontuação de comprador e de vendedor. O usuário que vendesse muitos itens não teria pontuação alta como comprador, a não ser que também comprasse muitos itens, e vice-versa. Além disso, compradores e vendedores se classificariam entre si depois de terminada a transação. No comércio eletrônico chinês, as transações só se completam quando o comprador confirma a entrega da mercadoria.[1] A confirmação do comprador, além de avisar ao sistema de pagamento com caução que o dinheiro já pode ir para o vendedor, também permite que comprador e vendedor se classifiquem.

Ao dividir a pontuação de crédito, o Taobao, institucional e tecnologicamente, também separou os papéis de comprar e vender. Em qualquer atividade de venda, a pontuação de crédito servia de incentivo concreto para oferecer produtos de qualidade e bom serviço, já que vendedores com melhor pontuação atraíam mais compradores. A boa pontuação do comprador também sustentava a evolução de um ecossistema saudável, porque a presença de bons compradores incentivava a entrada de mais vendedores. Essas pontuações de crédito foram só o primeiro passo da diferenciação mais ampla e profunda do mercado, um prelúdio da inclusão

A Evolução de Taobao como Ecossistema Inteligente 243

na plataforma de cada vez mais papéis e, assim, de um ecossistema cada vez mais complexo.

Colonos num mercado virtual

A princípio, os novos habitantes desse novo mercado eram todos parecidos. Os primeiros funcionários do Taobao passavam o dia no fórum conversando com vendedores e facilitando transações. Os vendedores eram compradores, e os compradores eram vendedores; nos primeiros anos, quando os consumidores ainda não estavam acostumados a comprar pela internet, muitos vendedores compravam e vendiam uns aos outros. Os escritórios do Taobao hospedavam uma torrente constante de comerciantes locais discutindo o projeto da plataforma e a tática de marketing, sugerindo regras e outras características e criticando e reclamando de deficiências e da experiência imperfeita dos usuários.

Mas logo o Taobao passou pela evolução natural dos mercados que, em ambiente off-line, poderia ter levado décadas. Os papéis começaram a se separar, fazendo novas formas de cooperação e competição evoluírem. Como células se dividindo, o mercado ficou mais complexo. Acabei de descrever como a pontuação de crédito estabeleceu dois papéis caracterizados por comportamentos muito diferentes. No entanto, os líderes do Taobao logo perceberam que só compradores e vendedores não eram suficientes para sustentar o funcionamento do mercado. Os vendedores precisavam de mais apoio para envolver-se efetivamente na prática complexa do comércio.

Desses novos papéis, o primeiro a aparecer foi o agente de atendimento ao cliente. Uma das maiores diferenças entre o comércio eletrônico chinês e ocidental é o papel do serviço interno de atendimento ao cliente. Enquanto sites como Amazon e eBay só oferecem linhas telefônicas oficiais de atendimento ao cliente, cada loja virtual no Taobao tem sua própria conta no Wangwang, o aplicativo oficial de mensagens instantâneas do Taobao. O site põe um rosto humano em cada loja virtual: os clientes podem perguntar sobre ofertas ou pechinchar. Podem até bater papo sobre outras coisas, se quiserem. E, como já descrito neste livro, os agentes de atendimento ao cliente do Wangwang usam um tom informal incomum, chegando a chamar os clientes de "querido", injetando afeto numa experiência geralmente impessoal.

244 ALIBABA

Como explicado no Capítulo 2, além da função tradicional de serviço prestativo e bem-educado antes e depois da compra, os papéis de atendimento ao cliente do Taobao são diferentes porque os clientes esperam que o serviço esteja disponível 24 horas por dia.

O serviço de atendimento ao cliente do Taobao ofereceu oportunidade de emprego a dezenas de milhões de chineses, inclusive estudantes, pessoas de baixa renda, pessoas com pouca instrução e pessoas com deficiências físicas que dificultam trabalhar na economia tradicional.

A teia que tecemos juntos

Nesses primeiros dias, a maioria dos vendedores era jovem, inexperiente no varejo e, muitas vezes, incapaz de executar adequadamente a tarefa difícil de gerenciar uma loja on-line. Os primeiros vendedores geralmente eram indivíduos, no máximo equipes bem pequenas que aprendiam com a prática. Eles raramente fabricavam (muito menos criavam) seus produtos, e em geral obtinham as mercadorias em mercados atacadistas ou fábricas do país, uma tarefa em si complicada na economia chinesa ainda subdesenvolvida. Embora fazer negócios no Taobao e processar transações pelo Alipay fosse gratuito, os vendedores tiveram de aprender a usar a série crescente de ferramentas oferecidas pelo Taobao para gerenciar a loja virtual e fazer contato com os clientes. Assim, alguns vendedores viram a oportunidade de oferecer serviços de apoio para comerciantes em crescimento rápido.

Com mais vendedores vendendo a mais compradores, a complexidade do ecossistema começou a aumentar. Mas, em contraste marcante com o eBay, o Taobao mostrou uma habilidade impressionante, desde o princípio, de gerar conexões e até organizações fora de sua abrangência oficial. Exatamente porque o mundo do comércio eletrônico surgiu na China sem modelos nem precedentes, enquanto o eBay nasceu no desenvolvido varejo americano, o valor do Taobao como mercado logo começou a transbordar. Os vendedores formaram redes informais, enquanto cada vez mais prestadores de serviço acorriam à plataforma, atraídos pelo potencial de valor comercial que não parava de crescer.

Mesmo nos primeiros anos, os vendedores começaram a se organizar abertamente em clubes locais e outras associações, formando fóruns e sindicatos comerciais informais. Esses primeiros espaços, acessórios

A Evolução de Taobao como Ecossistema Inteligente 245

off-line do mercado on-line, permitiram que os vendedores entrassem em contato para trocar conhecimentos e se ajudar a se ajustar ao novo mundo das vendas pela internet. Alguns desses fóruns eram localizados, e vendedores da mesma cidade ou província se reuniam periodicamente. Vendedores de todas as idades e históricos, de diversos setores e categorias de produto, se uniram em busca de oportunidades de negócio e melhor desempenho.

Aos poucos, surgiram fóruns on-line exclusivos para vendedores, os mais famosos entre eles sendo Weiya e Paidai. Ao mesmo tempo, uma nova cepa de vendedores começou a se distinguir do resto de seus contemporâneos. Quer por aptidão inata, quer por puro acaso, esses vendedores apreenderam rapidamente a mentalidade e as estratégias necessárias para ter sucesso naqueles primeiros anos caóticos. No entanto, o grupo não escondia seus conhecimentos nem acumulava os frutos do sucesso. Em vez disso, esses vendedores encontraram significado e até compensação material em compartilhar sua experiência, por exemplo, organizando palestras on-line e off-line, trocando truques e técnicas para melhorar o marketing on-line, inclusive o atendimento ao consumidor e a solução de disputas, e trabalhando com as fábricas para melhorar a gestão da cadeia de suprimentos. E, como seria de esperar, muitos outros vendedores se dispuseram a pagar pelas informações valiosas e confiáveis de seus colegas mais experientes.

Depois de perceber rapidamente que esse grupo de instrutores prestava um serviço importante para os vendedores, o Taobao criou a chamada Universidade Taobao, departamento dentro da empresa para endossar e apoiar os instrutores da chamada Tao U. A meta do Taobao não era gerenciar e padronizar o crescente mercado de educação. Ao incentivar os vendedores a cooperarem e se auto-organizaram, o Taobao deu aos instrutores mais ativos uma plataforma de crescimento. Os instrutores da Tao U logo ganharam prestígio e reconhecimento e, com o apoio do Taobao, expandiram o alcance das possibilidades de ganhar dinheiro com suas palestras. Na década seguinte, eles exerceram uma força muitas vezes desdenhada, mas importantíssima em todo o mercado. Palestras e mais palestras espalharam ondas de conhecimento que ajudaram os vendedores, principalmente os menores e menos experientes, a ter melhor desempenho num ambiente novo e pouco conhecido.

2º Estágio: 2006-2008

Fissão de categorias

Em 2005, mais e mais vendedores entraram na plataforma, pondo à venda cada vez mais itens e atraindo um número enorme de compradores. O crescimento da plataforma explodia. Com esse crescimento explosivo, o Taobao já começava sua evolução de mercado on-line simples para plataforma de varejo. A partir de 2006, o Taobao começou a construir os recursos e mecanismos básicos que sustentariam seu crescimento posterior na coordenação em rede e na inteligência de dados.

A princípio, o crescimento velocíssimo do Taobao trouxe desafios práticos ao projeto. Com uma série sempre crescente de compradores, vendedores e produtos, como a plataforma deveria possibilitar que esses grupos variados se encontrassem e interagissem entre si? Como a rede que interliga compradores e vendedores deveria ser projetada para crescer?

Discuti de que modo o site mudou de fórum para mercado completo, mas dei menos atenção até agora ao projeto e à infraestrutura do site e, portanto, do mercado. A primeira encarnação do Taobao parecia um fórum, mas, na verdade, era um banco de dados muito flexível de informações sobre produtos. A principal funcionalidade desse banco de dados era datificar produtos, codificando suas características como dados, para permitir que os compradores visualizassem, encontrassem e comprassem itens. Portanto, o banco de dados capacitava o Taobao a estar à altura de sua reputação: dá para achar tudo o que se pode imaginar.

Em essência, o banco de dados de produtos criava uma série de "caixas" nas quais os vendedores podiam pôr seus itens, de vestuário a alimentos e aparelhos eletrônicos. Esse banco de dados atuava como um índice remissivo, quase igual ao arquivo que se usa numa biblioteca, em que cada produto é listado com um conjunto predeterminado de características, como tamanho, material e marca. Em teoria, a plataforma poderia criar um número infinito de caixas com um número infinito de atributos ligado a cada caixa. Como o aumento das categorias de produto implicava necessariamente o aumento dos tipos de vendedor, a expansão do banco de dados de produtos impulsionou a expansão da rede. Toda vez que surgia uma caixa nova, também surgia um grupo novo de vendedores acorrendo ao mercado, atraindo, por sua vez, uma nova enxurrada de consumidores.

A Evolução de Taobao como Ecossistema Inteligente **247**

No início da evolução do mercado, uma certa prática chamada "desdobramento de categorias" se tornou bastante comum entre os funcionários do Taobao para obter crescimento. Por exemplo, na categoria de vestuário feminino, os funcionários notavam um tipo de produto especialmente popular, como os vestidos. Quando criavam uma subcategoria de vestidos, como "minissaias", os funcionários permitiam que compradores e vendedores se encontrassem com muito mais facilidade. A eficiência da navegação aumentava, o que, naturalmente, melhorava as vendas. Ao mesmo tempo, os vendedores podiam especializar ainda mais seus produtos e obter acesso cada vez melhor a um volume de precisão, aumentando os negócios e a taxa de conversão. Do ponto de vista da plataforma, mais categorias significavam que transações de cada vez mais setores estavam passando para a internet. Portanto, o Taobao expandiu as fronteiras do mercado por meio da datificação.

Para os gerentes de categorias, enquanto o site estivesse crescendo o desdobramento de categorias era um modo fácil e efetivo de impulsionar o crescimento da empresa. Nas palavras de um dos primeiros gerentes de categoria do Taobao, "era só desdobrar uma categoria e o volume bruto de mercadorias disparava". Separar e definir categorias tinha esse efeito porque, mesmo já em 2005, o aumento dos compradores excedia bastante o aumento dos vendedores. Naqueles primeiros anos, o principal canal que os consumidores usavam para encontrar produtos era a listagem de categorias. Dê aos compradores uma nova categoria para explorar e eles comprarão como fanáticos. Para os vendedores, cada categoria nova significava mais especialização.

Ao mesmo tempo, o desdobramento de categorias lançou as bases da futura inteligência de dados da plataforma. Os dados produzidos como efeito colateral do desdobramento de categorias ficaram mais ricos e profundos, e os gerentes de categoria podiam ver quando a demanda por certas categorias crescia depressa. Mas havia um problema maior com o sistema de categorias: em última análise, aumentar o aprimoramento da diferenciação entre produtos não aumentava a eficiência. Com a expansão do Taobao, logo ficou óbvio que as categorias existentes não eram nada adequadas para acompanhar a variedade estonteante de novos produtos e novas demandas do consumidor.

Em termos fundamentais, as decisões dos gerentes de categoria eram decisões humanas imperfeitas. Quando o mercado cresceu a ponto de

248 ALIBABA

incluir milhões de compradores, até os gerentes de categoria tiveram de admitir que seu serviço era quase impossível. Como um ou dois funcionários responsáveis por toda uma categoria com até centenas de milhares de lojas virtuais conseguiriam selecionar produtos com eficiência? Desdobrar categorias sem restrições nem princípios acabaria provocando perda de eficiência e talvez até prejudicasse o mercado. A rede crescera, mas precisava de ferramentas mais competentes de inteligência de dados para manter sua eficiência.

Logística

Quando o setor de comércio eletrônico começou a pegar ímpeto, os consumidores, comerciantes e funcionários do Taobao tiveram de lidar rapidamente com um problema social urgente: o triste estado da logística chinesa. Quando a economia da China se abriu e se modernizou nas décadas de 1980 e 1990, setores surgiram do nada. Mas, em geral, o desenvolvimento da infraestrutura comercial de apoio foi arrastado. A logística, principalmente o serviço de entrega expressa, não era exceção. Embora o serviço postal nacional da China cobrisse o país todo, seu serviço, até hoje, é lento demais para uso comercial efetivo. Transportadoras internacionais como FedEx e DHL enviavam pacotes de e para a China, mas não em grau significativo dentro do país. Na maior parte de duas décadas, as empresas tinham pouca opção na hora de remeter produtos para o consumidor. (Essa falta de infraestrutura de expedição foi um dos muitos fatores que impediram empresas chinesas de criar negócios em escala nacional antes dos anos 2000.)

A partir do fim da década de 1990, vários empreendedores do condado de Tonglu, localizado na província de Zhejiang, a sudoeste de Hangzhou, começaram a oferecer serviço de transporte e entrega a empresas e indivíduos no corredor comercial em torno do delta do rio Xangai. Rapidamente, essas empresas começaram a se expandir pelo país para satisfazer a necessidade nascente de entregas rápidas e baratas. O mais importante foi que, quando se expandiram nos anos explosivos após a virada do novo século, essas empresas também pegaram a onda do comércio eletrônico.

Em 2003, ao ser fundado, o Taobao pisou sem querer num mapa complicado e mutável de prestadores de serviços de entrega entre países. A chamada máfia de Tonglu, toda do mesmo condado de Zhejiang, fundou

A Evolução de Taobao como Ecossistema Inteligente 249

quatro das maiores empresas. A SF Express, serviço de entrega expressa de alto nível criada a princípio para fazer entregas entre a província de Guangdong e Hong Kong, começou a se expandir depressa para o resto do mercado de alto nível da China. Outra dúzia, mais ou menos, de participantes menores operava no país todo, delimitando vários territórios regionais enquanto visavam à dominância nacional. Como um mercado crescente de comércio eletrônico decidiria como trabalhar com todas essas empresas que operavam em escalas e níveis de experiência tão diferentes?

Em 2006, quando a estrutura básica do mercado do Taobao se solidificou, os líderes da empresa logo viram que o estado complicado do setor de logística criava dificuldades graves para compradores e vendedores. Devido às diferenças regionais da China e do sistema complicado de franquia dentro do setor de logística, os preços e a qualidade do serviço variavam drasticamente entre as regiões geográficas. Até na mesma área as diversas empresas de logística apresentavam orçamentos muito diferentes para o mesmo serviço. Os vendedores que operavam no Taobao tinham de contratar parceiros de logística próprios que funcionavam de forma independente do site.

Para os consumidores, a situação era um pequeno pesadelo. Mesmo depois que o vendedor cotasse o preço e o prazo de entrega, os consumidores tinham de usar sites instáveis e mal projetados criados pelas empresas de logística para ter acesso aos dados de rastreamento relativos à sua compra. Os problemas gerados por esse sistema de aparência inócua podiam ser realmente traiçoeiros. Em primeiro lugar, como as empresas de logística tinham funcionalidades de TI nada estelares, o crescimento rápido do tráfego de consumidores do Taobao que verificavam a situação das remessas logo provocou quedas e blecautes regulares dos servidores. O mais perigoso foi que as vulnerabilidades de segurança ocultas nas páginas das empresas de logística na internet foram exploradas por hackers para furtar informações dos usuários, praticar *phishing* e até contaminar o computador dos consumidores com cavalos-de-troia.

O Taobao precisava oferecer ao consumidor uma experiência melhor na expedição, mas o que fazer? Ele poderia imitar a Amazon, conhecida em todo o setor por desenvolver funcionalidades internas de logística. Mas o custo e a dificuldade de administrar uma frota de expedição não eram factíveis, dado o crescimento exponencial do modelo de plataforma do Taobao. Em 2006, o Alipay experimentou um serviço opcional no qual

250   ALIBABA

os vendedores poderiam enviar pedidos de orçamento às empresas de logística. A ideia era tornar os preços mais transparentes e padronizados. (O Alipay também pretendia se reservar o direito de multar as empresas de logística se elas não mantivessem o padrão de serviço prometido, inclusive o prazo de entrega.) O serviço não decolou. Só dois grandes fornecedores e uma empresa pequena localizada em Xangai se dispuseram a trabalhar com o Taobao, muito provavelmente porque não queriam ceder nenhum controle a terceiros. Os vendedores tiveram pouco incentivo para usar o serviço opcional e limitadíssimo, e os consumidores sentiram pouco impacto quando o usaram.

Em resposta, o Taobao adotou um enfoque diferente. Ele embutiria o ato de expedição no fluxo central de transações da plataforma e, ao fazê--lo, envolveria as empresas externas de logística no ecossistema maior.

Para entender o que significava essa nova abordagem, pensemos no sistema de pagamento com caução do Alipay. No comércio eletrônico chinês, depois que o consumidor faz a compra e termina o pagamento, o dinheiro fica guardado no sistema do Alipay até a transação se completar. O aviso de que a transação se completou cabe, mais uma vez, aos consumidores, que confirmam ter recebido o item pedido. Depois que o Alipay recebe essa confirmação — e só quando a recebe —, o comerciante é pago. O processo de expedição está profundamente interligado com o sistema de pagamento com caução. Muitas situações em que o consumidor não fica satisfeito e se recusa a completar a transação nada têm a ver com o vendedor. Por exemplo, o pacote nunca chegou ou foi danificado no transporte.

A reorganização do fluxo da transação pelo Taobao incorporou a remessa ao fluxo de trabalho do pagamento com caução. Em 2006, o Taobao consolidou produto e software de transação numa única equipe, que incluía porções das transações do Alipay e exigia dos vendedores que registrassem o número de rastreamento dos pacotes no sistema do Taobao depois de despachar mercadorias físicas. Sem o número de rastreamento, os consumidores não conseguiriam completar a transação. Ao integrar os números de rastreamento, o Taobao obteve essa informação das empresas de logística, permitindo que tanto consumidores quanto comerciantes rastreassem seus pacotes pelo caminho. Essa mudança teve consequências profundas para a plataforma, para os consumidores e para as empresas de logística.

A Evolução de Taobao como Ecossistema Inteligente   251

A princípio, a imensa maioria das empresas de logística se recusou a compartilhar dados operacionais centrais com o Taobao. Mas, em 2007, seis meses depois que a primeira empresa integrou com sucesso suas plataformas de expedição com o Taobao, o volume de entregas dessa empresa disparou. As outras notaram e aceitaram melhor a ideia. No fim de 2008, todas as principais empresas de logística da China tinham se integrado ao Taobao. Embora os vendedores ainda tivessem de entrar em contato com as empresas de logística por conta própria, o processo ficou mais padronizado e as reclamações dos consumidores diminuíram. O mais importante, no ponto de vista da plataforma, foi que as empresas de logística se integraram aos mecanismos centrais do Taobao. O ecossistema tinha se expandido. Quando o Taobao começou a ter crescimento exponencial, as empresas de logística que estavam ligadas à plataforma cresceram na mesma onda.

De Yahoo! China a Alimama

Com a tecnologia do Yahoo! China, em 2007 o Taobao fundou o Alimama, plataforma de tecnologia de marketing. A plataforma levou a publicidade ao ecossistema do Taobao. Os anúncios do Alimama vinham em três formas gerais. Primeiro, os anúncios com base em palavras-chave incorporados às páginas de busca do Taobao permitiam aos vendedores fazer anúncios dentro do mercado. Segundo, o Alimama criou um *ad exchange* (um sistema de bolsa de anúncios) que permitia sua publicação em sites externos. Terceiro, a plataforma Taobaoke criou um mercado para o marketing de afiliados, quantificando e pagando anúncios em sites de terceiros que traziam tráfego de todos os cantos da internet. (Veja a discussão sobre o Taobaoke adiante neste Apêndice.)

A publicidade on-line é diferente da off-line em sua precisão e capacidade de quantificar comportamentos e reações. Quando um usuário vê um anúncio publicado no Baidu, o Baidu registrará essa impressão. Quando o usuário clica num anúncio do Taobao e acaba completando a transação, o sistema de publicidade do Alimama avisa. Tecnologias publicitárias mais avançadas também podem dar aos compradores de anúncios um quadro claro de qual é seu público, quais os interesses e preferências desse público e até por que tipo de produto as pessoas podem se interessar. É quase impossível medir o impacto exato e o retorno das despesas na publicidade off-line. Por outro lado, a publicidade on-line mede diretamente e acompanha a conexão entre vendedores e compradores.

O Yahoo! China possuía mais uma tecnologia importante que teve influência significativa sobre o ecossistema do Taobao: a busca. Não surpreende que, em 2008, o Taobao tenha começado a atualizar suas regras de busca por popularidade. Por exemplo, a busca atualizada atribuía mais peso a vendas, taxa de cliques em imagens e conversões de cliques. Para estimular o crescimento saudável dos vendedores, o Taobao começou a incentivar determinados comportamentos por meio do projeto dos algoritmos de busca.

3° Estágio: 2009-2012

A nova fusão: busca e anúncios

Combinada aos anúncios, a busca assumiu novo significado como um metafórico motor de combustão interna da plataforma. Em 2009, muitos vendedores tinham começado a usar o Zhitongche, um produto publicitário do Alimama baseado em palavras-chave. Investir em palavras-chave significava exposição aos compradores, o que trazia mais vendas e melhorava as métricas. As métricas melhores significavam melhor classificação na busca, e novamente mais exposição aos compradores por meio da busca. Combinar busca e produtos publicitários dessa maneira causou um crescimento explosivo dos comerciantes empreendedores.

Para entender como funciona o esse motor de combustão interna, pense em como os produtos de varejo se posicionam no Taobao. Para não canibalizar as vendas off-line nem prejudicar a marca, em geral as empresas da China não vendem as mesmas mercadorias pelos canais on-line e off-line. Cada canal de varejo precisa de uma estratégia de produto dedicada para oferecer ao consumidor uma experiência distinta e personalizada para cada canal. Na média das lojas virtuais do Taobao, o vendedor oferecerá tipicamente pelo menos três camadas de produtos, diferenciados principalmente pela margem: itens "explosivos", itens que priorizam a margem e itens de mostruário. (Por exemplo, nos acessórios femininos, o preço de um par "explosivo" de meias-calças pode ser de 1,6 vezes o custo, enquanto os itens que priorizam a margem e os de mostruário podem oferecer, respectivamente, 1,8 e 2,1 vezes o custo.)

A Evolução de Taobao como Ecossistema Inteligente 253

Além de contribuir de várias maneiras para o resultado final, cada uma dessas camadas de produto tem uma função específica dentro da loja e na plataforma. Os itens que priorizam a margem são fáceis de entender: são os itens de margem mais alta que todo varejista quer vender. Os itens de mostruário costumam ser postos na loja para configurar o posicionamento e a identidade geral da marca, e muitos vendedores mantêm em estoque quantidade baixíssima deles.

A mais interessante dessas categorias é a camada explosiva, expressão que surgiu no Taobao nos primeiros anos da plataforma e logo cresceu para representar a estratégia operacional básica para itens em estoque de categorias associadas. Os itens explosivos (*baokuan*) são baratos, mas sua qualidade supera o preço. Na verdade, é comum receberem um nível de preço que, em si e por si, seria insustentável para o vendedor. A atração para os clientes muito atentos ao preço é óbvia, mas os itens explosivos não são oferecidos para aproveitar a economia de escala. Eles servem para construir a reputação da loja e ganhar mais peso nos algoritmos de busca.

No comércio eletrônico, o posicionamento e o tráfego são determinados principalmente pela reputação, quantificada pelo volume histórico de vendas e pela pontuação nas resenhas de produtos. A melhor maneira de adquirir reputação rapidamente é oferecer um produto de alta qualidade a preço de baixa qualidade, atraindo assim uma massa crítica de clientes e reações positivas. Então, os dados de reputação melhoram, por sua vez, o posicionamento e o tráfego da loja, assegurando que cada vez mais consumidores possam visitá-la. A partir daí, o trabalho do vendedor é encaminhar o tráfego para a conversão de seus itens de margem mais alta.

Essa camada tripartite de itens funciona no comércio eletrônico chinês devido ao mecanismo tecnológico pelo qual se adquire reputação e ao modo como ele influencia a estratégia operacional. Num shopping off-line, a loja tem todo o direito de exibir na vitrine produtos de alta qualidade vendidos a baixo preço. A probabilidade é que atraia consumidores, mas a compensação a longo prazo para a marca provavelmente será limitada. Mas na internet o próprio posicionamento da loja no shopping on-line está inextricavelmente ligado à reputação e ao desempenho. É quase como se a loja supracitada, depois de vender numerosos itens na liquidação, pudesse se deslocar para mais perto da escada rolante.

Muitos vendedores aprenderam depressa que podiam usar a busca e a publicidade para fazer suas marcas crescerem depressa. Primeiro, inves-

254 ALIBABA

tiram em publicidade, canalizando o tráfego para comprar itens explosivos nas lojas. A atividade das vendas melhorava as métricas da loja virtual e lhe assegurava um posicionamento melhor, o que, por sua vez, causava mais tráfego e vendas. Os vendedores que entenderam o sistema conseguiram aproveitar rapidamente os recursos de inteligência de dados da plataforma para fazer sua empresa crescer.

Com o passar do tempo, esse motor de combustão interna também começou a prejudicar o crescimento em longo prazo do ecossistema, porque os grandes vendedores ficavam cada vez maiores, provocando desequilíbrio. Assim, nos últimos anos o Alibaba investiu em tecnologias de recomendação para promover um crescimento mais equilibrado dos vendedores em toda a plataforma.

Taobaoke: a rede crescente

Em vários aspectos, o crescimento da tecnologia publicitária foi o início do período mais importante de crescimento explosivo do Taobao e o primeiro de muitos fatores que permitiram ao pequeno ecossistema da empresa exercer influência sobre o ambiente comercial fora da plataforma. Além dos anúncios externos recebidos pelo *ad exchange* do Alimama, a outra rede de marketing de afiliados do Taobao, o Taobaoke, também fez um serviço considerável para se expandir.

O Taobaoke começou como uma ideia bastante simples. Quando comprasse uma peça de roupa ou um aparelho doméstico de que gostasse muito, eu poderia recomendar o produto a um amigo. Se o amigo o comprasse, eu ganharia do vendedor uma pequena comissão como agradecimento por ajudá-lo a obter um cliente novo. Em 2008, quando o produto Taobaoke foi lançado na internet, essa lógica do marketing de afiliados já estava estabelecida em mercados como o Japão e os Estados Unidos, e o principal exemplo era o Google AdSense. Essa plataforma permite que sites incorporem anúncios em suas páginas e monetizem o conteúdo desses anúncios. Quando um visitante do site clica em algum dos anúncios do Google, o site recebe uma pequena comissão. Para muitos sites pequenos sem recursos para desenvolver equipes de vendas e publicidade, o AdSense oferece um meio de vida.

O Taobaoke é diferente do AdSense num aspecto fundamental: as comissões chinesas se baseiam em vendas e não em cliques. (Em termos técnicos, é a diferença entre custo por clique e custo por venda.) Se procurar um artigo sobre que tipo de mingau preparar para emagrecer e ter uma pele radiante, a visitante de um pequeno portal da mídia pode ver um *link* para a venda de cogumelos orelha de Judas no Taobao. Se essa usuária clicar no link e olhar a página, mas não comprar nenhum produto, o site não ganha nada.

O projeto desse mecanismo mudou completamente os incentivos para sites externos. Não bastava assegurar que um anúncio recebesse um número enorme de cliques; os usuários precisavam entrar no Taobao e realmente comprar produtos para que o site ganhasse sua comissão. Na prática, era mais lucrativo guiar o máximo possível de pessoas para a plataforma do Taobaoke na esperança de que uma fração delas acabasse comprando. Portanto, o Taobaoke incentivou os *webmasters* espertos a direcionar o tráfego para o Taobao.

Em consequência, quando foi lançado no ecossistema do Taobao, o Taobaoke provocou mais do que vendas extras para os comerciantes. Ele expandiu as fronteiras da rede inteira e abriu o Taobao a incontáveis sites externos em toda a internet. Quando sites menores começaram a recorrer ao Taobaoke para obter cada vez mais renda, seu tráfego se despejou no Taobao, aumentando rapidamente a rede e alimentando a demanda dos vendedores. Essas novas fontes de tráfego levaram cada vez mais negócios para os donos de lojas que participavam do programa de comissões do Taobaoke. Quando entravam no ecossistema do Taobao, esses novos consumidores se tornavam compradores ainda mais "grudentos", comprando cada vez de mais vendedores. A rede ficou mais densa e espessa conforme se expandia.

As marcas Tao: a origem das espécies

Em poucos anos, o Taobao vivenciou a evolução natural dos mercados que, em ambiente fora da internet, poderia ter levado décadas. Os papéis começaram a se separar, causando a evolução de novas formas de cooperação e competição. Como células se dividindo, o mercado ficou mais complexo. Um dos exemplos mais interessantes e empolgantes dessa complexidade foram as marcas Tao, incubadas e desenvolvidas completamente na internet. (Veja o quadro "Estudo de caso da UNIFON".)

O nascimento do Dia dos Solteiros

No fim de 2009, os funcionários do recém-separado Tmall se reuniram para um *brainstorm* sobre como fazer de seu novo mercado uma tendência dominante. O Tmall estava posicionado como a plataforma do Alibaba para marcas off-line grandes e estabelecidas, mas muitas dessas marcas não viam razão convincente para entrar no mercado. Uma liquidação poderia ser uma cenoura valiosa para atrair esses rebanhos de marcas para a plataforma.

Os ciclos chineses de varejo tradicional se concentravam no Ano Novo chinês, em janeiro ou fevereiro, e nas mudanças de estação em todo o país. Depois de pesquisas copiosas, o grupo decidiu que o mês de novembro serviria de ponte ideal entre as estações de outono e inverno em várias categorias e regiões da China. Foi a oportunidade de criar uma nova megavenda, uma *Black Friday* chinesa. Só que havia um problema: entre o feriado do Dia Nacional de 1º de outubro e o fim de dezembro (quando o Natal, raramente celebrado, pode ser invocado como desculpa para liquidações), a China não tinha nenhuma festa análoga ao Dia de Ação de Graças americano.

A pesquisa continuou sem resultado até que alguém sugeriu o dia 11 de novembro, conhecido entre alguns jovens como uma festa de brincadeira para as massas solitárias e disponíveis: o Dia dos Solteiros, que recebeu seu nome pela singularidade representada na forma escrita da data em números.

Assim, nasceu o Dia dos Solteiros. No primeiro ano, com pouca preparação e só 27 vendedores participando, venderam-se 52 milhões de RMB (8 milhões de dólares) em mercadorias num único dia, para total estupefação de todos os envolvidos. Claramente, eles tinham descoberto algo importante: em 2010, os números das vendas da nova festa continuaram a disparar, amealhando 936 milhões de RMB (144 milhões de dólares), mais do que todo o volume de produtos vendidos em Hong Kong num único dia.

Mas, mesmo que o Taobao e o Tmall crescessem num ritmo enlouquecedor, o comércio eletrônico ainda não entrara no campo de visão da média dos varejistas. Para as marcas off-line que constituíam um percentual crescente de vendedores no Tmall, o comércio eletrônico ainda era apenas uma parte menor de suas operações, geralmente geridas por uma parte pequena de seu pessoal de marketing. No Dia dos Solteiros de 2010, quando, pela primeira vez, a demanda excedeu muitíssimo o volume de mercadorias que os vendedores tinham preparado com antecedência, muitas empresas tiveram de correr para desviar produtos de outros canais. Mas, apesar das vendas imensas geradas no Dia dos Solteiros, os varejistas e shoppings físicos ainda achavam que o comércio eletrônico estava além do horizonte.

Em 2011, a maré do comércio eletrônico claramente chegou. Muitas marcas chinesas locais de todos os níveis e até marcas estrangeiras começaram a abrir lojas no Tmall. Para evitar conflito com seus canais off-line, essas marcas começaram a oferecer mercadorias diferenciadas só disponíveis na internet ou pacotes e sortimentos especiais para os consumidores on-line. As marcas Tao (como a UNIFON) também amadureceram nessa época. No Dia dos Solteiros daquele ano, apuraram-se 3,36 bilhões de RMB (517 milhões de dólares) em transações, e foi a primeira vez que as vendas de uma marca romperam o teto de dez milhões de RMB (dois milhões de dólares) num só dia. (Essa marca de vestuário, a GXG, na verdade estilhaçou o teto e vendeu 44 milhões de RMB [7 milhões de dólares] em produtos.)

Da mesma maneira que os habitantes do litoral sabem que um terremoto no mar pressagia um tsunami, todos podiam ver o que ia acontecer. Quando caiu o pano do Dia dos Solteiros de 2012, com quase 20 bilhões de RMB em transações (3 bilhões de dólares), os telefones começaram a tocar. Na verdade, no dia seguinte recebi o telefonema de um varejista tradicional que me perguntou quase *verbatim*: "Explique de novo, como entro na internet e começo a vender?" A nova onda do comércio eletrônico tinha chegado, e, em 2012, todos podiam ver que quem não pegasse um lugar no barco acabaria dormindo com os peixes.

ESTUDO DE CASO DA UNIFON

A marca Tao UNIFON (em chinês, Yunifang, literalmente "ateliê imperial de lama") demonstra o crescimento incrível que as marcas do Taobao podem conseguir. Numa única década, ela se transformou de lojinha on-line em empresa de capital aberto com o maior volume de vendas de produtos e máscaras de beleza facial do mundo. Menos comuns nos Estados Unidos, as máscaras de be-

258 ALIBABA

leza facial são um um pilar dos rituais cosméticos asiáticos; na China, espera-se que a categoria de máscaras faciais seja um mercado de 13 bilhões de dólares em 2019. A demanda desse importante produto criou uma enorme oportunidade de crescimento para a UNIFON. Em 2007, a marca era apenas uma lojinha virtual no Taobao, gerida por dois trabalhadores em meio expediente. A receita anual era de menos de cem mil dólares. Dez anos depois, a marca empregava mais de mil e cem funcionários, tinha criado várias linhas originais de produtos de beleza e sua receita era de mais de trezentos milhões de dólares.

Em 2008, um ano depois de a UNIFON começar a criar sua máscara facial, o mercado do Taobao entrou no primeiro período de crescimento exponencial, movido por mecanismos de mercado maduros, infraestrutura tecnológica e o crescimento constante de muitos comerciantes on-line. Essa onda de crescimento inspirou um grupo de empreendedores de vários setores a aproveitar o potencial da internet para construir marcas novas e inovadoras. Muitas dessas marcas novas de produtos de consumo produziram empresas duradouras e abriram seu capital. A história de sucesso da UNIFON como marca e, depois, como empresa é emblemática das marcas que surgiram no Taobao nesse período.

2007-2011: Primeiro, sobreviver

Uma lenda folclórica popular da China diz que, antigamente, a família do imperador valorizava tipos raros de lama pelas propriedades cosméticas. As substâncias eram tão valorizadas que, entre os tributos pagos ao imperador, havia determinados extratos do solo usados pelo harém imperial. Em 2007, a UNIFON começou a extrair ingredientes essenciais de uma lama de mica exclusiva extraída da província de Hunan, no sul da China. Para isolar exatamente os minerais mais finos da mistura, a empresa usava um processo tradicional de levigação comum na medicina tradicional chinesa para preparar alguns ingredientes. (Na levigação, uma substância insolúvel é moída num pó bem fino em condições úmidas. Como as partículas mais finas ficam suspensas na água enquanto as mais pesadas afundam, a repetição da moagem em água consegue extrair eficazmente as partículas mais finas de um lodo ou lama.)

A princípio, a UNIFON se concentrou no desenvolvimento de máscaras de lama laváveis. Com a ascensão da classe consumidora, um novo conjunto de consumidoras jovens, instruídas e abastadas começaram a exigir maior variedade de produtos de limpeza profunda. Mas, na época, a única marca de produtos de beleza disponível na China que oferecia soluções de limpeza profunda era a Borghese, italiana e importada. (Além disso, os produtos Borghese só estavam disponíveis em canais off-line seletos.) Embora a máscara de lama fosse um produto de nicho no setor de cosméticos, havia muitas

A Evolução de Taobao como Ecossistema Inteligente 259

oportunidades de mercado. A linha de máscaras de lama da UNIFON logo conquistou credibilidade entre as usuárias mais jovens e antenadas do Taobao. No começo, 17% das consumidoras da marca eram de Xangai, a cidade mais elegante e ocidentalizada da China. Em dois anos, a marca construiu uma forte base de usuárias.

Em abril de 2010, o Taobao fez parceria com o Day Up, um dos *talk shows* televisivos de maior sucesso da China, para demonstrar várias marcas só vendidas on-line. Dai Yuefeng, fundador da UNIFON, foi convidado a participar do programa e a promoveu como marca local de cosméticos naturais perfeitamente adequados para a nova consumidora chinesa elegante. As vendas explodiram depois que o programa foi ao ar. Em 2011, a UNIFON mudou o foco de suas operações on-line do Taobao para o Tmall, plataforma de comércio eletrônico do Alibaba para marcas estabelecidas. O sucesso das campanhas de marketing entre categorias na Juhuasuan, a plataforma de vendas-relâmpago do Alibaba, catapultou a marca a grande altura. A receita anual de vendas superou os cem milhões de dólares.

2012-2017: De iniciante a marca madura e empresa de capital aberto

A partir de 2012, a UNIFON começou a aproveitar os produtos de análise e os depósitos de *big data* do Alibaba, atenta às tendências do mercado para determinar que linhas de produto seriam mais populares entre as consumidoras. A empresa lançou uma série de máscaras faciais descartáveis com modelos criados em parceria com alguns desenhos animados (o castor Ali) e programas de TV (Little Daddy) mais populares da China. Essa nova série de produtos permitiu à marca atrair seções diferentes do mercado consumidor jovem. O sucesso do trabalho de marketing em todas as várias plataformas do Alibaba, do Tmall ao Juhuasuan e ao Alimama, trouxe novas ondas de crescimento, e, no Dia dos Solteiros de 2012, a principal loja da UNIFON ficou em primeiro lugar em vendas na categoria de produtos de beleza.

Em 2013, o sucesso comercial da marca levou a empresa a atualizar suas funcionalidades organizacionais internas. A Yujiahui, empresa-mãe da UNIFON, completou três rodadas de investimento, lideradas pelo maior fundo em RMB da China (Shenzhen Capital Group Co., Ltd.), o Fundo Shunwei (comandado por Lei Jun, fundador da Xiaomi, que mais tarde se tornou diretor do conselho administrativo da Yujiahui) e o Fundo Qianhai. A Yujiahui trouxe vários executivos de nível médio a alto de gigantes dos cosméticos como P&G, Unilever e Shanghai Jahwa, além de titãs da internet como Alibaba e Tencent.

Com talento e capital de sobra, a empresa criou uma série de marcas de cosméticos voltadas para setores diferentes do mercado chinês. A UNIFON

260   **ALIBABA**

investiu em P&D e no desenvolvimento de marcas. A empresa também avançou decididamente para fazer profundas parcerias com marcas de cosméticos estrangeiras, como Johnson & Johnson, Dr. Ci:Labo (marca de cosméticos número um do Japão) e Leaders (única empresa de cosméticos da Coreia do Sul nas bolsas de valores). Deu certo para ajudá-las a entrar no mercado chinês por meio do comércio eletrônico. A empresa também adquiriu a marca Wellfon, de Taiwan.

De 2014 a 2016, a taxa de crescimento da receita da Yujiahui ultrapassou os 50% em doze meses. Em 2016, a empresa obteve mais de um bilhão de dólares em receita de vendas em todas as divisões da marca. Em 2017, vendeu mais de quatrocentos milhões de máscaras faciais em folhas; desde 2013, a empresa vendeu mais de um bilhão de peças. Cerca de vinte milhões de usuários compraram produtos da empresa.

Em novembro de 2017, a Comissão Reguladora de Títulos da China aprovou o pedido de abertura de capital da Yujiahui na Bolsa de Valores de Shenzhen. Quando abriu seu capital em fevereiro de 2018, a empresa se tornou a primeira empresa do setor de comércio eletrônico da China a negociar ações em bolsa e a segunda do setor de cosméticos.

4º Estágio: 2013-2016

Um shopping que evolui: o novo mundo móvel

No outono de 2013, uma sensação de crise se instalou na administração do Alibaba. A penetração dos dispositivos móveis estava em disparada, e o formidável aplicativo WeChat, da Tencent, abria caminho rapidamente pelos celulares da China. Mas, no Alibaba, quase todos os produtos, plataformas e políticas tinham sido projetados para o mundo da computação em PCs. Dentro e fora da empresa, houve comparações com empresas como Nokia e Motorola, cuja insensibilidade à mudança das condições do mercado provocou o declínio veloz da liderança do mercado até a obsolescência.

No fim de outubro daquele ano, as unidades de negócio do Alibaba foram reestruturadas e os recursos foram desviados das linhas de produto da era PC. A administração passou a reprojetar o mercado e a linha de produtos para o ambiente móvel. As equipes técnicas e de produto do Taobao começaram a enfrentar os enormes desafios tecnológicos e infraestruturais de converter uma plataforma baseada em PCs num aplicati-

A *Evolução de Taobao como Ecossistema Inteligente* **261**

vo para celulares que tivesse o mesmo bom desempenho numa enorme quantidade de aparelhos em áreas da China com desenvolvimento bem diferente. Essas reformas, embora difíceis na época, trouxeram ao mercado uma nova onda de crescimento. Agora, a imensa maioria dos usuários do Taobao está completamente aclimatada às compras e pagamentos em dispositivos móveis, como evidenciado pela enorme participação das transações completadas nesses aparelhos (mais de 90%) na primeira hora do Dia dos Solteiros de 2017.

Para os usuários de PCs, a experiência do cliente do Taobao era avassaladoramente dominada por busca, listas de categorias estáticas e, de vez em quando, uma página promocional selecionada. O aplicativo do Taobao, por sua vez, se tornou e ainda é uma coletânea multifacetada de *banners*, vídeos, vendas-relâmpago, recomendações de usuários fiéis, artigos escritos (as Taobao Headlines ou Manchetes Taobao), redes sociais, financiamento coletivo, criação coletiva e muito mais. Nesse único aplicativo, o usuário pode encontrar uma infinidade de canais de produtos, desde marcas mundiais a grandes descontos, alimentos frescos e bens de luxo. Vendedores, produtos e até modelos de negócio diferem drasticamente nas diversas seções do aplicativo.

O mais importante é que a inteligência de dados funciona de forma generalizada nos bastidores, na operação do aplicativo e na evolução constante de sua estrutura. O aplicativo do Taobao, como o ecossistema como um todo, muda constantemente e fica cada vez mais inteligente. Ele é como um shopping virtual onde cada loja é personalizada para o cliente e onde até a planta do shopping em si pode ser rearrumada. Os canais de vendas-relâmpago, por exemplo, classificam seus produtos dinamicamente de acordo com o cliente. Até antes de o consumidor começar a examinar um canal específico, a inteligência de dados já trabalha nos bastidores para guiar o comprador até o produto desejado. Para dar outro exemplo, muitas imagens que os usuários veem para guiá-los a categorias ou canais especializados já são altamente personalizadas. Usuários diferentes que encontrem o mesmo canal verão imagens diferentes.

A coordenação em rede mais profunda e a inteligência de dados mais robusta impeliram o crescimento do valor bruto das mercadorias, mas, de forma significativa, também incubaram cada vez mais funções dentro do ecossistema móvel. Na era do crescimento do Taobao no PC, a plataforma evoluiu de um fórum de compradores e vendedores a um mercado

262 ALIBABA

composto por todos os tipos de funções de apoio para comerciantes. O crescimento desses PSI e o desenvolvimento de mecanismos de mercado e infraestrutura tecnológica para sustentar seu crescimento aconteceram organicamente com a evolução do mercado. Depois de 2013 e da transição do Taobao para os dispositivos móveis, o mercado continuou a evoluir. Mais funções e empresas ainda acorreram à plataforma. O Taobao criou outra série de mecanismos e infraestrutura para uma nova geração de prestadores de serviço independentes.

O primeiro grupo de novos participantes do mercado móvel evoluiu a partir dos marqueteiros e recomendadores de produtos afiliados que faziam negócios havia anos na plataforma. Esses novos participantes operavam cotejando produtos em nome dos vendedores e ganhando comissões. (Seu análogo off-line são os compradores do setor de moda.) Na era móvel, esses agregadores começaram a aproveitar cada vez mais as plataformas de mídia social para encontrar e fazer circular seus catálogos de produtos. A distinção entre os recomendadores e o grupo de usuários normalmente chamados de influenciadores começou a se desfazer; logo, os influenciadores e os sites de mídia social começaram a ganhar dinheiro com comissões do Taobao. Categorias do Taobao como *Ai Guang Jie* ("Adoro ver vitrines") e *You Hao Huo* ("Bom achado") ofereciam "estantes" virtuais especializadas onde esses marqueteiros podiam expor suas mercadorias.

Por trás de muitos desses canais de marketing afiliados, a mesma infraestrutura de pagamentos permite que os empreendedores ganhem dinheiro com comissões. Quando cria um texto de marketing, o redator externo (um novo tipo de prestador de serviço independente) incorpora em seu artigo, inevitavelmente, links para produtos no Taobao. As conversões que venham desses links geram comissão numa base de custo por venda, com 20% para os redatores e 10% para a plataforma. Para muitos vendedores, essa comissão é um gasto de marketing aceitável, principalmente para obter um tráfego que, graças à inteligência de dados, pode ser mais acurado do que em outros canais tradicionais de busca e publicidade.

Os leitores astutos talvez percebam que essa infraestrutura de pagamento lembra o produto Taobaoke já descrito. (O Taobaoke permite que marqueteiros afiliados ganhem comissão pelas vendas geradas por meio dos links divulgados.) A infraestrutura entre o Taobaoke e essas plataformas de marketing afiliadas, na verdade, é a mesma: a disseminação do modelo de comissão de custo por venda para novos tipos de conteúdo é um marco da evolução do Taobao no mundo móvel. Assim como a API, que até hoje continua a facilitar a coordenação em rede, novos usos da infraestrutura do Taobao também mostram que essa infraestrutura central continua a se expandir e a ser reutilizada em novas situações com benefício para diversos usuários.

Da busca à recomendação

Algumas seções da plataforma expõem produtos de mostruário num conteúdo completamente baseado em recomendações. Essas seções levam ainda mais adiante a inteligência de dados.

Os canais de vendas-relâmpago já foram operados por funcionários do Taobao, que selecionavam o conteúdo do canal em negociação com os comerciantes ou selecionando num reservatório-padrão de produtos. Mas, com a melhora da tecnologia móvel do Taobao, o aplicativo começou a se concentrar em canais puramente algorítmicos. Nesses canais, os produtos mostrados aos consumidores são inteiramente escolhidos pela inteligência de dados, desde áreas especializadas baseadas em recomendações que visam aos consumidores que gastam muito a itens individuais exibidos bem no pé da tela principal do aplicativo do Taobao. (Essa área de recomendação de itens, apelidada "Adivinhe do que você gosta", não é de se desdenhar. Num setor onde a área dentro de um aplicativo vale mais do que um imóvel, "Adivinhe do que você gosta" é extenso e exibe, facilmente, mais de cem produtos relacionados com precisão para usuários que se disponham a continuar rolando a tela.)

Agora, essas recomendações são onipresentes no aplicativo do Taobao. Quando um consumidor entra numa loja ou visualiza um item específico, o sistema também recomenda outras mercadorias da mesma loja. No pé do carrinho de compras do usuário, outros itens comprados por consumidores que adquiriram o mesmo item também aparecem quando o usuário visualiza o carrinho. Depois de pagar, o usuário verá novas recomendações de produtos de outras categorias e vendedores que talvez lhe interessem. Quando o usuário abre um pedido recente para ver a quantas anda a entrega, caso se entedie e role a tela além das informações haverá muita inteligência de dados aguardando com mais recomendações. Em muitos produtos da internet, como as buscas, os anúncios são invasivos e até pre-

264 ALIBABA

judiciais para a experiência do usuário. No entanto, como o aplicativo do Taobao já é dedicado às compras, as sugestões de produtos localizadas em pontos relativamente pouco invasivos não distraem o consumidor. (Afinal de contas, em última análise a pessoa visita o aplicativo para comprar.) Em consequência, o aplicativo do Taobao se esforça bastante para transformar qualquer cantinho num produto inteligente que ajude os comerciantes a criar o máximo possível de oportunidades de compra. Com essas ações dos comerciantes, os consumidores encontram, de maneira cada vez mais inteligente, as mercadorias em que estão mais interessados.

A inteligência de dados opera por toda parte nos bastidores do aplicativo do Taobao, geralmente em áreas onde o usuário talvez não esperasse. Considere, por exemplo, os *banners*, um dos esteios do marketing nos sites de comércio eletrônico. Em anos passados, o texto publicitário e o visual dos anúncios eram território de uma multidão de designers dentro do setor. Alguns são funcionários dos comerciantes, mas muitos trabalham como empresas independentes que oferecem serviços especializados a operadores de comércio eletrônico. O ano inteiro, essas empresas se ocupam com o trabalho de design, mas quando há grandes vendas (e, principalmente, o Dia dos Solteiros), muitos desses designers se veem sobrecarregados com um pico de demanda. Surge então o LuBan, nome do artesão mais famoso da China Antiga: o software de design de *banners* com inteligência artificial do Alibaba. Esse programa usa fotos e informações existentes do produto, além de outras enviadas por comerciantes, para gerar automaticamente *banners* eficazes e esteticamente agradáveis. No Dia dos Solteiros de 2017, o LuBan criou quatrocentos milhões de *banners* — são oito mil por segundo. Acoplado aos sistemas publicitários personalizados do aplicativo do Taobao, o LuBan assegura que praticamente cada consumidor veja anúncios diferentes, mesmo que do mesmo produto.

Do varejo ao conteúdo

A partir de 2014, o Taobao começou a avançar mais rumo ao conteúdo, entrando em contato com redatores, produtores de conteúdo on-line, veículos de mídia e editoras estabelecidas. Além de produtos de varejo no sentido estrito, o Taobao promoveu um ambiente onde os usuários pudessem consumir conteúdo relacionado ao varejo. As ofertas e os modelos de negócio da nova encarnação móvel do Taobao passaram a assumir uma forma muito diferente da que tinham em seu antecessor no PC, que tendia a se concentrar no comércio com uma definição mais estrita.

O primeiro tipo de conteúdo a aparecer no aplicativo do Taobao foram artigos patrocinados reunidos numa seção de destaque do aplicativo chamada Taobao Headlines. Esses artigos mais longos são escritos por marqueteiros afiliados externos sobre determinados setores ou categorias de produto, como "Casacos compridos de inverno para baixinhas" ou "Na batalha dos tonalizadores, quem ganha, China ou França?" Os autores podem não receber nota alta pela estética refinada, mas as Taobao Headlines não pretendem ser obras-primas literárias. Os textos, numa forma de redação publicitária indireta, são uma ferramenta de marketing eficaz para os vendedores. (Os autores são pagos pela infraestrutura de comissões do Taobaoke, como já mencionado.)

A seção de Headlines do aplicativo do Taobao insere a inteligência de dados no projeto de seu canal, do mesmo modo que outras seções especializadas do aplicativo. A primeira aplicação da inteligência de dados vem antes mesmo que os consumidores entrem no canal. Como cabe a uma manchete, o portal do canal na tela inicial do aplicativo Taobao mostra uma seleção rotativa de artigos. A escolha dos que são exibidos na tela inicial se baseia no histórico de compras do usuário e em seu comportamento de navegação. Assim que o usuário entra no canal em si, a ordem de exibição do conteúdo também é personalizada, de modo parecido com os resultados da busca. Mas, como o canal Taobao Headlines liga consumidores a conteúdo e não a informações sobre produtos, seus algoritmos, naturalmente, têm de levar em conta mais facetas do consumidor para combinar com eficácia usuário e artigo. Os algoritmos e a tecnologia de dados mais sofisticados maximizam a eficiência da combinação e impulsionam as vendas, gerando comissões para uma coorte crescente de produtores de conteúdo. O resultado é que, em si, o canal Taobao Headlines é um produto inteligente cujo valor evolui o tempo todo em resposta ao comportamento e ao feedback do consumidor.

Depois do sucesso do conteúdo escrito em 2014 e 2015, em 2016 o Taobao continuou a se deslocar rumo ao conteúdo em vídeo, investindo de forma abrangente em tecnologia de vídeo em todas as partes do aplicativo. Na China, a tecnologia do vídeo on-line começou a explodir por volta de 2015, e as transmissões ao vivo logo inundaram a plataforma. No aplicativo móvel, os usuários podem escolher transmissões ao vivo de in-

266 ALIBABA

fluenciadores das mídias sociais, celebridades chinesas, especialistas do setor e representantes de marcas e lojas virtuais. Essas transmissões ao vivo podem levar os consumidores a visitar fábricas e armazéns na China, mostrar aos espectadores o que pessoas do mundo inteiro estão comprando nas pontas de estoque, mostrar canto e dança... O céu é o limite. O que mais atrai os *netizens* da China a esses vendedores que transmitem ao vivo é a oportunidade de fazer perguntas diretas sobre marcas, aproveitar ofertas e liquidações projetadas especialmente para os espectadores e até paquerar ou implicar com quem faz a transmissão. Para os comerciantes, as transmissões ao vivo sustentam o marketing da marca e aumentam o envolvimento do consumidor.

Agora o vídeo aparece em todo o aplicativo do Taobao. As telas com detalhes dos produtos, antes texto e imagens estáticas, agora costumam apresentar vídeos curtos produzidos pela marca. Principalmente em categorias em que o toque e a sensação do produto são importantes, como no vestuário e nos cosméticos, o conteúdo em vídeo melhora muito a experiência do consumidor. Os compradores podem até enviar vídeos curtos (geralmente com alguns segundos de duração) quando deixam resenhas dos produtos que compraram, para mostrar, por exemplo, como a caneta desliza pelo papel ou como foi fácil montar o cabideiro. Embora o vídeo nos sites de mídia social não seja uma tecnologia nova, permitir que qualquer usuário envie conteúdo criado em grande escala quando a plataforma hospeda centenas de milhões de compradores ativos é um desafio técnico significativo. (Não surpreende que os PSI especializados em produção de vídeo estejam fazendo bons negócios com os comerciantes da plataforma. Novas posições abundam no mundo móvel.)

O Taobao chegou a fazer parcerias com diretores e produtoras conhecidas na China para fazer vendas sob a forma de vídeos curtos originais. Em silêncio, o Taobao lançou em 2016 uma área "secreta" no aplicativo, chamada Taobao Loft (Sótão Taobao), a que os usuários têm acesso descendo a tela inicial depois das dez da noite. A princípio, o "segundo andar" do aplicativo apresentou uma série em vídeo, *As mil e uma noites*, criada exclusivamente para o Taobao. Cada episódio conta a história de uma pessoa diferente que come um petisco diferente à meia-noite num restaurante mágico e revive o passado. No fim de cada vídeo fantástico, os espectadores podem comprar a prato apresentado de comerciantes da plataforma.

A série foi um sucesso estrondoso e se tornou um estudo de caso clássico nos círculos de marketing chineses. O mais importante foi que também vendeu uma quantidade prodigiosa de comida. O primeiro episódio conta a história de uma moça de Qingdao (no norte da China) que trabalha longe de casa, em Xangai. Numa noite de chuva, ela não consegue pegar um táxi e encontra um restaurante mágico que é maior por dentro do que parece por fora. O cozinheiro lhe serve certos bolinhos de peixe de sua terra natal e a chama pelo nome, desejando-lhe feliz aniversário. Os bolinhos, feitos com cavala nativa de Qingdao, não são conhecidos fora da cidade. Os sabores do lar trazem lembranças da infância e da comida feita em casa.

Nas duas primeiras horas depois do lançamento do vídeo, os consumidores compraram duzentos mil bolinhos. Nos dezesseis episódios da série, os usuários, repetidamente, demonstraram apetite inesperado pelos sabores das histórias. Um comerciante que vendia presunto ibérico importado, normalmente um produto caro e de nicho exclusivo, esgotou o estoque todo da loja à meia-noite depois que o presunto foi apresentado num episódio. (Quando o consulado espanhol da China soube da história, uma autoridade diplomática telefonou diretamente para a equipe de marketing do Taobao para saber mais sobre a série. É compreensível que o telefonema tenha deixado os jovens funcionários despreparados num estado de apoplexia.)

Mas, mais do que apenas criar um volume imenso de vendas para alguns comerciantes, a série de vídeos lembrou aos usuários que o Taobao oferece mais do que apenas negócios ou produtos comerciais. Ela lhes lembrou que o Taobao começou como um fórum, um lugar onde se podia encontrar de tudo sob o Sol, vendido por qualquer um em qualquer lugar do mundo. As *Noites* tentaram trazer os usuários de volta a um Taobao que eles só recordavam vagamente, um Taobao de uma década antes, quando os comerciantes eram menos "profissionais" mas mais genuínos, onde cada produto vinha com uma história de verdade e onde se podia bater papo on-line com um desconhecido numa pausa à tarde no escritório, quando ninguém tivesse nada melhor a fazer. Elas significaram um retorno a um Taobao que parecia pequeno e aconchegante, onde coisas novas aconteciam e onde o aroma do futuro passava pelo ar virtual.

O Taobao continua a evoluir. Os únicos limites da plataforma são os limites da tecnologia e os de nossa imaginação.

APÊNDICE C

FUNDAMENTOS CONCEITUAIS

A Teoria Unificadora da Estratégia

Minha visão de estratégia engloba tanto o pensamento estratégico tradicional quanto conceitos criativos futuros. As noções tradicionais de estratégia se baseiam na economia de escala. Estruturada em linha ou cadeia, a empresa visa a controlar as entradas e maximizar a eficiência, baixando o custo da saída e aumentando seu próprio valor. Os fatores de produção eram capital, maquinaria, matérias-primas, mão de obra e a administração para organizar tudo isso. Como eram caros e difíceis de reunir, esses fatores asseguravam uma importante vantagem competitiva. Antes, planejamento de longo prazo, boa estratégia e organização eficaz maximizavam a vantagem competitiva. Construir uma empresa de sucesso levava tempo, assim como a produção de muitas de suas mercadorias. Do mesmo modo, os fracassos nos negócios ou o declínio dos produtos de uma empresa também aconteciam devagar. Portanto, havia mais estabilidade econômica, e o futuro das empresas era mais previsível. O pensamento estratégico e outras ferramentas, como a análise das cinco forças de Michael Porter e a análise SWOT ou FOFA (forças, oportunidades, fraquezas e ameaças), foram projetados para ajudar os líderes empresariais a se orientar nesse ambiente.

Conforme alguns setores tradicionais ficavam superpovoados e a tecnologia mudava, líderes empresariais e estudiosos desenvolveram outros pensamentos estratégicos e ferramentas novas. A descrição brilhante da revolução do conhecimento de Peter Drucker explicou as mudanças que vieram com o advento do computador e de outras tecnologias avançadas. As ideias de Clayton Christensen sobre a inovação disruptiva ofereceram um modelo para as empresas entenderem a mudança e reagir quando uma nova tecnologia ou abordagem desestrutura um participante antes indômito. O planejamento de cenários da Royal Dutch Shell ajudou as empresas a fazerem planejamento estratégico em ambientes muito menos previsíveis. A estratégia do oceano azul de W. Chan Kim e Renée Mauborgne ajuda empresas e empreendedores a desenvolver mercados totalmente novos em vez de começar ou intensificar a concorrência em arenas estabelecidas.

Recentemente, Porter descreveu com perspicácia de que modo a tecnologia, em ondas sucessivas, reconfigurou a concorrência e a estratégia tradicionais.[1] A primeira onda automatizou as atividades e padronizou os processos da empresa, deflagrando a revolução do conhecimento. A segunda permitiu que as empresas coordenassem e integrassem cadeias globais de suprimento para aumentar a produtividade. A terceira onda, em evolução agora, transforma os próprios produtos. Porter dá muitas contribuições valiosas, mas sustenta que as regras e os princípios da concorrência e da vantagem competitiva persistem.

Com o desenvolvimento de mercados e tecnologias diferentes, os pensadores e assessores estratégicos revisaram suas teorias para ajudar os gestores a operar num ambiente que muda cada vez mais depressa, com nova tecnologia. Apesar da atualização, essas ferramentas analíticas não abandonaram as características centrais da economia industrial — linear, planejada, otimizada internamente e competitiva externamente. Ou então desenvolveram arcabouços estratégicos diferentes para empresas tradicionais ou digitais. Por exemplo, a estratégia da plataforma incorpora poderosamente os efeitos de rede e defende alguns princípios semelhantes aos que usamos no Alibaba. Mas as discussões sobre a estratégia da plataforma não ampliam as consequências para a prática empresarial geral. Além disso, a literatura sobre a estratégia da plataforma se concentra no conteúdo da estratégia, mas dá poucas ideias sobre o processo da estratégia.

Os estrategistas empresariais de hoje raramente preveem que toda a paisagem dos negócios, tradicionais e digitais, será reconstruída como uma rede. Não mais linear, planejada e controlada, a rede tem características muito diferentes. As ferramentas necessárias para analisar e melhorar o desempenho são muito diferentes, como descreverei brevemente. Os pensadores estratégicos raramente levam em conta que essas mudanças alterarão a natureza da concorrência. No novo paradigma, os fatores produtivos do futuro estão disponíveis a todos — qualquer um pode entrar na internet e coordenar —, e os dados, algoritmos e potência computacional estão disponíveis na nuvem a custo variável. A mudança acontece muito mais depressa, as comunidades se agregam e desagregam rapidamente e a individualização é valorizada. Nesse ambiente, boa parte da caixa de ferramentas estratégicas tradicionais se tornará irrelevante.

Este livro apresentou uma teoria unificadora para cobrir a lacuna entre empresas da internet e todas as outras empresas. Essas novas forças estão obrigando as empresas a evoluir, e o futuro de cada empresa é se tornar inteligente, ou seja, usar a inteligência de dados e a coordenação em rede para satisfazer de forma dinâmica os desejos dos clientes.

A Economia das Informações e das Redes

Ao referenciar muitos conceitos econômicos, este livro reflete minha abordagem da estratégia, abordagem alicerçada em meu histórico tanto no setor quanto na academia. Ele destacou que a empresa inteligente usa abordagens diferentes para lidar com a dinâmica econômica fundamental. Num nível profundo, a estratégia da empresa inteligente diz respeito à mediação de relações econômicas (coordenação em rede) e ao projeto de mecanismos que otimizem quantitativamente essas relações (inteligência de dados). Embora a maioria dos empresários saiba que a compreensão da ciência dos computadores é fundamental para o empreendedorismo inovador, menos gente reconhece que a familiaridade com as teorias e conceitos econômicos é cada vez mais importante na empresa movida a tecnologia. Em outras palavras, ela é importante para todas as empresas.

No decorrer deste livro, expliquei, de um ponto de vista intuitivo, por que os dados e as redes dependem uns dos outros e criam um ciclo de valor que se reforça mutuamente. Quanto mais ampla a rede, mais dados vivos ela produz, e quanto mais essa inteligência de dados atua em toda a rede, mais efetivamente todos os participantes conseguem se coordenar. Minha metáfora da espiral dupla indica por que a empresa inteligente é tão competitiva na prática. No entanto, posso dar um passo além e usar as

272 ALIBABA

teorias econômicas para discutir as razões lógicas para a empresa inteligente fazer sentido.

A empresa inteligente começa com informações compartilhadas em redes. O valor imenso das redes de dados e informações se baseia nas propriedades econômicas inigualáveis da informação, que é bem diferente de um produto físico. Ao contrário do custo marginal de reproduzir um bem físico, o custo de reproduzir informações é quase zero; é possível enviar informações de forma repetida e barata sem exauri-las. Quando as informações são compartilhadas ao mesmo tempo por uma rede inteira, as assimetrias informativas, causa fundamental de ineficiências e fracasso no mercado, se reduzem drasticamente. Como rede descentralizada, distribuída e *peer-to-peer*, a internet é ideal para processar informações.

Além disso, embora o consumo de mercadorias físicas esgote um estoque finito de valor, o consumo de informações cria valor. Se esse contraste não fizer sentido intuitivo, lembre-se do exemplo do MYbank citado neste livro. Quanto mais vendedores fazem empréstimos e revelam suas preferências de risco, com mais exatidão os algoritmos de risco conseguem calcular o produto de crédito ótimo para esses vendedores. Em outras palavras, os dados operacionais do emprestador são mais valiosos para os vendedores e para a plataforma depois de serem usados. É por causa desse circuito de feedback positivo que enfatizei a importância da interação abundante numa rede. Como disse Thomas Jefferson, "Quem recebe de mim ideias, recebe instrução sem reduzir a minha; assim como quem acende sua lamparina na minha recebe luz sem me escurecer".[2] O feedback cria mais informações; ele traz o conhecimento à tona, por assim dizer.

Finalmente, é difícil prever o valor das informações, e seu valor é diferente para pessoas diferentes. Como descrito no Capítulo 5, sempre que expõe um novo lote de roupas, Big-E não tem como saber quem gostará de qual saia ou blusa, e sua meta é compartilhá-las na maior rede possível. O valor das informações é maximizado quando elas passam por canais heterogêneos para atingir o máximo possível de pessoas. A ideia é semelhante ao conceito de inteligência coletiva. Compartilhar informações numa rede em expansão cria o máximo valor e o maior potencial de retorno crescente. Essa propriedade das informações e das empresas que fazem as informações trafegarem é uma razão importantíssima para a empresa inteligente ter efeitos de rede embutidos e grande vantagem para os primeiros a chegar. Também podemos prever que as vantagens econômicas de uma estrutura de rede baseada na internet para a atividade empresarial criariam grande ganho econômico para toda a sociedade.

Projeto de Mecanismos

Como discutido no Capítulo 8, a empresa tem de criar mecanismos que, além de tornar mais eficiente o desenvolvimento de software, também incentive determinados comportamentos internos. Tanto essa abordagem da engenharia organizacional quanto a disciplina acadêmica a ela associada se chamam projeto de mecanismos.

A ideia do projeto de mecanismos veio da economia e da teoria dos jogos para descrever os princípios da criação de interações estratégicas ou econômicas. Quando uma interação é conceituada como um jogo, as regras do jogo podem ser projetadas para obter o resultado desejado, como equidade, melhor preço ou alocação de recursos mais eficiente. Em essência, o projeto de mecanismos descreve de que maneira o campo de jogo, as regras e as posições do time afetam o jogo e seus resultados dentro do "esporte", isto é, o setor ou a empresa.

Com a disseminação da internet, os estudiosos aplicaram com sucesso o projeto de mecanismos às redes sociais on-line e, progressivamente, às situações humanas. Na física social, Alex Pentland, professor de tecnologia da informação do Massachusetts Institute of Technology, descreve de que modo ele e seus colegas usaram a tecnologia para testar cientificamente arranjos diferentes de trabalhadores.[3] Para identificar as práticas mais criativas, eficientes e inteligentes, Pentland e seus colegas examinaram como os trabalhadores se localizam fisicamente, como suas pausas são escalonadas e como eles interagem on-line. Em seus experimentos, corretores de ações on-line podem precisar de menos comunicação em tempo real e menos atualizações de informações para amortecer sua impulsividade e reação coletiva. Em outros ambientes, equipes colaborativas talvez queiram estabelecer um sistema em que todos os integrantes tenham tempo igual para falar, para trazer à tona todas as ideias e preocupações. Em retrospecto, as consequências desses projetos de mecanismos parecem óbvias. Mas foram necessárias muitas décadas de pesquisa em campos relacionados para mostrar a importância de projetar mecanismos empresariais para obter o melhor resultado. Por exemplo, cientistas da computação estudaram como

274 ALIBABA

a alteração do que aparece na tela ou das regras de interação embutidas em sistemas de e-mail afetam o uso ou o resultado.

As empresas têm muitas maneiras de incorporar com ponderação o projeto de mecanismos em todos os níveis de suas operações, da arquitetura física à infraestrutura tecnológica e à estrutura de incentivos. Uma solução estrutural relativamente simples é instalar mais áreas de reunião onde as pessoas possam interagir e até relocalizar corredores, escritórios ou locais de reunião que afunilem as pessoas certas, por mais disparatadas que sejam normalmente, até o mesmo lugar. Por exemplo, o método de classificação do AdWords, o brilhante serviço de publicidade automatizada do Google, se originou de um jogo de sinuca casual, no qual cinco funcionários de diversos departamentos começaram a discutir as queixas de Larry Page sobre o AdWords. Eles decidiram assumir o desafio de melhorá-lo durante aquele fim de semana e ajudaram a criar o modelo novo, ainda que básico, de classificação de lances.[4]

Essa reunião aparentemente ao acaso não ocorreu por acidente. Um esforço tremendo foi feito para que essa discussão livre acontecesse espontaneamente. (O refeitório do Google tem um gerente de produto para otimizar o "jogo" de comer.) A maioria dos benefícios gratuitos do Google, além de poupar tempo, também ajudam a aumentar a interação. A sinuca e o pingue-pongue são tão populares no Vale do Silício porque participantes que talvez não saibam o que têm em comum podem facilmente começar a jogar. As instalações de Google, Facebook, Alibaba e outros se chamam *campus* por boas razões.

A Microsoft é mais um dos primeiros exemplos de um mecanismo mais complicado. A gigante do software é famosa no setor por incentivar diretamente o compartilhamento e a colaboração por meio de um projeto perspicaz de métrica de desempenho dos funcionários. O banco de dados interno da Microsoft acompanha as edições de código e software e, portanto, pode registrar e avaliar a contribuição individual de um engenheiro à empresa. No entanto, ela não recompensa os engenheiros por escreverem mais linhas de código. Ela recompensa os engenheiros cujo código é reutilizado por cada vez mais funcionários. Esse exemplo de projeto de mecanismo tem consequências radicais para a empresa. Graças a uma estrutura de incentivo virtuoso, os engenheiros, instintivamente, querem escrever código que seja útil para mais gente. O trabalho redundante e a competição interna se reduzem simplesmente por causa do projeto sensato de mecanismos de avaliação.

A maioria das empresas da internet emprega abordagens semelhantes à da Microsoft para incentivar o comportamento ótimo em geral. No Google, por exemplo, alguns funcionários recebem o que poderíamos chamar de demérito por código que nunca tenha sido reutilizado por outras equipes. Se o produto de seu trabalho é bom, por que os outros não o usam? O projeto de mecanismos para interação e colaboração mais eficazes dentro da empresa pode melhorar de forma significativa a eficiência organizacional, mais do que simplesmente motivar o indivíduo. O resultado do projeto de mecanismos é mais visível onde a inovação é necessária, isto é, em ambientes intensos em conhecimento e de alto nível intelectual.

O projeto de mecanismos pode aumentar a inovação e a colaboração em quase todos os ambientes, mas, no Alibaba, nosso desafio não era tanto criar regras sagazes que incentivassem o compartilhamento, mas criar uma plataforma eficiente para a colaboração. Como o exemplo da Aone mostrou no Capítulo 8, se seu código não for criado e atualizado na nuvem, os outros não serão capazes de acompanhar quem está fazendo e compartilhando o quê. Para criar incentivos com o projeto de mecanismos, primeiro é preciso uma base tecnológica para implementar esses mecanismos. Com a plataforma Aone, nós do Alibaba podemos agora experimentar o projeto de mecanismos em cada vez mais seções de nossos muitos negócios. A empresa está imaginando sinergias novas e empolgantes quando funcionários que trabalham em problemas extremamente diferentes começarem a interagir.

Nós, no Alibaba, estamos apenas nos primeiros estágios da aplicação prática das ideias baseadas na pesquisa de campos como teoria de redes, física social e sistemas complexos. Na academia, entretanto, na interseção entre física, economia, biologia e sociologia, essas disciplinas de aparência esotérica estão bem estabelecidas.

Análise do Negócio Inteligente

Para ilustrar e quantificar as duas forças das redes e dos dados nos modelos de negócio e na análise das empresas, costumo usar o gráfico da Figura C-1. Depois de calcular a coordenação em rede e a inteligência de dados dos modelos de negócio, podemos localizar a posição estratégica de qual-

FIGURA C-1
Posicionamento estratégico das empresas

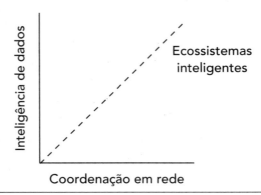

quer empresa específica e começar a avaliar seus pontos fortes e fracos, modelos e produtos.

As empresas maiores e mais promissoras estão aglomeradas no canto superior direito, enquanto as empresas mais tradicionais ficam no inferior esquerdo. Na origem estão muitas empresas ditas tradicionais cujas operações não recorrem a coordenação complexa nem a otimização movida a dados. Mais para o canto superior direito estão as empresas revolucionárias que redefinirão setores e mais setores. As empresas mundiais da internet avançam agressivamente ao longo da linha tracejada do gráfico, criando funcionalidades iguais tanto na coordenação em rede quanto na inteligência de dados. Das dez maiores empresas em valor de mercado, seis são da internet.

O que podemos aprender com o gráfico? Que a vitória é função da força, tanto em redes quanto em dados.

Há uma vantagem extra em usar tanto redes quanto dados em seu modelo de negócio, porque as vantagens advindas de cada força costumam se reforçar entre si. O tema dessa vantagem dupla impregnou implicitamente este livro, com mais visibilidade nos muitos exemplos do Alibaba que se baseiam em redes e dados. Por exemplo, o serviço de microcrédito do MYbank se baseia em dados vivos de uma rede imensa de vendedores para determinar continuamente a classificação de crédito e as taxas de juros ótimas, e os produtos de busca e recomendação do Taobao, de forma similar, fazem conexões eficazes entre redes de compradores e vendedores. Mas, mesmo que as empresas não possam ser tão grandes ou espalhadas quanto o Alibaba, cada vez mais elas se movem na mesma direção. A infraestrutura do Layercake da Ruhan, por exemplo, visa a coordenar os dados e processos de plataformas de varejo, mídias sociais e redes de fábricas.

Na prática, tanto a coordenação em rede quanto a inteligência de dados exigem trabalho básico semelhante, como softwarizar todas as atividades, pôr os processos da empresa na internet e assegurar o fluxo de dados com API. Além disso, as duas forças se alimentam entre si. Num sentido muito real, o crescimento da rede exige inteligência de dados. Se não for coordenada pela inteligência de dados, uma rede com numerosos participantes logo se dissolverá num atoleiro de ineficiência. Lembre-se das centenas de bilhões de recomendações de produtos geradas no Dia dos Solteiros de 2016. Essa é a inteligência necessária para sustentar uma vasta rede de produtos, vendedores e usuários. É porque as redes se baseiam em inteligência de dados que os modelos de negócio e as formas organizacionais que envolvem redes nessa escala e com tanta complexidade não foram praticáveis no passado sem o avanço da potência computacional e do aprendizado de máquina. Quase 43% da população da China participaram de várias maneiras das promoções do Dia dos Solteiros; uma coordenação tão complexa só poderia ser feita automaticamente com inteligência de dados.

Mas, ao mesmo tempo, é comum a inteligência de dados ter pouco valor sem dados vastos e variados. A Ant Financial recorreu à triangulação de diversos tipos de dado para chegar a medidas de crédito empiricamente robustas. Em muitas aplicações, o que dá valor não é tanto o tamanho dos dados em si, mas sua riqueza e frescor. Vem daí a expressão "dados vivos". O valor dispara quando os dados vivos vêm de fontes variadas mas igualmente frescas. As recomendações móveis do Taobao são muito mais eficazes do que as do ambiente do computador porque a atividade do usuário é mais profunda e robusta em ambiente móvel. O tempo, lugar, aparelho e outros aplicativos que o possível consumidor estiver usando constituem correntes distintas de dados. Agora, imagine o mesmo princípio aplicado aos próprios processos da empresa. E se a Ruhan pudesse basear suas escolhas de design em torrentes de dados vivos, geradas por plataformas de varejo como o Taobao, sobre as preferências dos consumidores de vestuário? E por ten-

278   ALIBABA

dências mais amplas do setor, geradas em mídias sociais como o Instagram? E pelas funcionalidades atuais de toda a cadeia de suprimentos, dos tecidos aos estampados e à manufatura? O processo de design, além de ficar completamente diferente do que é hoje, também seria muitíssimo mais eficaz.

Assim como as redes de busca exigem inteligência de dados, acrescentar inteligência de dados a uma rede de informações sobre usuários e sua atividade torna a rede mais forte e valiosa. Os sistemas de recomendação produzem resultados melhores com informações de uma rede mais ampla, e, por sua vez, a rede aciona as recomendações para ficar cada vez mais inteligente. Discutimos separadamente neste livro as duas forças, redes e dados, para ajudar as empresas a implementá-las com mais eficácia. Mas a relação intensa e mutuamente fortalecedora entre os dois cria um círculo virtuoso. Esse círculo representa a essência da empresa inteligente.

Capacitação: A Lógica da Empresa em Rede

A relação entre a plataforma (ou plano, como descrito no Capítulo 6) e os outros participantes da rede exige atenção cuidadosa. Quem toma as decisões empresariais na plataforma? É a plataforma em si, num tipo de economia planejada? Os participantes ditos pontos e linhas são completamente livres para agir por conta própria? O equilíbrio entre o *laissez-faire* e o comando/controle é comum em todos os ecossistemas e empresas de plataforma. Depois de anos de luta operacional e até filosófica no Alibaba, chegamos a um princípio orientador simples: o papel da plataforma é capacitar os participantes na plataforma e não gerir suas ações.

Na literatura econômica sobre economia industrial, há uma dicotomia clara entre mercados e hierarquias. Eles são as duas extremidades de uma linha contínua. Os mercados se baseiam em mecanismos descentralizados e baseados em informações, como os leilões, para tomar decisões, enquanto as hierarquias recorrem à tomada de decisões centralizada, o estilo de comando e controle da administração. As hierarquias internalizam muitas funções que poderiam funcionar como mercado — em que dois ou mais participantes podem interagir e transacionar — para reduzir o custo de transação ou de coordenação e aproveitar a economia de escala. Como híbrida de mercado e hierarquia, a rede já foi considerada um caso especial na economia organizacional tradicional. As redes organizacionais foram mal definidas, e é difícil encontrar exemplos e melhores práticas.

Com a penetração da internet, redes coordenadas como o Taobao estão se disseminando e serão a norma do futuro. Conforme a infraestrutura vai sendo construída e mais conhecimento se torna amplamente acessível por API e outras ferramentas de compartilhamento, os que contribuem com a rede interna veem suas ideias competirem por atenção e recursos. Como já mencionado, algumas empresas dão um tipo de demérito a engenheiros de software se ninguém reutiliza seu código. Em outras palavras, em muitos aspectos a infraestrutura cria um mercado interno, além de uma resposta automática ao mercado externo. Se as vendas de um produto estão crescendo e exigem mais engenharia ou outros insumos, os recursos são alocados. O sistema tem sido construído de modo que os projetos ou produtos que chegam ao topo das classificações de desempenho sejam financiados em ordem até os recursos se esgotarem. O projeto humano melhora esse sistema e continua a encontrar jeitos de criar o melhor resultado para o sistema como um todo, de modo semelhante ao Taobao, que continuou a ajustar sua metodologia de busca descrita no Capítulo 4 para descobrir o que servia melhor ao ecossistema inteiro. Dessa maneira, o realinhamento de recursos acontece automaticamente conforme cresce a aceitação no mercado. Em essência, a empresa não é mais um meio pelo qual a gestão hierárquica internaliza alguma parte da cadeia de valor. Ela se torna mais parecida com um mercado em si.

As empresas do futuro usarão inteligência de dados e coordenação em rede para imitar os mecanismos do mercado. Além disso, quando se expande para além das fronteiras da empresa, a rede força os limites de um número crescente de interações que se assemelham a um mercado. A empresa e as empresas com que ela trabalha estão ficando mais parecidas com uma comunidade de código aberto. A empresa em rede não é uma empresa tradicional, e administrar redes é um processo diferente da administração tradicional. Gerenciar uma rede exige capacitar, muito mais do que gerir os participantes.

Ao contrário de um varejista ou dono de marca tradicional, com franquias ou filiais, a plataforma do Taobao não gerencia os milhões de marcas independentes em seu site. Não tem nenhuma relação financeira direta com as empresas em si além de receber comissão sobre determinadas transações. No geral, a plataforma parece um prestador de serviço com funções dispersas de organização e uma certa medida de controle.

280 ALIBABA

A história do Taobao é a dos PSI novos e emergentes e da introdução gradual das ferramentas e da infraestrutura de que esses fornecedores precisam para fazer negócios. Por meio dessa transformação constante, a plataforma nasce de uma série de aplicativos verticais; o ecossistema evolui a partir da inter-relação entre novos papéis e novos participantes da rede. Mas, no Alibaba, lutamos muitos anos com a ausência de um modelo estabelecido para essas relações, e mais ainda de um arcabouço de organização dessas relações. Como intelectual residente, gastei muita massa cinzenta com essa charada.

Uma plataforma pode ser entendida como o eixo central da rede. Mas qual é a relação exata entre a plataforma e os vendedores na plataforma? O que a plataforma deveria fazer? Como descrito no Capítulo 6, a plataforma (o plano) não pode existir sem vendedores (participantes-linhas). Mas o plano não administra o trabalho dos participantes-linhas no sentido tradicional do termo administrar.

Ver os vendedores como clientes dos serviços da plataforma também não resolve o problema. Os vendedores são clientes da plataforma, mas também servem aos outros clientes da plataforma, ou seja, os consumidores. E os vendedores não são subsidiárias da plataforma. No contexto do varejo, a plataforma parece um shopping virtual, mas tem controle significativo sobre os "inquilinos" com a criação de incentivos e métricas de desempenho que determinam quais vendedores podem participar de liquidações ou ganhar promoções e prêmios da plataforma. (Esses são exemplos do projeto de mecanismos que mencionei numa seção anterior.)

Nenhum modelo existente poderia nos ajudar a entender a relação entre plataforma e comerciante que era fundamental para nosso modelo de negócio. Em 2012, depois de meses de discussão e autoanálise, nossa equipe de estratégia chegou a uma palavra que parecia captar a essência da associação entre plataforma e comerciante: capacitar. (A palavra a princípio foi expressa diretamente em inglês, *enable*, e foi traduzida por nossa equipe para o chinês como *fu neng*, literalmente "dotar de capacidade".) Mencionei a palavra no Capítulo 8, no contexto organizacional. Para recapitular, o trabalho de capacitar consiste em oferecer infraestrutura e soluções para reduzir o custo de fazer negócios; fundamentalmente, a maioria dessas soluções são produtos software como serviço (SaaS) que rodam com base em dados.

Fundamentos Conceituais 281

Capacitar define as fronteiras e a divisão de trabalho entre a plataforma e o vendedor e a filosofia que governa o ecossistema. Numa relação de capacitação, o Taobao e os comerciantes são parceiros num sentido bem real e trabalham em cooperação para oferecer produtos e serviços aos consumidores. Essas ofertas são criadas pelo comerciante, mas a interface dos aplicativos do Taobao (como o Taobao Móvel ou as promoções do Dia dos Solteiros) afeta profundamente a experiência do consumidor. A plataforma e o vendedor servem ao consumidor conjuntamente.

Na prática, o Taobao, como plataforma, fica atrás dos comerciantes, apoiando-os em suas vendas e marcas e criando a infraestrutura para seu sucesso. Dentro de qualquer ecossistema, as empresas de plataforma fornecem principalmente a infraestrutura que fundamenta as operações do comerciante. A infraestrutura compreende dois ingredientes básicos para capacitar negócios: regras e ferramentas. As ferramentas são os produtos e a funcionalidade que capacita a conexão e a colaboração, como as tecnologias de API ou a plataforma de marketing de afiliados do Taobao. As regras são os mecanismos que facilitam a competição e as parcerias saudáveis, como os sistemas de reputação ou os algoritmos de busca do Taobao. As regras são importantíssimas, pois influenciam diretamente o modo como o mercado é administrado. A infraestrutura medeia as relações na plataforma e fornece aos membros do ecossistema os recursos necessários e os incentivos adequados. Os serviços de infraestrutura em todo o ecossistema atuam como bens públicos no sentido rigoroso da expressão e criam externalidades e efeitos de rede que tornam mais eficientes os negócios no ecossistema. Esses serviços consistem em fornecer as funcionalidades da coordenação em rede ou da inteligência de dados. É por isso que a tradução chinesa de *enable* significa "dotar de capacidade".

Capacitar é a melhor maneira de conceituar as relações dentro de uma rede de negócios. Como fica a meio caminho entre o mercado e a hierarquia, a rede exige uma lógica diferente do que aquela usada nas teorias tradicionais para construir um mercado ou administrar uma organização hierárquica. A plataforma não administra vendedores em si, mas suas decisões e estratégias estão profundamente entrelaçadas com seus negócios. Os vendedores não existem "a distância", como descritos pela teoria clássica do mercado. Os vendedores não podem existir sem a plataforma, mas, ao mesmo tempo, a plataforma não é nada sem os vendedores. Se os vendedores não prosperarem, a plataforma corre o risco de ser superada por

282 ALIBABA

concorrentes ou novos participantes no mercado. As regras para o ato de capacitar são novas, e as velhas definições não se aplicam de forma limpa ou exata.

Conforme as redes se infiltram no mundo dos negócios, a fronteira entre empresa e mercado fica cada vez menos clara. Os mercados externos fora de empresas específicas (por exemplo, plataformas de financiamento) estão ficando mais parecidos com redes. Dentro de muitas empresas, a estrutura hierárquica rígida está dando lugar a redes mais flexíveis. E o fluxo entre redes internas e externas também é muito mais fluido.

Em termos gerais, a lógica da capacitação se aplica amplamente a todas as redes de negócios, estejam na indústria (Capítulo 6) ou dentro da empresa (Capítulo 8). Minha discussão da construção da coordenação em rede no Capítulo 2 e no Apêndice B explicou, em si, como a capacitação realmente funciona, enquanto o Capítulo 4 deu ideias para capacitar os participantes da rede no nível técnico.

Em última análise, as formas mais elevadas de capacitação consistem em facilitar a coordenação em rede e a inteligência de dados. Sejam plataformas ou empresas, todas as organizações têm de apressar o crescimento e a disseminação dessas duas forças fundamentais.

NOTAS

Introdução

1. Neste livro, as conversões de yuanes (RMB) para dólares americanos usam a taxa padronizada de 6,5 RMB para 1 dólar.

2. "Inside VISA", https://EUA.visa.com/dam/VCOM/download/corporate/media/visanet-technology/aboutvisafactsheet.pdf, acessado em 24 de março de 2018.

3. A partir de 2016, a imprensa popular sobre negócios pareceu despertar em massa (embora talvez cinco anos atrasada) para a ideia de que o setor de tecnologia chinês pode, de fato, inovar. Veja um pequeno grupo de artigos: Paul Mozer, "China, Not Silicon Valley, Is Cutting Edge in Mobile Tech", *New York Times*, 2 de agosto de 2016; Jonathan Woetzel *et al.*, "China's Digital Economy: A Leading Global Force", *McKinsey Global Institute*, agosto de 2017; Louise Lucas, "China vs. US: Who Is Copying Whom?", *Financial Times*, 17 de setembro de 2017; e Christina Larson, "From Imitation to Innovation: How China Became a Tech Superpower", *Wired*, 13 de fevereiro de 2018.

4. De 64 empresas, o Alibaba foi eleito a melhor empresa para "comprar e guardar" em dez anos por clientes e seguidores do CB Insight, site de pesquisa e ferramentas de investimento. O Alibaba ficou com 63% dos votos e venceu a Amazon, finalista em segundo lugar. CB Insights, "What Is the Best Company to Invest In and Hold for Ten Years?", *CB Insights*, sem data, acessado em 10 de março de 2018, www.cbinsights.com/research-company-investment-bracket.

5. A criatividade de Jack para inventar títulos dentro do Alibaba é parte importante da cultura da empresa. *Zong canmouzhang* se traduz literalmente como "chefe geral do estado-maior", e, realmente, a palavra *canmouzhang* é usada na tradução chinesa dos "chefes do estado-maior conjunto" do Pentágono. A razão para Jack não me chamar diretamente de diretor de estratégia é porque, em sua opinião, o presidente executivo deve ser o diretor de estratégia da empresa.

6. Sun Tzu, *A arte da guerra*, trad. Lionel Giles (Blacksburg, Virgínia, Thrifty Books, 2007).

7. A expressão chinesa *wang hong* é uma abreviação de *wangluo hongren*, literalmente "celebridade da internet", geralmente traduzida assim na mídia tecnológica ocidental. Este livro prefere a tradução mais expressiva "*web celeb*". A expressão *wang hong* data de 2013, quando as influenciadoras surgiram como fenômeno no Weibo e em outros sites chineses de mídia social. Desde então, *wang hong* se tornou um apelido comum para as moças que usam uma imagem de beleza feminina estereotipada (geralmente com a ajuda de cirurgias plásticas e

284 ALIBABA

programas de edição de fotos) em sua busca de fama e fortuna na internet. Não surpreende que, na fala cotidiana, *wang hong* tenha uma conotação levemente pejorativa. Este livro usa *web celeb* de forma neutra e restringe a discussão das *wang hong* ao espaço do comércio eletrônico da China, com foco na inovação do modelo de negócio subjacente.

8. O Taobao não recebe comissão de empresas como a LIN Edition, que normalmente operam no Taobao e não no Tmall. A receita do Taobao se baseia num modelo de publicidade em que as empresas podem pagar por posicionamento e melhor tráfego dentro do mercado. O Tmall, mercado do Alibaba para comerciantes com marcas, opera com comissões, geralmente 4% a 5% sobre as transações, dependendo do setor e da categoria de produto. Comerciantes estrangeiros que operam no Tmall Global pagam mais 1% por transação para cobrir o custo do câmbio realizado pelo Alipay. Veja mais informações sobre as diversas plataformas e empresas do Alibaba no Apêndice A.

Capítulo 1

1. A expressão *coordenação em rede* é tradução de uma expressão chinesa semelhante (*wangluo xietong*) que cunhei para o trabalho estratégico interno no Alibaba em junho de 2007. O conceito se baseia em teorias de disciplinas econômicas clássicas como a organização industrial, além de campos interdisciplinares mais novos como a ciência das redes. Veja mais informações sobre os modelos de negócio baseados em redes em David Easley e Jon Kleinberg, *Networks, Crowds, and Markets: Reasoning About a Highly Connected World* (Cambridge, Cambridge University Press, 2010).

2. O texto inspirador dessa estruturação das empresas foi Ronald H. Coase, "The Nature of the Firm", *Economica New Series*, 4, nº 16, 1937, p. 386-405 (Blackwell Publishing). Mais tarde, ele publicou outro artigo muito influente: Ronald H. Coase, "The Problem of Social Cost", *Journal of Law and Economics,* 3 (outubro de 1960), p. 1-44. Muitos economistas realizaram trabalho adicional significativo no campo da economia organizacional, inclusive o ganhador do Prêmio Nobel Oliver E. Williamson.

3. A expressão *inteligência de dados* é tradução de uma expressão chinesa semelhante (*shuju zhineng*) que cunhei em 2014 para o trabalho estratégico interno no Alibaba. Ela descreve uma determinada abordagem estratégica da aplicação de tecnologias de aprendizado de máquina. Como explicarei no Capítulo 3, ao contrário de expressões relacionadas, como inteligência de máquina, ciência de dados e *big data*, a inteligência de dados se concentra mais no uso prático dos dados e algoritmos para produzir resultados empresariais adaptativos. Há uma boa base sobre aprendizado de máquina e ciência de dados em Pedro Domingos, *The*

Master Algorithm: How the Quest for the Ultimate Learning Machine Will Remake Our World (Nova York, Basic Books, 2015).

Capítulo 2

1. Veja mais informações sobre a economia chinesa em 2003 e a ascensão do comércio eletrônico em Porter Erisman, *Alibaba's World: How a Remarkable Chinese Company Is Changing the Face of Global Business* (Nova York, St. Martin's Press, 2015).

2. A evolução do Taobao foi um exercício clássico de construção de uma plataforma por meio de externalidades da rede, atendendo tanto a compradores quanto a vendedores enquanto os dois lados do mercado se construíam um ao outro. Mais vendedores traziam mais compradores, vendedores maiores precisavam de mais serviços e assim por diante. Na economia, os efeitos do transbordamento de uma ação se chamam "externalidades". Essas externalidades não têm relação com a meta da ação ou são tangenciais a ela e podem ser positivas ou negativas. A experiência do Alibaba nos ensinou que promover e aproveitar as externalidades é o principal serviço de uma empresa de plataforma; veja mais detalhes no Apêndice C. No caso da incubação do Taobao, essas ondas de externalidades foram muito positivas e incubaram a plataforma com sucesso. Essas externalidades chegaram até a transbordar da plataforma quando os vendedores criaram organizações informais off-line para melhorar o ambiente de negócios do Taobao.

3. O novo foco da economia e da administração na estratégia das plataformas representa o repensar da estratégia no contexto das redes. O Alibaba opera na vanguarda dessas disciplinas, e este livro, principalmente o Capítulo 6, reflete muitas ideias dentro desse corpo de pesquisa. Há um excelente tratamento do tema em Geoffrey G. Parker, Marshall W. Van Alstyne e Sangeet Paul Choudary, *Platform Revolution: How Networked Markets Are Transforming the Economy and How to Make Them Work for You* (Nova York, W. W. Norton & Company, 2016).

4. Há muitas histórias da origem das API, mas um contribuidor importante foi o cientista da computação Roy Fielding ("Architectural Styles and the Design of Network-Based Software Architectures", dissertação de PhD, Universidade da Califórnia, campus de Irvine, 2000) e sua obra posterior.

5. No campo da sociologia, essas lacunas se chamam "furos estruturais". No livro *Structural Holes: The Social Structure of Competition* (Cambridge, Harvard University Press, 1995), Ronald S. Burt analisa a importância dessas lacunas das redes competitivas e analisa as estratégias para empreendedores ocuparem esses furos e criarem novas formas de valor. No Taobao, descobrimos que a evolução da rede corresponde a um ciclo contínuo de surgimento de novos furos estruturais, e depois disso a plataforma ajuda os empreendedores a "tapar" os furos de forma eficaz.

286 ALIBABA

6. A Wikimedia Foundation (www.wikimediafoundation.org) tem informações consideráveis sobre a Wikipédia, inclusive sua história e suas operações. A Linux Foundation (www.linuxfoundation.org) mantém o ambiente Linux de código aberto, conta a história do Linux, explica como funciona o sistema operacional e oferece treinamento. A Netscape foi vendida ao AOL em 1999. O navegador e outras ferramentas de código aberto da Netscape deram origem, em 1998, a uma empresa separada, a organização Mozilla, e, depois, em 2003, à Mozilla Foundation, quando os laços com o AOL foram cortados. A fundação tem uma subsidiária sob seu total controle, a Mozilla Corporation. Há informações sobre a fundação e suas outras ferramentas em www.mozillafoundation.org.

Capítulo 3

1. A nova empresa Scrapehero de mineração de dados indica que Amazon e Walmart oferecem, respectivamente, mais de quinhentos milhões e mais de dezessete milhões de produtos. Como estatística não oficial, esses deveriam ser entendidos como limites inferiores. Ver "Number of Products sold on Amazon vs. Walmart — January 2017", 26 de janeiro de 2017, https://www.scrapehero.com/number-of-products-sold-on-amazon-vs-walmart-janeiro-2017/; e "How Many Products Does Amazon Sell? — January 2018," 11 de janeiro de 2018, https://www.scrapehero.com/many-products-amazon-sell-january-2018/.

2. Essas aplicações do aprendizado de máquina a questões empresariais envolvem mais tecnologia e conhecimento do setor do que ciência da computação. O aprendizado de máquina se baseia em reconhecer padrões ocultos por meio da análise estatística de grandes volumes de dados (*big data*), e nem sempre é uma abordagem com boa relação custo-benefício para resolver os problemas das empresas. A maioria dos métodos modernos de aprendizado de máquina precisa limitar as restrições a encontrar padrões; essa falta de restrição permite que os computadores encontrem padrões profundamente ocultos, invisíveis para os especialistas humanos. Mas a falta de restrição aumenta muito o espaço de busca do algoritmo, tornando enorme o custo computacional e de dados para encontrar padrões.

Portanto, as aplicações de vanguarda da inteligência de dados no setor de tecnologia, inclusive muitas mencionadas neste capítulo, não usam somente o aprendizado de máquina. Elas combinam a ciência da computação com outras duas disciplinas acadêmicas: economia e organização. A economia oferece os modelos matemáticos básicos do comportamento humano, o que restringe bastante o espaço de busca de padrões ocultos. Em seguida, os métodos de aprendizado de máquina podem ser usados para obter e limpar os dados relevantes e calcular os parâmetros corretos para o modelo em relação ao problema empresarial em questão. Os métodos de otimização (também chamados de programação mate-

Notas 287

mática) podem ser aplicados para assegurar que os modelos e os métodos de cálculo sejam eficientes, dadas as restrições de tempo e orçamento. Os empresários precisam se lembrar de que, embora os métodos probabilísticos de aprendizado de máquina representem uma mudança revolucionária na tomada de decisões táticas, o aprendizado de máquina, em si e por si, não é uma solução mágica.

3. Dados disponíveis nos registros da Amazon na comissão de títulos e valores mobiliários dos EUA (Securities and Exchange Commission, SEC), http://phx.corporate-ir.net/phoenix.zhtml?c=97664&p=irol-sec&control—selectgroup=Annual%20Filings.

4. Veja o histórico da Augury em Klint Finley, "Augury's Gadget Lets Machines Hear When They're About to Die", *Wired*, 4 de novembro de 2015, www.wired.com/2015/ll/augury-lets-machines-hear-when-theyre-about-to-break-down; e em Ethan Parker, "Augury Secures \$17 Million Series B Funding Round to Power the Future of IoT", *Business Wire*, 19 de junho de 2017, www.businesswire.com/news/home/20170619005161/en/Augury-Secures-17-Million-Series-Funding-Power.

5. Veja informações sobre o estado do financiamento de empresas privadas na China (não estatais e sem ações na bolsa) em Franklin Allen, Jun Qian e Meijun Qian, "Law, Finance, and Economic Growth in China", *Journal of Financial Economics*, 77, 2005, p. 57-116; e Meghana Ayyagari, Asli Demirgiiq-Kunt e Vojislav Maksimovic, "Formal versus Informal Finance: Evidence from China", *Review of Financial Studies*, 23, nº 8, 2010, p. 3.048-3.097. Juntos, esses artigos mostram que os métodos de financiamento não bancário podem responder por até 80% do financiamento das empresas, dos quais uma porção significativa vem de canais informais ou clandestinos. Ayyagari *et al.*, especificamente, indicam que as empresas menores da China são as que menos recorrem ao financiamento bancário. Sou grato a Tang Ya, professor assistente de Finanças da Universidade de Pequim, e ao aluno de PhD Li Huixuan pelos conselhos e pelas informações sobre o financiamento de PME na China.

6. De acordo com o Escritório do Grupo Principal de Conselho de Estado de Desenvolvimento e Redução da Pobreza, os "principais condados para o trabalho de desenvolvimento e redução da pobreza" da China (antes, "condados que sofrem de extrema pobreza") são escolhidos com base no número de habitantes pobres, no nível de renda da população rural, no padrão de vida e na situação do trabalho de desenvolvimento e redução da pobreza, com peso apropriado dado ao PIB e à receita fiscal per capita. Os condados principais são reavaliados toda década; nos dois períodos de 2001 a 2010 e 2011 a 2020, 592 condados (de quase três mil unidades administrativas em nível de condado) em toda a China foram considerados condados principais. ("Regulations on national poverty alleviation and development work regarding key counties", 23 de fevereiro de 2010, http://www.cpad.gov.en/art/2010/2/23/art—46—72441.html).

288 ALIBABA

7. As informações sobre o MYbank vêm do site do banco, mybank.cn, e de seu demonstrativo de resultados de 2016 (em chinês): MYbank, "Relatório anual de 2016", maio de 2017, https://gw.alipayobjects.com/os/rmsportal/FzRFwOIBDOv-SAeMuZewN.pdf.

8. Esses três componentes — dados, algoritmos e produtos adaptáveis — são formulação minha. Veja mais informações sobre algoritmos e aprendizado de máquina em Pedro Domingos, *The Master Algorithm: How the Quest for the Ultimate Learning Machine Will Remake Our World* (Nova York, Basic Books, 2015) e John MacCormick, *Nine Algorithms That Changed the Future: The Ingenious Ideas That Drive Today's Computers* (Princeton, Nova Jersey, Princeton University Press, 2011).

9. Eu soube do trabalho de Shigeomi Koshimizu em Victor Mayer-Schonberger e Kenneth Cukier, *Big Data: A Revolution That Will Transform How We Live, Work, and Think* (Boston, Houghton Mifflin Harcourt, 2013). Há informações adicionais no site do Instituto Avançado de Tecnologia Industrial (www.aait. ac.jp).

Capítulo 4

1. Veja mais informações sobre a história da explosão do compartilhamento de bicicletas na China em "Chinese Startups Saddle Up for Bike-Sharing Battle", *Wall Street Journal*, 25 de outubro de 2016, www.wsj.com/articles/chinese-start-ups-saddle-up-for-bike-sharing-battle-1477392508; Didi Kirsten Tatlow, "In Beijing, Two Wheels Are Only a Smartphone Away", *New York Times*, 19 de março de 2017, www.nytimes.com/2017/03/19/world/asia/beijing-bike-sharing.html; e John Lipton, "Bike-Sharing Boom in China Pedals to New Heights", *CNBC*, 18 de julho de 2017, www.cnbc.com/2017/07/18/bike-sharing-boom-in-china-pedals-to-new-heights.html.

2. Marc Andreessen, "Why Software Is Eating the World", *Wall Street Journal*, 20 de agosto de 2011, www.wsj.eom/articles/SB10001424053111903480904576512 250915629460.

3. A discussão deste capítulo sobre API e softwarização varre uma quantidade enorme de detalhes técnicos para debaixo do tapete. Estruturar a pilha técnica de uma empresa para apoiar operações sob demanda (modularizar os processos centrais da empresa e assegurar que as informações que fluem entre eles sejam coordenadas por chamadas à rede e não por chamadas locais) é um desafio técnico considerável. Não sou engenheiro e esse livro não é para um público técnico, mas os leitores interessados nos aspectos técnicos da softwarização de empresas são incentivados a consultar a ampla literatura sobre microsserviços e arquitetura orientada a serviços.

Notas **289**

4. A história da decisão de Jeff Bezos de ordenar o uso interno de API não foi formalmente contada em público, embora seja insinuada de forma oblíqua em Brad Stone, *The Everything Store: Jeff Bezos and the Age of Amazon* (Nova York, Little, Brown and Company, 2013, p. 209-210). O relato vem da reclamação de Steve Yegge, ex-funcionário da Amazon, sobre o atual patrão, o Google, mas o comentário de Yegge já foi apagado depois da postagem original no Google+. (É possível encontrar uma versão arquivada em Rip Rowan, blog no Google+, 12 de outubro de 2011, https://plusgooglecom/+RipRowan/posts/eVeouesva-VX). Veja os trechos pertinentes em Staci D. Kramer, "The Biggest Thing Amazon Got Right: The Platform", *GigaOm*, 12 de outubro de 2011, https://gigaom.com/2011/10/12/419-the-biggest-thing-amazon-got-right-the-platform.

Capítulo 5

1. C2B significa Customer-to-Business (de cliente a empresa) e não Consumer-to-Business (de consumidor a empresa). Devido ao histórico do Alibaba no setor de varejo, uso frequentemente a palavra "consumidor" neste e em outros capítulos, mas o leitor deve entender que a mentalidade C2B se aplica igualmente a todas as empresas, quer estejam diante de um consumidor, quer não. Qualquer empresa que crie valor ao servir a um cliente (isto é, todas as empresas) se beneficiaria da teoria C2B. Na verdade, é por isso que as empresas da internet costumam preferir o termo neutro "usuário", que abrange toda a variedade de possíveis beneficiados pelos serviços da empresa. Os leitores menos familiarizados com o jargão do setor técnico podem considerar "consumidor", "usuário" e "cliente" como sinônimos.

2. Nicole Shen, entrevista com a equipe do autor, Hangzhou, China, 14 de junho de 2016.

3. KPMG, "Seeking Customer Centricity: The Omni Business Model", KPMG International, junho de 2016, https://home.kpmg.com/be/en/home/insights/2016/06/seeking-customer-centricity-the-omni-business-model.html.

4. A estratégia de Big-E para estabelecer vários pontos de contato de modo a medir a demanda do consumidor e ajustar os cronogramas de produção com iterações é um exemplo excelente da contribuição de arcabouços da teoria dos jogos às operações empresariais. Quando se transforma um "jogo de um só tiro" (isto é, um palpite da empresa sobre a demanda do consumidor) num "jogo repetido" (uma série de decisões incrementais), é muito mais provável, matematicamente, que as opções de produção do fornecedor convirjam para a demanda do consumidor. A teoria dos jogos nos diz que, na presença de informações incompletas ou ocultas (por exemplo, a demanda do consumidor), os jogos repetidos têm mais probabilidade de produzir um resultado ótimo para todos os jogadores envolvidos.

290 ALIBABA

5. Há um artigo em inglês sobre a empresa: Jane Ho, "China's Suit Maker Red Collar Blazes Trail for Mass Made-to-Measure", *Forbes*, 15 de agosto de 2016, www.forbes.com/sites/janeho/2016/08/15/chinas-suit-maker-redcollar-blazes--trail-for-mass-made-to-measure/#2e87a4fb5470.

6. As informações sobre a Shangpin vêm de Ming Zeng e Song Fei, "C2B: Hulianwang shidai de xin shangye moshi" (C2B: o novo modelo de negócio para a era da internet), *Harvard Business Review China*, fevereiro de 2012.

7. Os números vêm de "Shangpin Home Collection's Sales in First Half of 2017 Break Two Billion, Net Profits 65.8701 Million RMB", *Yiou Wang*, 29 de agosto de 2017, baijiahao.baidu.com/s?id=1577030207271487167; e "Custom Furniture C2B Exemplar Shangpin Home Collection's Market Cap to Double by 2020", *ifenxi*, from ifenxi.com/archives/1745.

Capítulo 6

1. Michael E. Porter, *Competitive Strategy: Techniques for Analyzing Industries and Competitors* (Nova York, Free Press), 1980.

2. Nessa discussão de estratégias de ponto, linha e plano, costumo me referir a "empresas" como unidade analítica básica, com a consequência de que cada empresa precisa escolher uma única posição estratégica. Em empresas menores, esse é um pressuposto sensato, mas, em termos mais rigorosos, é mais exato dizer que essas estratégias se aplicam ao nível de um produto ou serviço individual. É perfeitamente sensato que uma única empresa trabalhe em dois negócios diferentes, um operado como linha, o outro, como plano. (Um exemplo simples é a Amazon. Os produtos adquiridos e vendidos pela empresa refletem uma estratégia de linha, enquanto o Amazon Marketplace para terceiros exibe uma estratégia de plano.) O Alibaba é um raro exemplo de empresa para a qual a maioria de nossos produtos e serviços está posicionada como plano desde o primeiro dia.

3. Inman é uma marca de vestuário feminino informal criada no Taobao em 2007. As cores e tecidos naturais da marca, como algodão e linho, logo conquistaram muitas seguidoras entre as jovens urbanas. Em 2008, o fundador Fang Jianhua se tornou um dos primeiros comerciantes a abrir uma loja-âncora no Tmall. Desde então, a Inman se tornou uma das marcas de vestuário feminino mais populares do Tmall, ficando entre as dez mais, medidas por volume bruto de mercadoria, em vários anos de vendas no Dia dos Solteiros. No Dia dos Solteiros de 2017, o Grupo Huimei, empresa-mãe da Inman, apurou 210 milhões de RMB (33 milhões de dólares) em volume bruto de mercadoria. Em novembro de 2017, ela começou a se expandir das raízes on-line para o varejo off-line, com mais de quatrocentas lojas físicas de varejo em mais de 150 cidades da China, e planeja continuar sua expansão.

A HSTYLE é uma marca on-line de *fast fashion* fundada em 2006 e operada pelo Grupo Handu. O Handu começou como comprador on-line de vestuário feminino sul-coreano e, em 2008, incubou a marca HSTYLE. A partir daí, a empresa continuou a evoluir como operadora de marcas on-line, incubando e gerenciando mais setenta marcas de vestuário, com roupas femininas, masculinas, infantis e esportivas. A HSTYLE é uma das maiores marcas de vestuário feminino nas plataformas do Alibaba. No Dia dos Solteiros de 2012 a 2017, o Grupo Handu ficou, respectivamente, em 3º, 2º, 1º, 2º, 4º e 5º lugares nessa categoria. No Dia dos Solteiros de 2017, todas as marcas do Grupo Handu apuraram, em conjunto, 516 milhões de RMB (2,5 milhões de dólares) em volume bruto de mercadoria. Em fevereiro de 2018, o Grupo Handu planeja abrir seu capital na Bolsa de Valores de Xangai.

4. Nos últimos anos, houve uma explosão de interesse pela estratégia de plataforma na literatura popular sobre administração. Ver, por exemplo, Ming Zeng, "Three Paradoxes of Building Platforms", *Communications of the ACM*, 58, nº 2, 2015, p. 27-29. Leia mais sobre o tópico em Geoffrey G. Parker, Marshall W. Van Alstyne e Sangeet Paul Choudary, *Platform Revolution: How Networked Markets Are Transforming the Economy and How to Make Them Work for You*, Nova York, W. W. Norton & Company, 2016; David S. Evans e Richard Schmalensee, *Matchmakers: The New Economics of Multisided Platforms*, Boston, *Harvard Business Review* Press, 2016; e Andrew McAfee e Erik Brynjolfsson, *Machine, Platform, Crowd: Harnessing Our Digital Future*, Nova York, W. W. Norton & Company, 2017.

5. Nos anos decorridos desde a abertura de capital da Baozun, as ações têm tido crescimento excepcional na categoria de pequena capitalização (*small cap*). Veja mais informações em inglês em Aparna Narayanan, "Small E-Commerce Firm Sizzles As It Brings Western Brands to China", *Investor's Business Daily*, 2 de julho de 2017, https://www.investors.com/research/the-new-america/this-small--e-commerce-gem-sizzles-as-it-brings-big-western-brands-to-china/.

6. Veja detalhes sobre a aquisição do WhatsApp em Reed Albergotti, Douglas MacMillan e Evelyn M. Rusli, "Facebook to Pay $19 Billion for WhatsApp", *Wall Street Journal*, 19 de fevereiro de 2014, www.wsj.com/articles/facebook-to-buy--whatsapp-for-16-billion-1392847766.

Capítulo 7

1. Este capítulo se baseia intensamente em conceitos e arcabouços de Martin Reeves, Ming Zeng e Amin Venjara, "The Self-Tuning Enterprise", *Harvard Business Review*, junho de 2015. Sou grato à orientação de Reeves ao desenvolver esse artigo e por me ajudar a refletir sobre minha experiência no Alibaba e refiná-la.

2. Além das estratégias políticas e militares, o conceito de estratégia empresarial só começou a existir de verdade no século XX, com o advento de Frederick Winslow Taylor e a ciência da administração. Foi nessa época que se iniciou a

292 ALIBABA

maioria dos programas de MBA e que a administração começou a ser um papel profissionalizado que exigia formação. Pouco tempo depois, os executivos de grandes empresas aceitaram que a estratégia era seu domínio, como demonstrado por Alfred P. Sloan Jr., presidente executivo da General Motors, e seu clássico livro *My Years with General Motors* (Nova York, Doubleday, 1963; reimpressão, Currency, 1990). Como disciplina, a estratégia empresarial tomou forma e produziu ideias e ferramentas poderosas, como os efeitos da curva de experiência e a matriz de participação no crescimento, de que Bruce Henderson, fundador do Boston Consulting Group, foi pioneiro, e a análise das cinco forças de Michael Porter delineada em *Competitive Advantage: Creating and Sustaining Superior Performance* (Nova York, Free Press, 1985). Desde então, os refinamentos e elaborações foram muitos e poderosos. Veja o desenvolvimento da tecnologia em Andrew S. Grove, *High Output Management* (Nova York: Random House, 1993) e Clayton Christensen, *The Innovator's Dilemma: When New Technologies Cause Great Firms to Fail* (Boston, Harvard Business School Press, 1997).

3. Em 2015, Jack Ma e mais oito empresários e estudiosos chineses importantes fundaram a Escola de Empreendedorismo Hupan ("beira do lago"). Sua meta ao criar a Hupan era aproveitar a experiência do Alibaba com modelos de negócio e estratégias organizacionais inovadores e identificar e treinar empreendedores que configurarão a economia chinesa e terão papel importante até na arena global dos negócios. Ma é o reitor e eu, o decano, para supervisionar o currículo e ensinar.

Capítulo 8

1. O livro *Google: How Google Works* (Nova York, Grand Central Publishing, 2014), de Eric Schmidt e Jonathan Rosenberg, chama esse tipo de trabalhador de "criativo inteligente" e detalha as qualificações e a mentalidade desse tipo de pessoa. Embora neste capítulo eu não use explicitamente a terminologia de Schmidt e Rosenberg, as lições do Google sobre pessoal e contratação têm muita consonância com minha experiência no Alibaba.

2. Paráfrase de Elon Musk em entrevista a Kara Swisher e Walt, na Recode Conference, 2 de junho de 2016.

3. No início de 2018, Anna Holmwood traduziu o primeiro desses livros popularíssimos do escritor Jin Yong, de Hong Kong. A série famosa foi chamada de "Senhor dos Anéis chinês", inspirou um sortimento quase infinito de adaptações para o cinema e a televisão e continua adorada por centenas de milhões de leitores chineses de todas as idades. Jin Yong e Anna Holmwood, *A Hero Born: Volume I of The Legend of the Condor Heroes* (Londres, Quercus Publishing, 2018).

4. O *huaming* do Alibaba (literalmente, "nome de flor", mas traduzido aqui como "nome nas artes marciais") é um elemento exclusivo e duradouro de nossa

cultura. Embora a prática começasse como um costume bobo para inspirar a imaginação dos primeiros funcionários do Taobao, até hoje os apelidos de artes marciais ajudam a promover uma cultura igualitária que tem diferença marcante em relação à da maioria das empresas chinesas. Como muitas línguas asiáticas, o chinês usa um elaborado sistema informal de termos para desconhecidos e colegas. Esses termos diferem dependendo da idade, do gênero e da relação entre falante e ouvinte. O Alibaba dispensa esses hábitos culturais profundamente arraigados e dá a cada funcionário — dos mais inferiores aos vice-presidentes — um apelido único e sem bagagem, que todos os colegas são incentivados a usar diretamente. (É claro que esses apelidos podem resultar em algumas situações engraçadas. Há muitas histórias de funcionários do Alibaba que fizeram reservas em hotéis para colegas e, sem querer, usaram os apelidos, causando profunda confusão no *check--in*. E, para funcionários que também usam nomes em inglês e apelidos chineses regulares, os membros da equipe talvez tenham de decorar quatro ou mais designações para a mesma pessoa.)

5. *Infraestrutura* é outra dessas palavras facilmente dispensáveis que entram na moda mas que são indispensáveis nas discussões sobre estratégia no Alibaba. Minha definição neste capítulo parece um pouquinho diferente da usada em outras partes do livro, principalmente no Capítulo 2, quando se refere às ferramentas e aos mecanismos que fundamentam uma rede empresarial. Mas esses mecanismos e ferramentas também são serviços básicos. A meta da infraestrutura tecnológica é, meramente, oferecer funcionalidades públicas a toda a plataforma (serviços "infraestruturais"). Portanto, os usos diferentes da mesma palavra no contexto da plataforma e da organização refletem a mesma ideia central.

6. Mais tarde, Zhang foi presidente executivo do Taobao e hoje é diretor de tecnologia do Grupo Alibaba.

7. Todos os usuários do fórum on-line do Alibaba, chamado "AliWay", acumulam "sementes de sésamo" como um modo de recompensar a atividade. Os usuários ganham sementes envolvendo-se com os colegas no fórum, com comentários, por exemplo, e o estoque total de sésamo do usuário é exibido toda vez que ele publica alguma coisa. Qualquer postagem de qualquer funcionário, inclusive da administração, pode ser recompensada com sementes de sésamo, dependendo do posto do usuário dentro do fórum (não dentro da empresa). O mais divertido é que os usuários podem penalizar as postagens de que não gostarem, subtraindo sementes de sésamo do estoque total do usuário e explicando a razão de não terem gostado. Portanto, é comum ver usuários com estoque de sésamo negativo, geralmente em consequência de discussões públicas muito visíveis. Veja mais exemplos desses mecanismos no excelente livro de Tony Hsieh sobre a construção da cultura e de uma empresa voltada para o consumidor, *Zappos, Delivering Happiness: A Path to Profits, Passion, and Purpose* (Nova York, Grand Central Publishing, 2010).

294 ALIBABA

Capítulo 9

1. O conhecido livro de Joseph Schumpeter no qual ele desenvolve inteiramente sua teoria da destruição criativa é *Capitalism, Socialism and Democracy* (Londres, Routledge, 1942).

2. Há muitos livros no mercado que falam sobre ecossistemas, mas não muitos que realmente entendam direito a estratégia. Apesar do estilo prolixo, Kevin Kelly, *Out of Control: The New Biology of Machines, Social Systems, and the Economic World* (Nova York, Basic Books, 2009) continua a ser até hoje um dos melhores recursos para a reflexão profunda sobre a mentalidade estratégica necessária para pastorear (em vez de planejar) o crescimento de um ecossistema empresarial.

3. Uso a expressão *revolução da criatividade* em referência e homenagem a Peter Drucker e sua obra-prima de entendimento das mudanças no mundo dos negócios, *Management Challenges for the 21st Century* (Londres, Routledge, 2015). Antes, Drucker descreveu o trabalhador do conhecimento em seu *Landmarks of Tomorrow* (Nova York, Harper & Row, 1959).

Apêndice A:

1. Veja mais informações sobre a economia chinesa em 2003 e o surgimento do comércio eletrônico em Porter Erisman, *Alibaba's World: How a Remarkable Chinese Company Is Changing the Face of Global Business* (Nova York, St. Martin's Press, 2015).

2. Henrique Chin e Alan Chow, "The Case for China Retail: Issues and Opportunities", Prudential Real Estate Investors, março de 2012, p. 14, http://dragonreport.com/Dragon_Report/Corp_China_files/PRU_China_Retail_0312.pdf. Os leitores precisam saber que, com toda a certeza, os números de 2011 aumentaram significativamente desde 2003, quando o Taobao entrou no mercado. Na época da publicação deste livro, a infraestrutura da China tinha melhorado imensamente, mas muitas estatísticas per capita ainda estão (bem) atrás dos países desenvolvidos.

3. As informações sobre o MYbank vêm da comunicação do Grupo Alibaba à imprensa "Official Launch of Ant Financial Services Group Brings New Financial Ecosystem to China", 16 de outubro de 2014; do site do MYbank, mybank.cn; do demonstrativo de operações de 2016 do MYbank (em chinês): MYbank, "2016 Annual Report", maio de 2017, https://gw.alipayobjects.com/os/rmsportal/FzRFwOIBDOvSAeMuZewN.pdf; e também de Shu Zhang e Ryan Woo, "Alibaba-backed On-line Lendor MYbank Owes Cost-Saving to Home-Made Tech", Reuters, 31 de janeiro de 2018, https://www.reuters.com/article/us-china-banking--mybank/alibaba-backed-on-line-lender-mybank-owes-cost-savings-to-home--made-tech-idUSKBNlFL3S6.

Apêndice B

1. O processo das transações no Taobao e, por extensão, em todas as plataformas chinesas de comércio eletrônico, exigem que o comprador confirme explicitamente pela plataforma a recepção física do produto. Dessa maneira, as transações no Taobao são diferentes daquelas nas plataformas de comércio eletrônico dos EUA. Enquanto o comprador não confirmar que recebeu o que comprou (e que o produto corresponde à descrição original do vendedor), não se considera a compra encerrada. Além do pagamento da transação ficar guardado como caução, do ponto de vista da plataforma o comerciante nem sequer vendeu. (Só quando o consumidor confirma o recebimento da mercadoria, o dinheiro troca de mãos e a transação se encerra é que a venda aparece no histórico do comerciante.) Essa pequena mudança da lógica afeta muitos aspectos complicados das operações e regras da plataforma do Taobao, e a complexidade da maioria delas está além do alcance deste livro. Para dar um exemplo, no departamento de arbitragem do Taobao as operações contestadas depois do pagamento mas antes da confirmação do comprador (meio da venda) são tratadas de forma diferente das operações cujo pagamento não foi feito (pré-venda) ou daquelas em que o comprador já confirmou o recebimento (pós-venda). Cada um desses três tipos de arbitragem segue um conjunto de regras e regulamentos completamente diferente.

Apêndice C

1. Michael E. Porter e James E. Heppelman, "How Smart, Connected Products Are Transforming Competition," *Harvard Business Review*, novembro de 2014.

2. De Thomas Jefferson a Isaac McPherson, 13 de agosto de 1813, em *The Founders' Constitution*, org. Philip B. Kurland e Ralph Lerner (Chicago, University of Chicago Press, 1987), textos 13:333-335, disponível em http://presspubs. uchicago.edu/founders/documents/al_8_8sl2.html.

3. Alex Pentland, *Social Physics: How Social Networks Can Make Us Smarter* (Nova York, Penguin, 2014).

4. Eric Schmidt e Jonathan Rosenburg, *Google: How Google Works* (Nova York, Grand Central Publishing, 2014).

OUTRAS LEITURAS

Alibaba

Clark, Duncan, *Alibaba: The House That Jack Ma Built*, Nova York, Ecco, 2016. Descrição externa e fidedigna do Alibaba.

Erisman, Porter, *Alibaba's World: How a Remarkable Chinese Company Is Changing the Face of Global Business*, Nova York, St. Martin's Press, 2015. História da fundação do Alibaba e do Taobao, contada por um dos primeiros vice-presidentes estrangeiros da empresa.

Tse, Edward, *China's Disruptors: How Alibaba, Xiaomi, Tencent, and Other Companies Are Changing the Rules of Business*, Nova York, Portfolio, 2015. Um dos raros livros sobre as empresas chinesas que acerta. Ed Tse já foi presidente dos escritórios na China do Boston Consulting Group e, depois, do Booz Allen Hamilton.

Coordenação em rede

Barabasi, Albert-Laszlo, *Linked: The New Science of Networks*, Nova York, Basic Books, 2014. Introdução acessível e abrangente das teorias da ciência das redes por um dos gigantes do campo de redes complexas.

Easley, David, e Kleinberg, Jon, *Networks, Crowds, and Markets: Reasoning about a Highly Connected World*, Cambridge, Cambridge University Press, 2010. Livro-texto em nível de graduação que condensa as teorias os conceitos complicados por trás da coordenação em rede em ideias digeríveis e intuitivas e as aplica a situações do mundo real.

Shirky, Clay, *Here Comes Everybody: The Power of Organizing without Organizations*, Nova York, Penguin Books, 2008. O pensamento clássico sobre como organizar o trabalho e o comportamento sem hierarquias nem gestão centralizada.

Inteligência de dados

Domingos, Pedro, *The Master Algorithm: How the Quest for the Ultimate Learning Machine Will Remake Our World*, Nova York, Basic Books, 2015. Uma das melhores introduções gerais aos algoritmos e ao aprendizado de máquina para um público não técnico.

MacCormick, John, *9 Algorithms That Changed the Future*, Princeton, Nova Jersey, Princeton University Press, 2011. Uma visão geral profunda mas acessí-

298 ALIBABA

vel de como os algoritmos mais importantes da ciência da computação são usados para aproveitar a inteligência de dados em toda a sociedade.

Mayer-Schonberger, Victor, e Cukier, Kenneth, *Big Data: A Revolution That Will Transform How We Live, Work, and Think*, Boston, Houghton Mifflin Harcourt, 2013. O livro clássico que popularizou a expressão *big data* ainda merece ser lido pelas observações sobre as mudanças em empresas e na sociedade provocadas pela nova tecnologia de coletar e processar dados em escala gigantesca.

O'Neil, Cathy, *Weapons of Math Destruction: How Big Data Increases Inequality and Threatens Democracy*, Nova York, Broadway Books, 2016. Tirando o tom alarmista, esse livro apresenta o outro lado das previsões de Mayer-Schonberger sobre os *big data* e explica como um circuito de feedback mal projetado pode dar errado e como projetar esses circuitos com eficácia.

Estratégia de plataformas

Evans, David S., e Schmalensee, Richard, *Matchmakers: The New Economics of Multisided Platforms*, Boston, Harvard Business Review Press, 2016. Uma visão abrangente dos princípios econômicos por trás dos mercados multilaterais (que chamo de empresas-planos no Capítulo 6) e os desafios de iniciá-los.

Kelly, Kevin, *Out of Control*, Nova York, Basic Books, 2009. Apesar do estilo prolixo, ainda é um dos melhores livros profundos sobre a mentalidade estratégica necessária para pastorear (em vez de planejar) o crescimento de um ecossistema empresarial.

Mitchell, Melanie, *Complexity: A Guided Tour*, Oxford: Oxford University Press, 2009. Introdução clara e acessível da ciência dos sistemas complexos.

Parker, Geoffrey G.; Van Alstyne, Marshall W., e Choudary, Sangeet Paul. *Platform Revolution: How Networked Markets Are Transforming the Economy and How to Make Them Work for You*, Nova York, W. W. Norton & Company, 2016. Um detalhamento profundamente prático e embasado de modelos de negócio de plataformas, seus principais componentes e como dar a partida em táticas e estratégias específicas.

Economia da informação e suas aplicações empresariais

Anderson, Chris, *The Long Tail: Why the Future of Business Is Selling Less of More*, Nova York, Hachette Books, 2006. Um dos primeiros e mais lúcidos livros sobre como a tecnologia da internet afeta modelos de negócio, estratégias e operações.

Chandler, Alfred D., e Cortada, James W., *A Nation Transformed by Information: How Information Has Shaped the United States from Colonial Times to the Present*, Oxford: Oxford University Press, 2003. Embora esse livro seja menos conhecido do que *Scale e Scope*, Chandler, historiador dos negócios por excelência, está igualmente excelente ao contar como a tecnologia da informação muda as empresas e a sociedade.

Shapiro, Carl, e Varian, Hal R., *Information Rules: A Strategic Guide to the Network Economy*, Boston, Harvard Business School Review Press, 1998. Toda empresa inteligente trafica bens de informação em algum grau; mesmo depois de duas décadas, esse clássico da economia das informações ainda é leitura necessária para os que desejem compreender os princípios anti-intuitivos da criação de valor e da transferência de informações.

Abordar o futuro

Drucker, Peter, *Management Challenges for the 21st Century*, Londres, Routledge, 2015. Um dos últimos e melhores livros de Drucker sobre as mudanças abrangentes da administração e das empresas causadas pelo avanço tecnológico.

Kelly, Kevin, *The Inevitable: Understanding the 12 Technological Forces That Will Shape Our Future*, Nova York, Penguin Books, 2016. Esse livro apresenta algumas das tendências tecnológicas mais importantes do futuro, abstraídas para que se apliquem a todos os leitores.

Tegmark, Max, *Life 3.0: Being Human in the Age of Artificial Intelligence*, Nova York, Knopf, 2017. Um guia para trabalhar e viver com a inteligência artificial, não apenas apesar dela.

ÍNDICE REMISSIVO

Nota: Os números de página em itálico, seguidos por f e t, referem-se, respectivamente, a figuras e tabelas.

Adidas, loja online no Tmall, 17
administração, gestão
abordagem tradicional da visão e, 160-1
ajuste da visão pela, 163-4
capacitar a empresa pela, 177, 178, 199, 278-82
contratar as pessoas certas, 179
criação de valor nas empresas inteligentes e, 38-9
empresa inteligente e capacitadora comparada à empresa tradicional no uso da, 198-9, *200t*
ferramentas internas de internet para a, 196
infraestrutura necessária para a, 185-7
imperativo de inovação e, 176, 177, 178
papéis tradicionais na, 176
planejamento dinâmico na estratégia e, 164-6
planejamento estratégico e, 155
sistema de avaliação de métricas usado pela, 188-9, 190-1
Airbnb, 143-4
algoritmos de segurança, 65-6
Alibaba (site de comércio eletrônico)
cocriação no ajuste da estratégia e, 165-7
compradores ativos anuais (2016) no Taobao, 218
cronograma do, *215t*
cultura organizacional do, 183-4
decisões de contratação no, 184-5
declaração da visão do, 166, 180, 181, 217
empresas que formam o, 34
como empresa inteligente, 33
fórmula da empresa inteligente e, 36
fórum online interno usado pelo, 197-8

fundação do, 20, 24, 34, 213, *215t*
missão do, 34, 179, 180, 181-2, 183, 217
nome do, 214
número de comerciantes ativos em plataformas da China, 34
poder inovador das empresas chinesas e, 31
reajuste da visão no, 163, 165
sites de shoppings virtuais no, 33. Ver também Taobao; Tmall; sites de lojas de web celebs
tamanho do, 34
transações do Visa comparadas a transações no, 17, *17f*
valores do, 180-1, 182-3
visão geral do, *35t*
Alibaba Cloud
descrição do, 224-5
impacto do, 70-1
nuvem operacional Jushita no, 234-5
como parceiro do Alibaba, 20, 34, *35t*, 66, 164
serviços oferecidos pelo, 224, 225
uso pelo Taobao, 62-3, 141-2, 233-4, 237-8
uso por empresas-pontos, 143-4
vantagens da infraestrutura do, 191-2
Alibaba.com (site de comércio eletrônico atacadista em inglês), 221-2
Alibaba, Grupo
empresas afiliadas do, 34-6, 218-26
infraestrutura tecnológica comum do, 186
modelo de empresa inteligente e o sucesso do, 202
necessidade de computação em nuvem do, 224
Yahoo! China adquirido pelo, 231-2

302 ALIBABA

Alibaba Microloans, 72-3, 74
Alibaba Music, *35t*
Alibaba Pictures, *35t*
Alibaba Sports, *35t*
AliExpress (site de comércio eletrônico)
  descrição do, 220
  como empresa afiliada do Alibaba, 35, *35t*
  processamento de pagamentos do Alipay no, 222
  sites em idiomas locais do, 220
Alimama (plataforma de tecnologia de marketing, 59, 235, 250-2, 253, 259
AliMe, *chat bot*, 80-2
Alipay (serviço de processamento de pagamentos)
  aplicativo Ele.me de entrega de comida com, 226
  aplicativo de navegação AutoNavi com, 226
  classificação de crédito do, 90
  confiança no comércio eletrônico e, 61, 239-40, 241
  dados de transações do, 74-5
  descrição do, 222
  como empresa afiliada do Alibaba, 23, 34
  processamento de pagamentos usando, 222, 223, 229, 244
  serviços Koubei O2O com, 226
  setor de microcrédito e, 72, 73-4
  sistema de caução do, 241, 249-51
  uso generalizado do, 223
  uso pelo Taobao do, 61-2, 164, 239-41, 244, 251
  visão do Alibaba e criação do, 164
AliSoft, 168
AlphaGo, programa de aprendizado de máquina, 68
Amazon, 19, 20, 65, 66, 69, 95, 128, 136-7, 146-7, 159, 211, 243, 250
Amazon Web Services, 146-7
Andreessen, Marc, 92
Ant Financial Services
  classificação de crédito e, 90
  datificação por, 78, 90
  descrição de, 222-3
  como empresa afiliada do Alibaba, 20, *35t*, 36

fundação e nome da, 72
  inteligência de dados de, 71, 74
  MYbank e, 72, 74, 223
  plataforma do Taobao e, 54, 171
  serviços oferecidos pela, 222
Aone (Alibaba One Engineering System), plataforma, 187-8, 192, 194, 195-6, 275
aprendizado de máquina
  ajuste pela experimentação no, 158
  aprendizagem por reforço no, 98
  o chat bot AliMe e, 80
  circuito de feedback de dados vivos no, 88-9
  empréstimos do MYbank e, 74-6, 77
  exemplo no Dia dos Solteiros de 2017, 37
  experimentação iterativa da estratégia e, 156
  foco no cliente com circuitos de feedback no, 105
  inteligência de dados usando, 37-8, 39, 79-80
  projeto de interface para o consumidor usando, 77
  registro de dados vivos para o, 95
  sistema de recomendação usando, 102
  testes A/B no, 79-80
  tomada de decisões usando, 37-8, 95, 96-99
  uso pela empresa inteligente, 33
  uso pelo Taobao, 37
aprendizado por reforço, 98-9
aprendizagem, aprendizado
  circuitos de aprendizagem no autoajuste, 157-8
  circuitos de feedback para a, 204
  como foco central da empresa na estratégia, 157
  modelo de empresa para a aprendizagem, 156
Arquimedes, busca no Taobao, 98
Ascend Money (empresa de processamento de pagamentos), 222
assistentes digitais, 81-2
Augury, 70-2
autoajuste, 155-74
  ajustar-se pela experimentação, 158-9
  ajuste estratégico em tempo real no, 155

Índice Remissivo   303

aprendizagem como foco central da empresa no, 157
circuitos de aprendizagem no, 157-8
definições de, 156, 159
a empresa flexível que resulta do, 173-4
estabelecimento de expectativas no, 171-2
estratégia e princípios do, 159-66
experimento iterativo com a visão no, 157
institucionalizar a mudança e, 172-3
modelos de negócio e princípios de, 166-71
mudança como resultado do, 171
AutoNavi (serviço de mapeamento e navegação), *35t*, 81, 195-6, 226

Baidu, 232, 235-6, 251-2
bancos. *Ver também* MYbank
inteligência de dados e empréstimos em, 71-2
Baozun (provedor de serviços de comércio eletrônico), 56, 145-6, 149
bicicletas, serviço de compartilhamento de, 89-91, 94
big data e inteligência de dados, 68-9
big data, análise de
Alibaba Cloud e, 224, 225
aprendizado de máquina e, 68
MYbank e, 223
Taobao e, 218
UNIFON e, 259
Big-E (Zhang Dayi), 108, 128, 133
atividades como web celeb, 107, 110
conhecimento detalhado de sua empresa, 117-8
histórico de, 109
marketing sob demanda de, 107, 125
mídias sociais usadas por, 107, 108, 118, 145-6, 272
modelo de cliente a empresa (C2B) e, 106-7, 117, 124, 127-8
modelo de re-estocagem rápida de, 114, 126
proposta de valor da Ruhan e, 135
sucesso de, 106-7, 108, 117, 138, 144-5, 209
uso das plataformas da Ruhan por, 127, 138
Black Friday, dia de promoções, 15, 16

busca de produtos, sistemas de, 81, 169, 232

cadeia de suprimentos
coordenação em rede e, 46, 112-3, 125, 136-7
marketing sob demanda integrado à, 111-3
reconfiguração e integração da tecnologia no, 270
cadeia de valor, reconfiguração pela empresa inteligente, 33
Cainiao Network
como afiliada do Alibaba, 20, 34, *35t*, 36, 143-4
aplicativo de navegação AutoNavi com, 226
coordenação em rede da, 54
descrição da, 223-4
expedição do Dia dos Solteiros usando, 18, 192-3
lançamento da, 36, *215t*
modelos de negócio e, 171
parceiros do setor de logística ao consumidor na, 92
parceiros de entrega na, 224
pedidos de aldeias e, 220
uso de dados de comerciantes e prestadores de serviço na, 92, 224, 237
celebridades. *Ver web celebs*; *web celebs*, sites de loja
celulares. *Ver* compras em dispositivos móveis
chat bots, 80-2
Christensen, Clayton, 270
cinco forças, análise das, 269
circuitos de feedback
no aprendizado de máquina, com dados vivos, 87-9
aprendizagem usando, 204
no autoajuste, 157-8
na empresa inteligente, 204
na inteligência de dados, *76f*, 77-8, 81-2, 105
no software de produção da Ruhan, 205
na tomada de decisões, 37
Coase, Ronald, 36
cocriação
marcas e, 109-10

304 ALIBABA

passos de ajuste da estratégia na, 166-7
comércio eletrônico, 13, 20, 44, 51-2, 110, 217. *Ver também* Alibaba; empresas de internet; coordenação em rede; empresa inteligente; Taobao; Tmall
compartilhamento de bicicletas, serviço de, 89-91, 94
compras em dispositivos móveis
  ajuste da visão do Alibaba para as, 173, 176-8
  Alipay e, 23, 90
  Dia dos Solteiros de 2016 e, 99
  foco do Alibaba nas, 62, 99-103, 237-8, 261-3, 264-5
  interface da Ruhan para as, 117-8
  interfaces online nas, 125
  maioria das transações, 16, 22
  novos papéis no site em, 60
  tecnologia de recomendação nas, 100-2
  variedade de estruturas organizacionais e tecnológicas nas, 101-2
computação em nuvem
  Alibaba e, 20, 34, *35t*, 66, 164
  codificação e testes feitos na, 193-4, 275
  comercialização da, 70-1
  competição afetada pela, 271

  impacto da, 69-71
  inteligência de dados e, 67, 70-2, 77
  movimento open source e, 64
  startups das redes sociais usando, 146-7
  uso pelo Taobao de, 62, 141-2, 233-4, 237-8
  vantagens da infraestrutura na, 178-9, 191-2
coordenação em rede, 43-64
  abordagem da produção pela Ruhan usando, 116, 119-20
  ambiente open source e, 63-4, 195-6
  apoio tecnológico à, 53-5
  atividades da empresa online na, *58t*, 63
  cadeia de suprimentos linear tradicional comparada à, 45, 46, 56-7
  capacidade das empresas chinesas de aproveitar a, 39
  circuitos de feedback na, 204
  combinar pontos fortes orientais e ocidentais usando, 39

componentes da, 56-63, *58t*
criatividade na, 209
datificação das informações empresariais e, 71-2
definições de, 36, 45
Dia dos Solteiros com Tmall e Taobao como exemplo de, 36, 45
ecossistema empresarial e, 206
escala e, 36, 39, 45, 50-1, 87, 121
estratégias de criação de valor usando, 46
evolução dos papéis e, *58t*, 59-61
exemplos de, 36
experiência americana com, 63-4
facilitação pela plataforma, 139-40
fórmula das empresas inteligentes com, 36
grande variedade de empresas usando, 39
integração da cadeia de suprimentos na rede de valor com, 112-3
inteligência de dados necessária com a, 64, 79-80
interação e conexão diretas na, 57-9, *58t*
investimento em infraestrutura e, *58t*, 62
missão e bases da, 181-2
modelo cliente a empresa (C2B) e, 106, 123-4, 125
modelos de negócio e, 46
como pilar central da empresa inteligente, 31, 33, 39, 62, 102
poder de combinar inteligência de dados e, 202-3
posições de ponto, linha e plano na, 133-6
primeiras experiências do Dia dos Solteiros como ímpeto para o desenvolvimento da, 44-5
primeiras ferramentas e mecanismos online para integrar serviços na, 45-6
rede inteligente com inteligência de dados mais, 113. Ver também redes inteligentes
sites de lojas de web celebs e, 46, 48, 112
software da Ruhan usando, 120
Taobao e, 36-7, 50-7, 128-31, 232-4, 235-6
tomada de decisões e, 87
transparência na, 196-7

visão do futuro com, 207
cultura
no Alibaba, 182-4, 185-6
capacitação de empresas e, 181-5
decisões de contratação e encaixe na, 166
transparência e, 178-180
vantagem competitiva e, 168
Cyber Monday, dia de promoções, 2

Dai Yuefeng, 259
datificação
aquisição de dados na, 78-80
coordenação em rede e, 62-3
definições de, 62, 78
digitalização comparada a, 78
experimentação iterativa em estratégia e, 156, 158, 159
inteligência de dados e, 77-9
internet das coisas (IoT) e, 70
primeiros anos do Taobao usando, 91-2, 231
seleção de dados vivos para, 77-9
serviços de compartilhamento de bicicletas como exemplo de, 89-91
sistema de recomendação usando, 101-2
tomada de decisões e, 87-92
Deep Fashion, plataforma de software para designers de moda, 120
Dell, 121, 123
desenvolvimento de produtos
feedback da inteligência de dados no, 76f, 77-8, 125
modelo cliente a empresa (C2B) e, 127, 128
plataformas externas para, 194-6
designers de moda
como participantes-pontos, 133, 142-3, 144-5
plataforma de moda Deep Fashion para, 120
software de coordenação da produção e, 117, 118
web celebs e, 141
Dia dos Solteiros, dia de promoção
banners para o, 264-5
compra em dispositivos móveis durante o, 261

como exemplo de empresa inteligente, 28
coordenação em rede no, 36, 45
desafios técnicos de realizar o, 16-7
expedição depois do, 18
fracasso da rede de logística (2012) causado pelo, 44
início do, 255-7
métrica da meta de otimização usada durante o, 190
origem do, 15
planejamento do cliente para o, 43
sistema de recomendação usado no, 99-101
sucesso da marca UNIFON durante, 260
uso de análise de dados pelos vendedores durante o, 65
vendas de 2017 como maior venda num só dia na história, 15-20, 19f
diferenciação no arcabouço de posicionamento, 133
Drucker, Peter, 42, 208, 270

eBay, 20, 50-1, 56-8, 168, 216, 239, 242, 243, 244
ecossistema. Ver ecossistema empresarial, capacitação, 177-9, 278-2
contratar as pessoas certas para o, 179
cultura organizacional, 183-6
definição de, 178, 280
empresa tradicional comparada à empresa inteligente usando, 198, 200t
gerir a experimentação no, 178
futuro da empresa e, 198-9
infraestrutura para, 185-93
missão e, 179-83
motivação de funcionários no, 181-3, 184
papel da plataforma no, 278
plataforma de inovação em, 191-3
redefinir as empresas usando, 198-9
trabalho da administração no, 177, 178-89
transparência no, 195-8
valores e infraestrutura técnica necessária para o, 178
visão e, 179, 181, 183
ecossistema empresarial
circuitos de feedback in, 204-5
definição de, 131

306 ALIBABA

evolução de, 206
posições de ponto, linha e plano em, 132, 133, *134t*, 147, 206
Taobao como exemplo de, 228
tecnologia comum em, 187
vantagens competitivas de usar, 132
empresa inteligente
algoritmos de aprendizado de máquina como essência da, 37-8, 96
circuitos de feedback na, 204
comércio eletrônico do Alibaba como, 33
definição de, 28
Dia dos Solteiros como exemplo de, 28
os dois pilares centrais da, 31, 33, 62, 102
fórmula da, 36
futuro da, 201-11
imperativo de inovação e, 175-6
mapear o posicionamento estratégico das empresas como, 275-7, *276f*
modelo C2B na, 105, 124
processo de experimentação estratégica na, 155
reconfiguração da cadeia de valor na, 33
relações econômicas e, 271-2
softwarizar todas as atividades da empresa na, 92
surgimento e consequências da, 38
tomada de decisões empresariais na, 87-91
os três fundamentos da, 75-7
empresas inteligentes
automação da tomada de decisões nas, 92, 102, 128
datificação de novas áreas abrindo caminhos para a criação de, 91
importância das atividades softwarizadas nas, 92, 117
integração da cadeia de valor nas, 113
pressão sobre as empresas para se tornarem, 22
ERP (*enterprise resource planning* ou planejamento de recursos empresariais), software administrativo, 93, 119, 142-3, 196
escala e escalabilidade
autoajuste e, 199
busca por popularidade e, 98

cadeia de valor da pequena empresa e, 33
computação em nuvem e, 70
condições administrativas para, 178, 205
coordenação em rede e, 36, 39, 45, 51, 87, 121
efeitos de rede e, 140-1
evolução da busca e, 233-4
infraestrutura e sucesso do protótipo de, 188, 189
inteligência de dados e, 66, 67, 277
modelos de negócio e, 132, 136-7, 138, 160, 181-2
participantes-pontos e, 144-5, 147
questões de capacidade que limitam, 115
softwarizar a empresa e, 93
tecnologia de aprendizado de máquina e, 27
estratégia, criação com iterações
abordagem tradicional da missão e, 160-1
entre ação e, 155-6
visão de futuro necessária na, 207-208
web celebs e, 163
estratégias de criação de valor
coordenação em rede e, 46
revolução da criatividade e, 208
Etao (mecanismo de busca de produtos), 169
experiência de busca
questões de classificação na, 97-8
Taobao e, 97-9, 170
experimentação
ajuste do modelo de negócio usando, 166-7, 169
algoritmos de aprendizado de máquina para a, 79, 156, 158-9
aprimoramento da funcionalidade de busca usando, 98
autoajuste usando, 156, 157, 159
capacitação, 178
criação de estratégia usando, 38, 155-6, 157, 167
cultura organizacional que estimula a, 171
custo financeiro e organizacional da, 169-70, 173, 187-8
infraestrutura e plataforma tecnológica comum para a, 188

Índice Remissivo   307

testar depois da, 198
transparência e, 195-7
visão e, 163-4, 169, 170

fabricação. *Ver também* produção
abordagem da Ruhan para as lojas de web celebs, 116
modelo cliente a empresa (C2B) na, 128
modelo personalizado da Shangpin na, 121-3
plataformas para, 138-9
Facebook, 21, 78, 81, 128, 139, 140, 147-8, 159, 160, 182, 189-90, 211, 274
feedback
de clientes. Ver clientes, feedback
a funcionários em avaliações, 196
parceiros no desenvolvimento de produtos e, 194-6
feedback do cliente
criação de marca usando, 109
desenvolvimento de produto adaptável usando, 76-8, *76f*, 125
empresas tradicionais e, 124
modelo de personalização em massa da Red Collar usando, 121
plano de ação de cocriação no ajuste da estratégia e, 167
plataformas e, 194-5
vendas-relâmpago das web celebs e, 48-49, 107, 110-1, 112, 114, 116, 125, 126, 127, 145-7, 204
feedback do usuário. *Ver* feedback do cliente
Fosun International, 223
função objetiva dos algoritmos, 158, 160, 174

gestão da cadeia de suprimentos (*supply--chain management*, SCM), software de, 118-9
Goldman Sachs, 214
Google, 20, 22, 41, 139, 81, 196-7, 211
ajustes da infraestrutura no, 191-2
busca e, 66, 76-7, 125, 140-1, 146-7, 189-90
datificação pelo, 78-9, 128
interação entre funcionários do, 182-4, 274, 275
métricas no, 190-1

práticas de contratação no, 184-5
publicidade no, 57, 68, 78-9, 128, 140-1, 146
Google AdWords, 274
Google AdSense, 254
Google Maps, 71, 81

Headlines, aplicativo de artigos do Taobao, 100, 264-6
HSTYLE, marca de vestuário, 17, 137-8

infraestrutura
ambiente open source para, 63-4, 195-6
capacitação da empresa e, 185-93
coordenação em rede e investimento em, *48t*, 61-62
definição de, 61, 186
investimento do Taobao em, 61-2, 229, 231, 233-5, 237-8
métrica unificada para a, 188-92
sistema de avaliação de métricas integrado à, 191-3
tecnologia comum na, 186-8
transparência na, 196-8
Inman, marca de vestuário, 137-8
inovação
abordagem pela empresa da otimização da, 205
capacitar a empresa para a, 177-9
construir mecanismos internos para a, 192-5
empresa inteligente e eficiência da, 175-6
infraestrutura para a, 191-3
passagem do Alibaba para dispositivos móveis e necessidade de, 176-8
revolução da criatividade e, 208
sistema de avaliação de métricas para a, 190-1, 191-2, 205
inovação disruptiva, 270
Instagram, 120, 146-7, 147, 277
inteligência artificial (IA), tecnologia de
aprendizado de máquina e, 37-8, 67
debate sobre impacto da, 208
empresas inteligentes e, 203
inteligência de dados usando, 236-7
novos usos em plataformas da, 235, 237-8
uso pelo Alibaba Cloud, 191-2
uso pelo Alibaba, 19-20

308 ALIBABA

uso pelo chat bot AliMe, 80-1
uso pelo LuBan, software de criação de banners, 264-5
vantagem empresarial da, 87
inteligência de dados, 65-91
algoritmos de aprendizado de máquina na, 37-8, 39, 66, 67-68, 79-80
AliMe chat bot e, 80-2
big data e, 68-70
capacidade de empresas americanas na, 39
capacitar a empresa para a inovação usando, 177
circuitos de feedback na, *76f*, 77-8, 81, 83
combinar pontos fortes orientais e ocidentais no uso de, 39
computação móvel e, 70-1
computação em nuvem e, 69-70
coordenação em rede com, 64, 79-80
criatividade na, 209
datificação e, 77-80
definições de, 37, 66
ecossistema empresarial e, 206
empréstimos do MYbank usando, 73-5, 76-7, 157-8
escala e, 66, 87, 277
exemplos de, 66
facilitação na plataforma, 139-40
fórmula da empresa inteligente com, 36
grande variedade de empresas usando, 39
integração da cadeia de suprimentos em rede de valor com, 112-3
investimento em infraestrutura para a, 62
missão e bases da, 182
modelo cliente a empresa (C2B) e, 106, 123-4, 125
modelo de mobiliário personalizado da Shangpin com, 123
pilar central da empresa inteligente, 31, 33, 39, 62, 102
poder combinado com a coordenação em rede, 202-3
produtos adaptáveis e feedback na, 76-8, *76f*, 125
produtos autoajustáveis com base em, 159

projeto de interface para o consumidor e, 77-8
rede inteligente com coordenação em rede mais, 131. Ver também redes inteligentes
setor de logística e, 92
Taobao e, 233-4, 236-7, 247-8
tomada de decisões e, 87
vantagem competitiva de usar, 66, 81
visão do futuro com, 207
interfaces. *Ver* interfaces de programação de aplicativos (API); interfaces da internet
interfaces da internet
experiência do consumidor no Taobao e, 281
feedback do consumidor no desenvolvimento de produtos usando, 77, 125
modelo cliente a empresa (C2B) e, 125-6, 128
uso pela Aone, 194-6
interfaces de programação de aplicativos (*application programming interfaces*, API)
automação da tomada de decisões e, 94-5
coordenação em rede e, 94, 102, 125, 136, 204, 262-3, 277, 279
coordenação em tempo real na inteligência de dados e, 102
deveres e dados da administração de, 188
inteligência de dados e, 233, 234-5, 277
infraestrutura com, 61, 281
open source, 64, 195-6
redes inteligentes com, 125
uso pela Amazon de padronização em, 95
uso pelo Taobao, 56, 62, 95, 142-3, 147, 192, 233-4, 234
internet, empresas da
coordenação em rede e inteligência de dados integrante das, 38, 41
modelo cliente a empresa (C2B) nas, 123
movimento open source e, 64
plataformas para a empresa inteira nas, 185-7
princípios de autoajuste usados pelas, 159
projeto inteligente de interfaces com o consumidor nas, 77

Índice Remissivo 309

sistemas de acompanhamento de produtos nas, 190
testes A/B nas, 79
internet das coisas (IoT), 70, 79, 88

JD.com (site de comércio eletrônico), 133, 136-7
Jin Yong, 183-4
Jobs, Steve, 162, 163
Juhuasuan (plataforma de vendas-relâmpago), 218, 258-9, 260

KPI (*key performance indicator* ou indicadores-chave de desempenho), 188-9, 190, 191-2, 229
Kim, W. Chan, 270
KPMG, 112-3
Koubei
como afiliada do Alibaba, 34, *35t*
descrição dos serviços, 225-6

Layercake, software de produção
coordenação pela Ruhan, 107, 116-9, 135-6, 204-5, 277
Lazada (site de comércio eletrônico), *35t*, 221
liderança de custo no arcabouço de posicionamento, 113
LIN Edition, marca de vestuário, 25-8
Linux, sistema operacional, 63-4, 195-6
logística, empresas de
Alibaba Cloud e, 143-4
apoio da Cainiao Network a, 223-4
datificação e crescimento no Taobao de, 92, 216, 248-50
eficiência das, 44-5
conexão da plataforma do Taobao com, 54-5, 61, 92, 141-2, 231
coordenação em rede e transformação rápida das, 44, 45, 230-2
uso pelos vendedores de, 33, 56, 59, 137-8
logística, plataforma. *Ver* Cainiao Network
logística, sistema de
aprimoramento gradual do, 44-5
coordenação em rede necessária para a evolução de, 45
desenvolvimento pelo Alibaba, 16, 19-20, 163-4, 217

Dia dos Solteiros (2012) e fracasso do, 44
inteligência de dados e informações de rastreamento do, 37
gestão do, 185-6, 187
LuBan, software de criação de *banners*, 264-5
Lyft, 162

Ma, Jack, 13-4, 197-8, 228
cultura organizacional e, 183-4
fundação do Alibaba por, 20, 24-5, 34, 213, 214-5
fundação do Taobao por, 216, 237-9
sobre o comércio eletrônico, 20
sobre flexibilidade organizacional, 172-3
sobre a mudança, 171-2
trabalho de Zeng com, 14, 23-5
visão do Alibaba e, 163, 181-2, 183
como visionário, 161-2
marcas
mídias sociais para construir, 56-7, 109-10
modelo de cliente a empresa (C2B) e, 106
participantes-linhas e, 136-8, 138-40, 149
plataformas online para, 128
marcas exclusivas no site de comércio eletrônico do Taobao, 33, 219
marketing
abordagem sob demanda da web celeb Big-E, 107, 112, 125
cadeia de suprimentos integrada ao, 111-3
mídia social usada no, 107, 109, 110, 112-3, 114, 116, 117, 126
modelo cliente a empresa (C2B) e, 128
técnica de marketing de fome, 49, 110-11
vendas-relâmpago e, 107, 110-11, 112, 114, 125
marketing de fome, 49, 110-11
Mauborgne, Renée, 270
mensagens instantâneas, aplicativo de (Wangwang), Taobao, 51-3, 56-7, 80, 229-30, 230, 239-40, 243
mercado consumidor a consumidor (C2C), foco do Taobao no, 169
microcrédito, 72-4, 77, 78-9, 236-7, 276
Microsoft, 69, 274
mídia social. *Ver também* Weibo

310 ALIBABA

construção de marcas usando, 44, 109-10
influenciadores na, 26, 106, 261-2. Ver
também web celebs
marketing na, 107, 109, 110, 112-3, 114,
116, 117, 126
modelo cliente a empresa (C2B) e, 128
postagem de compradores de roupa
nova na, 112
uso pela web celeb Big-E, 107, 109, 118,
145-6, 272
1688.com (site de comércio eletrônico atacadista), 35t, 221, 222
missão
abordagem tradicional da visão e, 159-60
do Alibaba, 34, 179, 180, 181-2, 183-4, 217
capacitar a empresa usando a, 179-83
cultura organizacional resultante da, 183
visão diferente da, 160-2
mobiliário, fabricação de, modelo personalizado da Shangpin na, 121-3
moda, influenciadores da mídia social na,
26-7, 106, 261-2. Ver também web celebs
modelo cliente a empresa (C2B), 128
abordagem "feito por encomenda" e, 123
abordagem de re-estocagem rápida e, 114
administração da Ruhan e, 107, 109-21
aproveitamento do plano de negócios e,
169
circuitos de feedback no, 204
consequências do, 126-8
construção de módulos no, 126
coordenação em rede e inteligência de
dados no, 106, 123-4
criação de marca usando feedback das
mídias sociais, 109-10
dados de demanda do cliente em tempo
real no, 119
definição de, 114
exemplo da marca de roupas de Big-E,
107, 117, 124, 127-8
funcionalidades de plataforma no, 126-7
interface da internet no, 125-6
modelo de mobiliário personalizada da
Shangpin e, 121-3
modelo de personalização em massa da
Red Collar e, 121
participantes-linhas como exemplos de,
148-9

princípios por trás do, 123-7
rede inteligente no, 124-5
reorganizar a empresa para, 105-6
modelo empresa a consumidor (B2C), 13
empresas-linhas semelhantes a empresas
usando, 135
experimentação do modelo de negócio
do Alibaba usando, 168, 169
foco do Tmall em, 219
marcas da internet e, 109, 137-8
modelo cliente a empresa (C2B) como
mudança de, 105
modelo de receita baseado em publicidade
Facebook e, 160, 189
Google e, 68, 140-1, 254-5, 274
Taobao e, 34
modelos de negócio
abordagem tradicional de, 160, 161
aproveitamento contínuo em, 168-70
coordenação em rede e, 46
experimentação com, em autoajuste, 168
infraestrutura para apoiar, 186-7
missão e, 181-2
mudanças de visão com o tempo e evolução de, 170
princípios de autoajuste aplicados a, 166-
171
retornar à visão em, 170-1
modelos de receita
baseados em publicidade, 34, 68, 140, 160,
189-90, 254-5, 274
Wikipédia e, 63
modelos no Taobao (modelos Tao), 54, 133,
143, 144, 230-1
motivação dos funcionários, 181-4, 185
mudança
decisões de contratação ligadas à, 171-2
estabelecer expectativas de, 170-2
institucionalização, 171-3
resultado do autoajuste como, 171
visão do futuro necessária para lidar
com, 207
Musk, Elon, 162, 182-3
MYbank, 72
aprendizado de máquina usado pelo, 74,
75, 76-7, 79
descrição do, 223

Índice Remissivo 311

inteligência de dados usada pelo, 73-5, 75-76, 77, 78-9, 157-8
tamanho do setor de crédito do, 73-4

Netscape, 64
nicho, no arcabouço de posicionamento, 133-4
Nike, 17, 49, 145-6, 217

oceano azul, estratégia, 270
online-to-offline (O2O), serviços, 225, 235
open source, ambiente, 63-4, 195-6

pagamento com caução, Alipay como serviço de, 34, 61, 222, 229, 241, 249-51
pagamentos online. *Ver* Alipay; processamento de pagamentos
Page, Larry, 184, 196, 274
pagamentos em dispositivos móveis. *Ver* Alipay; processamento de pagamentos
participantes-linhas no posicionamento estratégico, 133-4
ecossistemas empresariais e, 132, 147-8
definição de, 133
descrição dos, 135-9
estratégias para incubar, 148, 149
fatores para escolher o papel de, 133-6
interdependência com participantes-planos e participantes-pontos, 146-7
parcerias de planos e pontos com, 136, 138-9
proposta de valor, vantagem competitiva e funcionalidades organizacionais dos, 133, *134t*
vantagens dos, 148-9
web celebs como, 138, 141-2, 143
participantes-planos no posicionamento estratégico, 133
benefícios dos, 141-2
definição de, 133, 140-1
descrição de, 139-42
ecossistemas empresariais e, 132, 147-8
fatores para escolher o papel de, 133-5
interdependência entre participantes-linhas, participantes-pontos e, 146-7
mercado e, 140-2
parceria de participantes-linhas com, 138-40, 149

proposta central de valor dos, 140
proposta de valor, vantagem competitiva e funcionalidades organizacionais dos, 133, *134t*
valor para o cliente e, 148-50
web celebs e, 140, 141
participantes-pontos no posicionamento estratégico
definição de, 133
descrição de, 142-5
ecossistemas empresariais e, 132, 147-8
fatores para escolher o papel de, 133-6
interdependência com os participantes-linhas, 146
parceria dos participantes-linhas com, 136, 138-40
proposta central de valor dos, 142-4
proposta de valor, vantagem competitiva e funcionalidades organizacionais dos, 133, *134t*
PayPal, 20-1
Paytm (empresa de pagamentos eletrônicos), 222
personalização
coordenação em rede e, 46, 64, 87
desenvolvedores externos e, 54, 60
modelo cliente a empresa (C2B) e, 127-8
modelo sob demanda da Red Collar para, 121
modelo de mobiliário de Shangpin com, 121-3
oferta da empresa inteligente, 33, 127
planejamento
abordagem tradicional da estratégia usando, 155
estratégia e abordagem dinâmica do, 165-6
planejamento de cenários, 270
plataformas, 217, 278, 281-2
empresas vistas como, 139-40
facilitação da coordenação em rede e da inteligência de dados pelas, 139-40
fatores da escolha, 147-9
inovação e, 191-3
interações pela internet e, 194-6
modelo cliente a empresa (C2B) e, 126-7, 128
participantes-linhas e, 136, 137, 138-9

312 ALIBABA

participantes-planos e, 139-40, 141-2
participantes-pontos e, 143-4
reajuste da visão e, 162-3
tecnologia comum para, 186-7
transparência nas, 195-8
uso da palavra e, 139-40
web celebs e, 141
Porter, Michael, 40, 133, 269, 270
posicionamento, 151-150
desafios de mudar de posição no, 148-9
estratégias de, 133
fatores para escolher plataformas no, 147-8
maximizar o potencial individual usando, 210
posições estratégicas de ponto, linha e plano no, 133. Ver também participantes-linhas; participantes-planos; participantes-pontos
vantagens competitivas e, 133, *134t*, 145, 146-8
posicionamento estratégico. *Ver* estratégia de posicionamento
abordagem tradicional do, 155, 156
aproveitamento de protótipos e, 156
atualização contínua do, 167
cocriação no, 166-7
combinar pontos fortes orientais e ocidentais no, 39
iteração entre visão em ações ao atualizar o, 155-6, 208
nova abordagem com coordenação em rede e inteligência de dados necessária no, 38, 39-40
planejamento diferente de, 155
planejamento dinâmico no, 164-6
princípios de autoajuste aplicados ao, 159-7
como processo fluido e dinâmico, 155
reajuste da visão no, 162-5
teoria unificadora do, 269-71
três pontos básicos ao criar o, 167
vantagens competitivas e, 39-40
visão como ponto de partida no, 160-63
prestadores de serviço independentes (PSI), 52-4, 56, 60, 144, 222, 230, 234-5, 235, 266-7, 280
processamento de pagamentos

Alipay e, 20, 23, 34, 61, 163-4, 222, 223, 244
criar confiança no, 61, 163-4, 229, 239-41
dados de transações do, 74-5
processamento de transações
comparação entre Alibaba e Visa, 17-8, 17f
recorde no Dia dos Solteiros (2017), 16
produção. *Ver também* fabricação
abordagem em rede da Ruhan, 114-6
coordenação da produção com o software Layercake da Ruhan, 116-9, 204-5
modelo de mobiliário personalizado da Shangpin para a, 121-3
modelo de personalização em massa da Red Collar no vestuário, 121
modelo de re-estocagem rápida na, 114, 126
práticas tradicionais da, 112
reações do consumidor conduzindo decisões na, 109-11
produtos adaptáveis
experimentação iterativa de estratégia resulta em, 159
feedback de inteligência de dados para, 76-78, *76f*, 125
projeto de mecanismos, 254-5, 273-5
proposta de valor
posições estratégicas de ponto, linha e plano e, 133, *134t*
sistema de software da Ruhan e, 135
visão e, 205
publicidade
banners do Dia dos Solteiros, 264-5
crescimento de marcas usando, 253-4
crescimento da rede e, 232
crescimento do Taobao e expansão da tecnologia na, 253-4
designers e, 263-4
inteligência de dados e, 233-4
links de marketing de afiliados do Taobaoke e, 59, 252, 253-4, 262-3
passagem do Alibaba para dispositivos móveis e novas abordagens da, 177
suporte da plataforma do Alimama à, 250-2
uso da publicidade off-line comparada à online, 251-2

Índice Remissivo **313**

Qiu Wenbin, 144-6

reconhecimento óptico de caracteres, software, 81
Red Collar, modelo de personalização em massa da, 121
redes coordenadas. *Ver* coordenação em rede
redes inteligentes
definição de, 131
ecossistema empresariam com, 131-2, 228
estratégia e, 133, 147-8, 206
modelo cliente a empresa (C2B) com, 124-5
papéis de ponto, linha e plano nas, 132, 147-8
revolução do conhecimento, 42, 208, 270
revolução da criatividade, 208-9
Royal Dutch Shell, 270
Ruhan, 107, 109-20, 127, 131, 133, 162-3
áreas de coleta de dados na, 118
circuitos de feedback na, 204-5
coordenação interna da produção pelo software Layercake da, 107, 116-9, 135, 277
dados das mídias sociais usados pela, 118
modelo cliente a empresa (C2B) e, 124
modelo de produção em rede da, 114-116
modelo de re-estocagem da, 114, 126
modelo de re-estocagem rápida da, 114, 126
plataforma de software Deep Fashion para designers de moda da, 120
projeto de interface na internet da, 126
processo de fabricação e a, 116
proposta de valor da, 135
rede inteligente usada pela, 124-5
rede de valor usada pela, 119-20
uso do Taobao pelas web celebs e a, 145-7
variedade de plataformas usadas pela, 138-9
visão geral da, 109

SaaS (*software-as-a-service* ou software como serviço), modelo, 114, 125, 141, 143, 168, 281
Senma, marca de vestuário, 80

Sesame Credit, 90
Shanghai Fosun Industrial Technology, 223
Shangpin Home Collection, modelo de mobiliário personalizado, 121-3
Sina Weibo. *Ver* Weibo
sistema de avaliação de métricas
descrição do, 188-92
infraestrutura integrada ao, 191-3
sistemas de busca. *Ver também* sistema de recomendações
busca de produtos usando, 81, 169, 232-3
imagens usadas nos, 81-2
mudança do Taobao para, 97, 99, 169
sistemas de recomendação, 37, 62, 66, 68, 99-103, 140-1, 159, 170, 190-1
Softbank, 168, 215
softwarização
automação da tomada de decisões e, 92-4
coordenação em rede e, 62
investimento da Ruhan em, 117
processo na, 93
sistema de recomendação usando, 101-2
sudeste da Ásia, plataformas de comércio eletrônico no, 221
SWOT ou FOFA (*strengths and weaknesses, opportunities and threats* ou forças, oportunidades, fraquezas e ameaças), análise de, 269

Taobao (site de comércio eletrônico e mercado Taobao)
aplicativo Headlines de artigos do, 100-1, 261, 264-6
aplicativo de mensagens instantâneas Wangwang no, 52-3, 56-7, 80, 229, 230, 239-41, 243
atendimento ao cliente e, 52, 80-1, 230, 243
clientes rurais e, 183, 228-9, 236-7
coordenação em rede e, 36, 50-7, 230-2, 232-4, 235-6
cultura organizacional do, 183
datificação do, 71-3, 91-2
desafios no, 91-2
descrição do, 218-9
Dia dos Solteiros no, 36
eBay como concorrente inicial do, 50, 56-8, 168, 216, 239, 242, 244

escolha pelas lojas das web celebs, 33, 49-51, 145-7

evolução do, 206, 227-67

experiência de busca no, 97-9

experimentação do plano de negócio com estrutura e, 169-71, 173

foco nas compras por dispositivos móveis no, 62, 99-100, 173, 176-7, 237-8, 260-3, 264-5

fundação e nome do, 34, 207, 238-9

inteligência de dados e, 233, 236, 247-8

interfaces de programação de aplicativos (API) no, 55-6

investimento em infraestrutura do, 61-2, 229, 231-2, 233-5, 237-8

marcas Tao no, 137, 217, 232, 233-4, 255-6, 256-7, 258

microcrédito do, 72-4

modelo de negócio como plano, 141-3

modelo de receita baseado em publicidade, 34

mundo dos dispositivos móveis e, 260-1

papel dos parceiros Taobao (TP) no, 56, 233

pequenas marcas exclusivas no, 33

plataforma de lojas virtuais Wangpu no, 51, 55, 60

prestadores de serviço independentes (PSI) em parceria com vendedores no, 52-4, 280

primeiros investimentos em infraestrutura do, 61-2

processamento de pagamentos pelo Alipay no, 61, 164, 239-41, 244, 250

quatro estágios de crescimento do, 228-67

serviço de vendas-relâmpago no, 110-1, 258-9, 260

shopping de comércio eletrônico do Alibaba, 33

sistema de recomendação no, 66, 68, 99-101, 159

uso do nome por este livro, 218, 227

vendedores independentes no, 33, 50-2, 131, 279-80

visão do Alibaba e criação do, 164, 168

visitantes diários (2015) do, 219

Taobao Headlines, aplicativo de artigos, 100, 261, 264-6

Taobaoke (plataforma de marketing de afiliados), 59, 232, 251-2, 253-5, 262-3, 264-5, 281

Taobao Mall, 137-8, 167-8, 232. *Ver também* Tmall

Taobao, parceiros (TP), 56, 233-4

Taobao Rural (site de comércio eletrônico), *35t*, 182-3, 218, 228-9, 236-7

Taobao University, 59, 230-1, 245

Tao, marcas, 137-8, 217, 232, 233-4, 255-6, 256-7

UNIFON como exemplo de, 258-9

Tao, modelos, 53-4, 133, 143-4, 144-5, 230

TaskRabbit, 233-4

Tencent, 49, 128, 133, 139-40, 221, 259

tendências da moda, análise das, 120

testes A/B, 79-80, 96, 98, 156, 188, 189-90

Tmall.com (site de comércio eletrônico), 168, 227

comércio de varejo na China usando o, 218, 219

coordenação em rede e, 36

descrição do, 219

Dia dos Solteiros no, 15, 36, 65, 169, 256-7

dominância no mercado C2C, 169

como empresa afiliada do Alibaba, 35, *35t*

empréstimos no, 72-4

evolução do, 170-1, 232

expansão rápida do, 236

experimentação de plano de negócios e, 170-1

fatores na decisão dos vendedores de vender no, 146

liderança no mercado B2C, 169, 219

lojas de grandes marcas no, 17, 33, 35, 145-6, 169, 219

marcas Tao no, 137-8

microcrédito do, 72-4

promoções e eventos especializados no, 100-01

serviços de pagamento e caução do Alipay no, 222

shopping de comércio eletrônico do Alibaba, 33

software de recomendações personalizadas no, 190-1

Taobao Mall como antecessor do, 137-8, 168, 232-3

Índice Remissivo 315

uso pela marca UNIFON, 258-9, 260
variedade de mercadorias compradas no,
19-20
Tmall Global (site de comércio eletrônico), 220-1
tomada de decisões
algoritmos de aprendizado de máquina
na, 37-8, 96-100
automação da, 37-8, 87-102, 128
cinco passos para automatizar, 87-8, *88t*
circuito de feedback contínuo na, 37
datificação na, 87-92
empresa inteligente e, 87-8
fluxo de dados na, 94-5
inteligência de dados e, 37-8
interfaces de programação de aplicativos
(API) na, 94-5
modelo cliente a empresa (C2B) e, 128
registro de dados vivos na, 95-6
sistema de recomendação e, 99-103
softwarização na, 92-4
transparência na, 198
Torvalds, Linus, 63
transparência, 195-8
Tsai, Joseph, 215

Uber, 41, 66, 68, 90, 96
UC Browser (navegador para celulares),
35t, 224-5
UNIFON, marca, 257, 258-60

vantagens competitivas
abordagem tradicional da estratégia
usando, 39-40
cultura e, 185-6
ecossistemas empresariais e, 132
imóveis comerciais e, 216
inteligência de dados e, 66, 112
mercado nacional sem, 216-7
modelo cliente a empresa (C2B) e, 106
online. Ver sites de varejo de moda; de
web celebs, sites de lojas
posições estratégicas de ponto, linha e
plano e, 133, *134t*, 145-6, 146-8
varejo
sites de lojas de web celebs comparados
ao, 49

varejo de moda, sites de. *Ver também web
celebs*, sites de loja
modelos Tao e, 53-4, 133, 143-4, 144-5,
230-1
práticas de produção tradicionais no,
112-3
vendas-relâmpago
serviços do Taobao para, 110-11, 258-9,
261
uso por web celebs, 48, 107, 110-11, 112,
114, 116, 125, 126, 127, 145-7, 204
vendedores independentes
serviços de apoio a, 52-4
site de comércio eletrônico do Taobao
com, 33, 50-2, 131, 279-80
vestuário, sites de varejo. *Ver também web
celebs*, sites de loja
modelo de personalização em massa da
Red Collar e, 121
modelos Tao e, 54, 133, 143, 144-5, 230
práticas tradicionais de produção e, 112-3
Visa, transações do Alibaba comparadas
com, 17, *17f*
visão
abordagem pelo Alibaba, 162-5, 166-7,
180, 181-2, 217
atualização contínua da, 166-7
capacitar a empresa usando, 179, 181,
182-3
cultura organizacional resultante da,
183-4
encaixe entre funcionário e, 185-6
experimentação com o plano de negócio
e retorno à, 170-1, 205
experimentação iterativa com a visão na
criação da estratégia, 157, 166-7, 208
líderes empresariais e, 161-3
missão diferente de, 161-2
mudanças e evolução do plano de negócio com o tempo, 160
planejamento dinâmico usando, 165
ponto de partida do autoajuste usando
a, 160-3
reajuste da visão na estratégia, 162-5

Walmart, 20, 65, 66
wang hong. Ver web celebs.

316 ALIBABA

Wangpu, plataforma de lojas virtuais do Taobao, 54, 55, 60

Wangwang (aplicativo de mensagens instantâneas) do Taobao, 52-3, 56-7, 80, 229, 230, 239-41, 243

Waze, aplicativo de navegação, 71-2

web celebs. Ver também Big-E
agilidade das, 106
construção da marca nas mídias sociais, 57, 109-10
interação das fãs com, 49-50
como participantes-linhas, 138-9, 141-2, 142-3
planos usados pelas, 140-1, 142
publicidade para encontrar novos fãs, 49-50
reações do consumidor guiam decisões de produção, 110-2
uso das vendas-relâmpago como feedback por, 48-9, 107, 110-11, 112, 114, 116, 125, 126, 127, 145-7, 204
visão e, 163
Weibo usado por, 48, 49, 107, 109, 110, 111, 112, 126, 128, 136, 140
Zhang Linchao como exemplo de, 25-7

web celebs, sites de lojas
abordagem do marketing de fome, 49, 111
abordagem em rede da Ruhan, 114-06
apoio do Taobao a, 33, 49-51, 145-7
coordenação da produção pelo software Layercake da Ruhan, 116-19, 204-5
coordenação em rede e, 46, 48, 112
crescimento dos, 48
cronogramas de produção para, 112-3
como empresas afiliadas do Alibaba, 36
marca de vestuário LIN Edition como exemplo de, 25-7
modelo de re-estocagem rápida dos, 114, 126

número de fãs necessário para o sucesso nos, 50
número no Taobao, 50
como participantes-linhas, 138-9
postagem de compradores com roupa nova das, 112
processo de fabricação e, 126
reações do consumidor guiando decisões de produção dos, 110-12
vendas-relâmpago de novos itens nos, 48-9, 107, 110, 111-12
varejistas-padrão comparados a, 49

Weibo, 133
evolução do, 49
funções de marketing e criação de marcas, 128, 138-9, 145, 235
influenciadores de mídias sociais no, 21
integração do Taobao com o, 54-5, 145-7
investimento do Alibaba no, 49, 145
posicionamento e, 141-2
Ruhan e, 118, 126
uso generalizado do, 49
uso pelas web celebs, 48, 49, 107, 109, 109, 109-10, 110-11, 112, 126, 128, 136, 140

Weixin (aplicativo de mensagens), 49
WhatsApp (aplicativo de mensagens), 146-8
Wikipédia, 63

Yahoo! China, 231-2, 233, 251-2
Youku Tudou (site de vídeos), *35t*, 225
Yujiahui, 260, 261

Zappos, 184-5
Zhang, Jeff, 186-8
Zhang Daili, 121
Zhang Dayi. *Ver* Big-E
Zhang Linchao, 25-7, 49-50, 107
Zhitongche (produto publicitário), 251-2
Zimmer, John, 162
Zuckerberg, Mark, 162

AGRADECIMENTOS

A primeira pessoa a quem quero agradecer, naturalmente, é Jack Ma. Sou profundamente grato pelo convite para trabalhar no Alibaba em sua maravilhosa jornada e por toda a sua orientação e seu apoio nos últimos dezoito anos. Ele influenciou muito meu pensamento sobre futuro e estratégia. Muitos conceitos apresentados neste livro, como *customer-to-business* (C2B) e coordenação em rede, se formaram nas discussões intermináveis que tivemos.

Eu me beneficiei enormemente com a interação com milhares de colegas nas muitas empresas do Alibaba, do Yahoo! ao comércio eletrônico, da nuvem às finanças. Quase tudo o que sei sobre a internet se deve à educação que eles me ofereceram. Não posso citar individualmente todos esses colegas, mas sou eternamente grato às suas ideias e energia.

Venho trabalhando neste livro nos últimos quatro anos. Nesse período, enquanto elaborávamos as ideias aqui descritas, os integrantes de minha equipe de estratégia foram verdadeiros colaboradores. Yu Li, como minha vice, foi de grande ajuda. Li Junling, Zhang Xiaofan e Yang Renbin contribuíram com muitas ideias originais em nossas conversas.

Nick Rosenbaum, meu assistente nos últimos três anos, teve um papel indispensável. Ele participou de todos os estágios deste livro. Sua competência e noção de propósito sempre excederam minhas expectativas. Rita Koselka contribuiu muitíssimo com a revisão do livro, principalmente na organização do texto final. Melinda Merino, minha editora na *Harvard Business Review Press*, percebeu muito depressa o que eu tentava dizer no primeiro rascunho. Ela insistiu num arcabouço conciso que realmente pôs meu trabalho em foco. Sem sua competente orientação e o trabalho duro de todos nos bastidores da HBRP, principalmente nossa heroica revisora Patty Boyd, o livro, além de demorar muito mais, seria muito menos acessível aos leitores.

Dizem que é preciso uma aldeia para criar um filho; em meu caso, é preciso um ecossistema para escrever um livro. Sem as muitas dezenas de milhões de pessoas que construíram o setor de comércio eletrônico da China a partir de pouco mais do que a própria garra, este livro não

318 ALIBABA

existiria. Com o passar dos anos, tive a honra de conversar com inúmeros vendedores, instrutores, parceiros do Taobao, pessoal de entrega, *web celebs*, prestadores de serviço independentes e muito mais. Essas pessoas fizeram muito mais do que enriquecer minha compreensão: elas são pioneiras num território selvagem. Sua tenacidade, diligência e otimismo criaram um oásis vibrante no que antes era um terreno árido. Nossa revolução a partir da periferia é um sucesso.

Numa última nota de gratidão, tive muita sorte de trabalhar e me envolver em discussões estimulantes com centenas de empresários aventurosos da China e de outros países nos últimos vinte anos. Eles criaram empresas grandes e pequenas, sofreram reveses e até fracassos. Seu esforço para usar os negócios para melhorar o mundo que os cerca me inspirou e me desafiou. Espero que este livro seja de alguma ajuda para eles e para você.

Finalmente, meu trabalho e minha vocação são encontrar, analisar e ajudar vocês, empreendedores e pensadores que estão criando o futuro. Seu trabalho pode ser difícil e solitário. Onde quer que estejam, se este livro e suas ideias reverberarem dentro de vocês e de seus sonhos para o futuro dos negócios, por favor, continuem a conversa por e-mail: zengming@aliyun.com. Eu adoraria conversar com vocês.

SOBRE O AUTOR

MING ZENG trabalhou como assessor de estratégia do Grupo Alibaba de 2003 a 2006; entrou na empresa em agosto de 2006 como Zong Canmouzhang (semelhante a diretor de estratégia) e lá ficou até 2017. Zeng trabalhou diretamente com Jack Ma e teve um papel importante no crescimento fenomenal da empresa. Agora ele é presidente do Conselho Acadêmico do Grupo Alibaba e promove a pesquisa inovadora dentro e fora do grupo.

Zeng começou sua carreira universitária em 1998, como professor de administração asiática no INSEAD, na França. Em 2002, voltou à China para ajudar a fundar a Escola de pós-graduação em Administração Cheung Kong, primeira escola privada de administração do país. Em 2014, tornou-se decano da Escola Hupan de Empreendedorismo, localizada em Hangzhou e fundada por Jack Ma e alguns outros líderes empresariais chineses de grande visão.

Zeng é um dos pensadores estratégicos mais respeitados da China e publicou livros sobre estratégia, comércio eletrônico e empresas chinesas. Seu livro *Vencer pela estratégia* (em chinês, 2003) foi eleito a melhor obra sobre negócios daquele ano. *Dragons at Your Door: How Chinese Cost Innovation Is Disrupting Global Competition* (com Peter Williamson, Harvard Business Review Press, 2007) foi um dos primeiros livros a estudar as multinacionais globais em surgimento na China.

Em 1998, Zeng fez seu PhD em estratégia e negócios internacionais na Universidade de Illinois, campus de Urbana-Champaign, e formou-se em economia na Universidade Fudan, em Xangai, em 1991.

GRÁFICA PAYM
Tel. [11] 4392-3344
paym@graficapaym.com.br